NEAPEL · AMALFIKÜSTE · CILENTO

DUMONT REISE-TASCHENBUCH

Gabriella Vitiello · Frank Helbert

NEAPEL · AMALFIKÜSTE · CILENTO

LAND & LEUTE

Arkadien am Fuße des Vesuvs

Kultur und Leben

Tipps für Ihren Urlaub

UNTERWEGS

IN NEAPEL · AN DER AMALFIKÜSTE · IM CILENTO

Neapel und Umgebung

Der Golf von Neapel

Inhalt

LAND & LEUTE

»In allem wahrt man den Spielraum, der befähigt, Schauplatz neuer unvorhergesehener Konstellationen zu werden. Man meidet das Definitive, Geprägte. Keine Situation erscheint so, wie sie ist, … keine Gestalt behauptet ihr ›so und nicht anders‹ … Niemand orientiert sich an Hausnummern.«

Walter Benjamin

Fischer im Cilento

Arkadien am Fuße des Vesuvs

Blick von der Terrasse des
Hotel Excelsior in Neapel auf den Vesuv

NEAPEL SEHEN UND ... AUFLEBEN!

Der Golf von Neapel öffnet sich zum Meer hin wie ein griechisches Theater. Den schönsten Platz in diesem Bühnenbild der Natur nimmt die Stadt ein, und der Höhepunkt hinter allem ist der Vesuv, Spender und Vernichter des Lebens inmitten einer fruchtbaren Landschaft, die er selbst erzeugt hat. Flankiert wird der Golf von drei Inseln – Capri für die Reichen, Ischia für die Kurtouristen und Procida für die Entdecker.

Neapel ist eine seit Jahrtausenden vielfach kulturell geprägte Stadt. Sie hat eine einzigartige Altstadt, die zum Kulturerbe der Menschheit gezählt wird, Museen von Weltrang, eine unvorstellbare Fülle an Kunstschätzen und Spuren europäischer Geschichte sowie eine kulturelle Tradition, die in der ländlichen Umgebung oft noch recht unverfälscht erhalten geblieben ist. In den vergangenen Jahren haben Stadt- und Regionalverwaltungen sehr viel für die Kultur in der Hauptstadt Kampaniens getan. Geradezu berauschend wirken manche sanierte Gebäude wie etwa die Certosa di San Martino oder die Kirche San Marcellino.

Antonio Bassolino, Ex-Bürgermeister von Neapel, gab Anfang der 90er Jahre den Anstoß zu einer traditionsbewussten Stadtmodernisierung. Dieser Spagat wird das Stadtbild noch mindestens bis 2010 deutlich prägen. Bis dahin verändert sich das Verkehrssystem kontinuierlich, wobei Hafen, Bahnhof und eine Metrolinie größtenteils neu gebaut werden. Wer sich für Neapel etwas mehr Zeit nimmt als die durchschnittlichen zwei Tage, der erkennt hier aber vielleicht schon jetzt den Prototypen einer europäischen Metropole: dem Fremden gegenüber tolerant und aufgeschlossen, kunstbesessen, traditionsbewusst und erfindungsreich.

Die Altstadt von Neapel, die Amalfiküste, der Naturpark Cilento – von der UNESCO wird jedes dieser drei Gebiete zum Weltkulturerbe der Menschheit gerechnet. Die mondäne ›Amalfitana‹ mit den edlen Urlaubsorten Positano und Amalfi und vielen kleinen Badebuchten nennt sich auch gerne die ›spektakulärste Küstenstrecke der Welt‹, und der Cilento bietet mit seiner intakten Natur, seinen Flüssen, Wäldern, Bergen und Stränden für den Erstbesucher oft eine unerwartete Seite Italiens – bestens geeignet für den erholsamen Aufenthalt mit der ganzen Familie, aber auch Aktivurlauber und Feinschmecker können hier noch einiges entdecken.

Im Norden Neapels sind die vulkanisch geprägten Campi Flegrei das zukünftige Gebiet für Archäologie- und Unterwasser-Tourismus. Die ersten Anfänge sind gemacht, um den Besuchern die Vielseitigkeit der Region nahe zu bringen: Im Sommer sind die interessantesten Küstenstädte mit einer neuen Schiffslinie zu erreichen, der ›Metrò del Mare‹, so dass bei einem Aufenthalt in der Region Stadtkultur, Badefreuden und ländliche Ausflüge gut zu kombinieren sind.

STECKBRIEF KAMPANIEN

Fläche: Kampanien hat eine Fläche von 13 596 km^2, die Provinz Neapel nimmt 1171 km^2 ein, die Stadt Neapel 117 km^2.

Küste: Die kampanische Küste hat eine Länge von rund 500 km und erstreckt sich am Tyrrhenischen Meer.

Struktur: Die Region Kampanien besteht aus den Provinzen Avellino, Benevento, Caserta, Napoli, Salerno. Die Hauptstadt von Kampanien ist Neapel. Weitere wichtige Städte sind Benevento, Caserta und Salerno.

Einwohner: Laut der letzten Volkszählung leben in Kampanien 5 762 518 Menschen, davon in der Provinz Neapel 2 996 000 und in der Stadt Neapel 993 386 (Stand: 2002).

Bevölkerungsdichte: Die Region Kampanien ist mit 423 Einwohnern/km^2 mehr als doppelt so dicht besiedelt wie Italien im Durchschnitt. Neapel verzeichnet 2500 Einwohner/km^2, im Cilento kann es mit 87 Einwohnern pro km^2 sehr einsam sein. Neapels Vorort Portici ist mit 13 032 Einwohnern pro km^2 die am dichtesten besiedelte Kommune Italiens.

Altersstruktur: Kampanier sind laut Statistik junge Menschen. Fast die Hälfte der Einwohner ist nicht älter als 30 Jahre, bzw. ein Drittel der Einwohner ist jünger als 20 Jahre.

Universitäten: Sechs Universitäten gibt es in Kampanien, vier davon in Neapel und je eine in Salerno und Sannio.

Wirtschaft: Kampanien schneidet im regionalen Vergleich des Bruttoinlandsproduktes (Prodotto Interno Lordo, PIL) pro Kopf gegenüber den nördlichen Regionen erwartungsgemäß schlecht ab: Während im Norden statistisch jeder Einwohner ein PIL von weit mehr als 20 000 € erwirtschaftet, bringt es der Kampanier auf nur rund 11 000 €. Damit rangiert die Region an vorletzter Stelle vor Kalabrien. Spitzenreiter der italienischen Regionen ist das Aostatal mit einem PIL von 23 000 €.

Arbeit: Die Arbeitslosenquote liegt bei 22 % (13 % in ganz Italien, 12 % in Norditalien), Jugendarbeitslosigkeit: ca. 60 %.

Tourismus: Die Zahl der Touristen in Kampanien steigt. Jährlich sind es etwa 28 Mio., davon 15 Mio. Ausländer.

LANDSCHAFTEN UND NATURRAUM

Rund um den Golf von Neapel

Ein Volksstamm der Osker hat der süditalienischen Region Kampanien wahrscheinlich den Namen gegeben. Die Menschen, die vor 2500 Jahren nördlich von Neapel bei Capua das fruchtbare Land in der Flussebene des Volturno bewirtschafteten, werden auf dort gefundenen Münzen als ›Kappanom‹, ›Kapanos‹ oder ›Kampanon‹ bezeichnet.

In römischer Zeit war Kampanien dann zusammen mit Latium als ›Campania felix‹ die wichtigste von elf Regionen der italienischen Halbinsel.

Von Neapel über Amalfi bis zum Cilento ist Kampanien eine sehr vielseitige und manchmal krass gegensätzliche Gegend. Außer der weltbekannten

Costiera Amalfitana gehören etwa weitere 460 Küstenkilometer zu Kampanien. Dahinter finden sich fruchtbare Ebenen, Hügellandschaften, die im Landesinneren zu karstigen Bergmassiven werden, einige noch saubere Flüsse und seltene Tiere und Pflanzen.

Der Cilento ist ein recht atypischer Nationalpark, denn er schließt die etwa 230 000 Bewohner in 80 Gemeinden mit ein. Gleichzeitig ist er eine Art Prototyp für den umweltverträglichen Tourismus: Die Schönheit seiner unzerstörten Landschaften legt seit 1991 angesichts der touristischen Erschließung ein anderes Vorgehen nahe als bis dato üblich: Diesmal kümmert man sich erst um den Schutz der Natur, dann um den Tourismus.

Vulkane, Grotten und steile Küsten

»Der Vesuv ist in meinen Augen viel mehr als ein Mythos: etwas schrecklich Wirkliches!« Mit dieser Erkenntnis steht Andy Warhol nicht alleine da. Den Menschen am Golf von Neapel gibt der Vulkan seit Tausenden von Jahren teils beeindruckende, teils verheerende Beweise seiner Existenz, vertreiben konnte er sie aber nicht. Im Gegenteil: Die Provinz Neapel gehört zu den am dichtesten besiedelten in Italien.

A muntagna (der Berg), wie die Neapolitaner den Vesuv freundschaftlich-respektvoll nennen, ist das Wahrzeichen der Stadt schlechthin. Das vulkanische Erbe der Region ist allgegenwärtig: Die Straßen Neapels sind mit Lavasteinen gepflastert, und die Fundamente der Palazzi bestehen meist aus Tuff und anderem Vulkangestein.

Schon Ferdinand II., König von Neapel, gründete ein Observatorium auf dem Vesuv und eröffnete 1845 die erste Überwachungsstation dieser Art weltweit. Heute ist der Vesuv der bekannteste und am besten überwachte und erforschte Vulkan der Welt. Das Osservatorio Vesuviano registriert mittlerweile neben den Aktivitäten des Ve-

Weltbekannt: die Costiera Amalfitana

suvs auch alle übrigen seismischen und vulkanischen Bewegungen in Kampanien, insbesondere die der Phlegräischen Felder.

Flegraios, ›brennend‹, nannten die griechischen Siedler das Gebiet der heutigen Campi Flegrei, das sich vom Posillipo im Westen Neapels um den Golf von Pozzuoli bis nach Cuma erstreckt und die Inseln Ischia und Procida mit einschließt. In dieser vom Vesuv unabhängigen, vermutlich älteren, ›ruhenden Kraterlandschaft‹ wurden 20 Krater gezählt. Gebildet wurden sie von immer wieder empordrängenden Magmamassen und einem riesigen ›Urkrater‹, an dessen Rändern sich neue Krater bildeten. Jede Erhebung, jeder Berg und jeder See dieser Landschaft, deren Küstenlinie teilweise unter den Meerespiegel abgesunken ist, war einst ein Krater oder ein Vulkankegel.

Die Solfatara bei Pozzuoli ist immer noch aktiv. Dieser ebenerdige Vulkan ist ›solfatarisch‹ tätig: Aus seinem Krater blubbern und zischen ständig schwefel- und sulfurhaltige Gase und Dämpfe, und besonders eindrucksvoll sind die kochenden Schlammfelder.

Die Campi Flegrei sind außerdem geprägt vom einzigartigen Phänomen des Bradyseismus. Bei dieser geophysikalischen Erscheinung heben oder senken sich Teile der Erdkruste. Noch nicht erkaltete Magmamassen nahe an der Oberfläche bewegen sich und damit auch die Erdkruste. Im Frühjahr 2000 hat das Osservatorio in Neapel eine Erhebung des Bodens im Gebiet des Hafens von Pozzuoli um 15 mm gemessen, so viel wie nach der bradyseismischen Krise von 1982–84 nicht mehr.

Ihr vulkanischer Ursprung hat der Insel Ischia den Tourismus gebracht. Ischia ist reich an Thermalquellen, stellenweise sprudelt das heiße Nass sogar ins Meer. Andererseits ist der gelbe Tuffstein, ebenfalls Produkt des Vulkanismus, an steilen Küstenabschnitten und Hanglagen stark erosionsgefährdet. Hinzu kommt manchmal, wie an der Spiaggia dei Maronti, eine starke Meeresbrandung, die die Küste regelrecht untergräbt und somit die Einsturzgefahr erhöht.

Zahlreiche Grotten und Höhlen im Landesinnern und an den Küsten von Kampanien, die schroff-majestätischen Kalkfelsen von Capri, die steile Costiera Amalfitana und die Bilderbuch-Buchten des Cilento mit dem türkisblauen Wasser sind grandiose Schauspieler auf der Bühne der Natur – doch leicht gemacht hat die abwechslungsreiche mediterrane Landschaft ihren Bewohnern das Leben nie. Es gibt kaum einen Ort, der nicht schon von Erdbeben geplagt wurde. Besonders an der Costiera, in den dahinter liegenden Monti Lattari und im Cilento ist die landwirtschaftliche Nutzung der Böden in Terrassenlage am Steilhang sehr mühselig. Noch heute transportieren zwischen Positano und Amalfi manchmal Esel schwere Lasten in die Hänge und wieder zurück, während auf der Küstenstraße die Touristen aus den Bussen die schroffe Felswand zum Meer hinunterblicken und sich fragen, wer auf die Idee kam, hier eine Straße hinzubauen.

Von Wind und Wetter modelliert: der Arco naturale auf Capri

WIRTSCHAFT UND UMWELT

Das Ende der Raffinerien und Stahlwerke

Der in Neapel lebende Engländer Lamont Young hatte 1888 einen Traum: ein modernes Wohnviertel, nicht höher gebaut als die Pinien, außerdem Schwimm- und Thermalbäder, Unterhaltungs- und Kongresszentrum, Sportanlagen und Grünflächen mit mediterraner Flora im englischen Stil. Verbunden durch das Verkehrsmittel Eisenbahn könnte dies an der Bucht bei Bagnoli entstehen, im ländlichen Gebiet nördlich von Neapel. Lamont Young war ein englischer Ingenieur von bizarrem und genialem Geist. Er erfand biegsame Lampen und drehbare Häuser und hatte für seine Zeit abenteuerliche Vorstellungen von Stadtarchitektur. Die Zukunft der Region lag seiner Ansicht nach im Tourismus und nicht in der Industrie, die das Leben am Golf von Pozzuoli noch schwerer machen würde.

Eine chemische Fabrik gab es hier schon seit 36 Jahren, eine Glasfabrik entstand gerade, und ein erster Bebauungs- und Beschränkungsplan war dem Einsatz des schon damals ökologisch denkenden Grafen Giusso zu verdanken. Doch eine Förderungsbestimmung für Neapel aus dem Jahr 1904 änderte alles, und ein Jahr später wurde mit dem Bau der Stahlfabrik ›Ilva‹ begonnen. Eine Zementfabrik folgte 1927, die Eternit-Werke kamen 1936. ›Italsider‹ nennt sich die Anlage seit 1961 und produziert mit 5500 Arbeitern mehr als 1,5 Mio. t Gusseisen und Stahl.

Doch die nachlassende Konjunktur ab Mitte der 1960er Jahre zwingt das Stahlwerk, die Produktion zu drosseln; und Anfang der 70er scheint nur eine Erweiterung der Anlage die Verluste der vergangenen Jahre wieder wettmachen zu können. Dafür änderte die Region 1976 extra ihre Baubestimmungen, und das nationale Förderprogramm für die Schwerindustrie unterstützte die Anlage noch einmal finanziell, obwohl schon klar war, dass der Stahlkoloss langfristig nicht mehr zu retten war. In den Jahren zwischen 1986 und 1993 zog sich die Industrie aus Bagnoli zurück und hinterließ ein kontaminiertes Industriegelände.

Zwar sahen die Projekte für Bagnoli, die unter dem Titel ›variante per la zona occidentale‹ 1996 von den kommunalen Gremien Neapels beschlossen wurden, sehr zukunftsfähig aus – sie ähnelten der über 100 Jahre alten Utopie des Engländers Lamont Young. Doch an den zu erwartenden neuen Bauaufträgen war besonders die Camorra interessiert, und die schrittweise Umsetzung stand auch deswegen immer wieder vor politischen Blockaden.

Heute ist die erste von drei Renaturierungsphasen auf dem Gelände von Bagnoli mit seiner Fläche von 120 ha fast abgeschlossen. Der größte Teil der stählernen Produktionsstätten ist abgebaut und in außereuropäische Länder verkauft worden, doch im Zeitplan ist die ›große Illusion‹, wie das Projekt

ALFASUD

Bis zum Beginn der 1960er Jahre lebten die Menschen im Hinterland von Neapel noch weitgehend unbeeinflusst von der technischen Moderne. Auch im Städtchen Pomigliano d'Arco war die traditionelle Lebensweise mit ihren sozialen Strukturen vergleichsweise gut erhalten geblieben. Die meisten Pomiglianer arbeiteten in ihren alten Berufen als Baumbeschneider, Seilmacher, Scherenschleifer, Zinnhandwerker, Korbflechter, Schneider, Sattler oder Holzfäller, während die Frauen nähten, stickten, bei der Ernte halfen oder Wolle herstellten. Der Feminismus war genauso unbekannt wie die kommende Schwerindustrie, und das tägliche Leben verlief entsprechend den jahrhundertealten Regeln einer Solidargemeinschaft. Doch in den 60er Jahren wurde die Region endgültig vom Spätkapitalismus erfasst. Italien befand sich mitten im Prozess der Anpassung an die internationalen Industriestandards. Die Zugehörigkeit zum Atlantischen Bündnis ließ amerikanische Lebensformen vorbildlich erscheinen – und als Entwicklungsmöglichkeit für Süditalien stand Massenproduktion auf dem Programm.

Alfasud entwickelte sich zwar zu einer großen Fabrik des Südens, fand dort aber keine Infrastruktur vor, und schon allein der Weg zur Arbeit wurde zum Horror für die Pendler, die sich außerdem mit steigenden Lebenshaltungs- und Wohnkosten konfrontiert sahen. Für die Frauen schließlich bedeutete die Fabrik meist soziale Vereinzelung. Die Zeit der gemeinsamen Landarbeit war vorbei, nun galt es für sie, unterbezahlte Tätigkeiten in Heimarbeit zu verrichten, während ihre Männer in die Fabrik gingen und im Minutentakt Autos bauten.

Über die zu verbessernde Ausnutzung der menschlichen Arbeitskraft wurde in der nördlichen Zentrale von Alfa Romeo nachgedacht. Die Verwaltung aber blieb anfangs noch in Mailand, die Forschungsabteilung in der Lombardei, während aus Pomigliano d'Arco vor allem billige Arbeitskräfte kamen: eine Mischung aus armen Bauern, Schwarzarbeitern und Dauerarbeitslosen, die das Ihre zum Firmenslogan »Pack den Vesuv in den Motor« beitrugen. Zeitweise arbeiteten mehr als 15 000 Menschen bei Alfasud, und die Zahl der berufsbedingten Krankheiten oder Unfälle, die durch Rauch, Dampf oder Gift in der Fabrik verursacht wurden, war hoch. Zudem mangelte es an medizinischer Versorgung und Vorsorge.

Nach der Ölkrise begann Mitte der 1970er Jahre für Alfa Romeo eine Zeit des Niedergangs, der Fehlplanungen und der Verluste, nur vorübergehend aufgehalten von der Zusammenarbeit mit der japanischen Firma Nissan. Schließlich beanspruchte die mächtige Lobby der Fiat-Familie Agnelli die Produktionsstätten und bekam sie – für umgerechnet etwa 500 Mio. €. Nach einer Phase der Computerisierung steht heute in Pomigliano d'Arco eine moderne Autofabrik, die sich schnell an die jeweilige Marktstimmung anpassen kann. Trotz der Erfolgsmodelle ›156‹ und ›147‹ ist Pomigliano d'Arco mit Alfasud aber nie, wie geplant, zum Traum der Arbeiter des Südens geworden.

mittlerweile schon manchmal genannt wird, längst nicht mehr. So bleibt nur der Blick auf die beiden großen Anleger aus Stahl, zwischen denen einmal ein touristischer Yachthafen entstehen soll.

Umwelt und Tourismus

Auf der Liste der für den Fremdenverkehr wichtigsten Städte Italiens belegt Neapel den fünften Platz – nach Rom, Venedig, Florenz und Mailand. Eine Position, auf die Neapel stolz sein kann und die mit entsprechendem Kulturmarketing auch noch um zwei Plätze zu verbessern wäre. Nur würde das Hotelangebot dies gar nicht mitmachen können. Rom bietet etwa das 18-fache der Übernachtungsmöglichkeiten an: Dort warten 720 Hotels mit etwa 165 000 Betten auf Besucher, in Neapel sind es 9000 Betten in 100 Hotels – halb so viele sind es im dreimal so kleinen Florenz.

Für Kampanien müsste der Fremdenverkehr eigentlich eine Goldgrube sein, und in manchen Gebieten ist er das auch. Andererseits sind die Kapazitäten der Inseln Capri oder Ischia und der repräsentativen Glanzpunkte südlich von Neapel, der Halbinsel von Sorrent oder der Amalfiküste, schnell erschöpft. Für die Tourismusplaner, die das kulturelle und landschaftliche Potential der Region besser ausnutzen wollen, weisen drei Stichworte in eine Zukunft, die weniger auf Masse denn auf Klasse ausgerichtet sein soll: *agriturismo, enoturismo* und *velaturismo* – Urlaub auf Bauernhöfen und Weingütern und auf dem Meer im Segelboot.

Als sinnliches Konzentrat aus Erde, Kultur und Tradition ist der Wein immer eine gute Visitenkarte für die Region, aus der er stammt. Besonders die jungen Winzer Kampaniens arbeiten mit autochthonen Reben, denn nicht der in Italien angebaute Cabernet Sauvignon verkörpert den Geschmack Süditaliens besonders gut, sondern der Aglianico, Guarnaccia oder Piedirosso (s. S. 90 f.).

Oft verbunden mit dem Weintourismus ist der Agriturismo, der landwirtschaftliche Fremdenverkehr, der seit

Tourismus im Einklang mit der Natur ist das erklärte Ziel der regionalen Behörden. Doch bis dieses erreicht ist, bleibt noch viel zu tun

einiger Zeit nicht nur in Norditalien boomt. Kampanien gehört mit mehr als 80 oft genossenschaftlich organisierten Betrieben zu den Regionen mit dem größten Angebot.

Der Geschmack der Natur kann bei einem Aufenthalt in einem Agriturismo schnell wiederentdeckt werden: Obst, Gemüse, Wein und Fleisch kommen oft aus biologischem Anbau oder ebensolcher Aufzucht und sind nicht selten auch ein Zeichen des konsumkritischen Widerstands.

Die Herausforderung für den Tourismus im Gebiet zwischen Neapel und dem Cilento ist groß, weil das Angebot so vielseitig sein kann. Doch touristische Strukturen entstehen nur langsam. In Neapel soll das Problem der fehlenden Mittelklassehotels in den nächsten Jahren entschärft werden, aber auch einige luxuriösere Neubauten sind geplant, etwa an den beiden zentralen Bauplätzen der nächsten Jahre, am Hafen Molo Beverello und am Hauptbahnhof.

Die regionalen Verwaltungen jedenfalls kooperieren schon, um die Voraussetzungen für einen neuen Tourismus zu schaffen, den die Region als ›Industrie des neuen Jahrtausends‹ ansieht. Unterhaltung und Kultur im Einklang mit der Natur – das Zukunftskapital Kampaniens.

GESCHICHTE IM ÜBERBLICK

Von der Bronzezeit zum Mittelalter

2000–900 v. Chr.	Bronzezeit: ab 1500 v. Chr. entsteht die Apennin-Kultur. Siedlungen auch auf Capri, Ischia und bei Salerno. Handelsbeziehungen mit dem mykenischen und minoischen Griechenland.
900–700 v. Chr.	In der Eisenzeit dichte Besiedlung des Sarno-Tals. Die so genannte Fossa-Kultur erhält ihren Namen durch den Bestattungsbrauch in Grabgruben *(tombe a fossa).* Grabgruben auch in Kyme. Außerdem Siedlungen der Osker und erste Spuren der Etrusker.
ab 770 v. Chr.	Griechische Kolonisierung der Küsten. Erste Stadtgründung durch die Euböer ist Pithekoussai am Monte Vico im heutigen Lacco Ameno auf Ischia. Es folgen Kyme, Paestum, Elea und Pozzuoli. Auf den Klippen von Megaris (heute Castel dell'Ovo, Neapel) entsteht ein Anlege- und Handelsplatz, der kontinuierlich erweitert wird. Um 470 v. Chr. siedeln Griechen aus Kyme weiter östlich im Gebiet des historischen Zentrums von Neapel. Wachsender Einfluss der Etrusker.
474 v. Chr.	Seeschlacht von Kyme: Mit Hilfe der Verbündeten aus Syrakus schlagen die Griechen die Etrusker. Im gesamten 5. Jh. Vorstoß der Samniten aus den Bergregionen zur Küste, Vermischung zu neuen Kulturformen und regelrechtem Ethno-Mix.
343–290 v. Chr.	Rom unterwirft die Samniten und gründet erste lateinische Kolonien in Kampanien. Neapel wird Verbündeter.
1 Jh. v. Chr.	Nach dem Bundesgenossenkrieg (91–89 v. Chr.) erhalten viele Städte das römische Bürgerrecht, müssen aber gegen ihren Willen, wie z. B. Pompeji, Kriegsveteranen aus Rom ansiedeln. Pozzuoli avanciert zum größten römischen Umschlagplatz für Getreide. Augustus stationiert in Misenum die römische Flotte.
62 n. Chr.	Verheerende Schäden durch ein schweres Erdbeben in ganz Kampanien.
79	Ausbruch des Vesuvs. Unter Ascheregen, Lapilli oder Schlammlawinen werden Pompeji, Herculaneum und Stabia konserviert.
um 300	Christenverfolgung unter Diokletian. Berühmtes Opfer: San Gennaro, heute der Stadtheilige von Neapel.
395	Nach der Teilung des Römischen Reichs in West (Rom) und Ost (Byzanz) gehört Kampanien zunächst zum Westen.
5.–9. Jh.	476 stirbt der letzte Kaiser des Weströmischen Reichs, Romulus Augustulus, in Neapel. Der byzantinisch-oströmische Kaiser Justinian beansprucht Neapel und Umgebung für sich. Ab 570 erobern die Langobarden Benevent, Capua und 646 Salerno, das 200 Jahre unter langobardischer Herrschaft steht. Die Küstenregion bleibt by-

Tempelreste auf dem Forumsplatz in Pompeji

zantinisch beeinflusst. Amalfi beginnt Handelsbeziehungen mit dem östlichen Mittelmeerraum.

10.–11. Jh. Amalfi, mittlerweile wohlhabende Handelsmetropole, gründet die erste autonome Seerepublik von Italien und bald darauf mit Neapel und Gaeta den Verbund der kampanischen Seestädte.

Von den Normannen zu den Bourbonen

1016–1194 Die Herrschaft der Normannen beginnt mit heimkehrenden Kreuzfahrern, die bei Salerno landen und in den nächsten 100 Jahren ihre Regentschaft über ganz Süditalien ausdehnen. 1139 wird das Herzogtum Neapel unter Roger II. endgültig normannisch. Neapel und Kampanien werden Teil des Königreichs von Sizilien mit Palermo als Hauptstadt.

1194–1268 Der Staufer und deutsche Kaiser Heinrich VI. erbt das Normannenreich (durch Vermählung mit Constanze, Tochter Roger II.). 1220–50 regiert dessen Sohn Friedrich II. von Palermo und Apulien aus das Heilige Römische Reich Deutscher Nation. Süditalien ist als zentralistischer Beamtenstaat organisiert. Die Konflikte mit dem Papsttum nehmen zu.

1268–1442 Die Regentschaft der französischen Anjou beginnt mit dem papsttreuen Karl I., der den letzten Staufer und Enkel Friedrichs II. auf dem Marktplatz in Neapel hinrichten lässt. Neapel wird Hauptstadt des gleichnamigen Königreichs, da 1282 die Anjou Sizilien (Sizilianische

Einzug von Alfons I. in Neapel 1442 (Relief am Triumphbogen des Castel Nuovo)

Vesper) verlieren. Prunkvolle Bauten und Kulturförderung gehen einher mit Ausbeutung und Unterdrückung.

1442–1700 Mit Alfons von Aragon beginnt die spanische Herrschaftszeit. Die Aragonesen vereinen die Königreiche Neapel und Sizilien. Ab 1503 regieren die so genannten spanischen Vizekönige *(viceré)* Neapel als Statthalter. Unter Don Pedro di Toledo (1532–53) Ausbau der Stadt und Befestigung der Küsten zum Schutz vor permanenten Sarazenenüberfällen, besonders auf Ischia und Procida. Versuche, die Inquisition in Neapel zu etablieren, scheitern am Widerstand des Volks und der Aristokratie. 1647 scheitert ein antispanischer Volksaufstand unter Masaniello, der, bereits erschossen, auch noch enthauptet wird. 1656 rafft die Pest ungefähr die Hälfte der 450 000 Einwohner Neapels dahin.

1707–1734 Das österreichische Habsburg erhält den Thron von Neapel infolge des Spanischen Erbfolgekriegs.

1734–1860 Die spanischen Bourbonen übernehmen mit Karl I. (später Karl III. von Spanien) die Herrschaft am Golf. Neapel ist wieder Hauptstadt. Zeitgemäße Veränderung des Stadtbilds (Theater, Paläste und Prachtbauten entstehen) und der Infrastruktur. 1738 beginnen die Ausgrabungen von Herculaneum, 1748 die von Pompeji. Trotz mehrfacher Unterbrechungen und wiederholter Flucht nach Palermo kehrt Ferdinand IV. (ab 1815 als Ferdinand I.) immer wieder erfolgreich auf den Thron zurück.

1799	Am 21. Januar rufen Teile der Aristokratie und französische Revolutionäre die erste Neapolitanische Republik aus. Am 13. Juni beendet Kardinal Ruffo mit königlichen Truppen den Demokratieversuch.
1808–1815	Napoleonisches Intermezzo der Bourbonenherrschaft durch Joseph Bonaparte und dessen Schwager Joachim Murat.
1815	Nach dem Wiener Kongress Restauration der Bourbonenherrschaft.
1848	Ferdinand II. schlägt eine Staatsverfassung vor, scheitert aber wie einige seiner Vorgänger an den restaurativen Kräften.

Von Garibaldi bis zu Bassolino

1860/61	Giuseppe Garibaldi erreicht die Stadt. Ein Plebiszit bestimmt den Anschluss Neapels an das Königreich Italien unter Vittorio Emanuele II., später unter Umberto I. Erste Wahlen. Wirtschaftliche Benachteiligung des Südens durch Norditalien.
1863	Das Nationalparlament beschließt ein erstes Gesetz gegen die süditalienischen Briganten.
1884	Cholera-Epidemie. Erstmals nationales Interesse an der *questione Napoli.*
1943	Nach dem Sturz Mussolinis besetzt Mitte September der deutsche Oberst Schöll Neapel. Ende September widersetzt sich die ganze Stadtbevölkerung vier Tage lang erfolgreich mit den ›Quattro Giornate di Napoli‹.
1946	Beim Referendum über die zukünftige Verfassung der Italienischen Republik stimmen die meisten Neapolitaner für eine Monarchie.
1950	Die *Cassa per il mezzogiorno,* ein Wirtschaftsförderungsprogramm für Süditalien, wird eingerichtet. Bürgermeister in Neapel ist der Reeder Achille Lauro.
1980	Ein Erdbeben fügt Kampanien schwere Schäden zu. Der Wiederaufbau ist geprägt von Korruption.
1991	Der Cilento wird Nationalpark.
1993	Antonio Bassolino, Ex-Kommunist, wird mit über 70 % der Stimmen zum Bürgermeister von Neapel gewählt. Bei seiner Wiederwahl fünf Jahre später erzielt er fast dasselbe Ergebnis.
1994	Mit der G7-Konferenz beginnt die Modernisierung und der konsequente Kampf gegen die Camorra in Neapel.
2001	Neapel wählt erstmalig eine Bürgermeisterin: Rosa Russo Iervolino wird das Mitte-Links-Bündnis im Stadtrat fortsetzen, während in Italien die rechte Berlusconi-Ära anbricht.
2003	401 km der Küste Kampaniens sind badetauglich. Vorjahr: 354 km.
2005	Antonio Bassolino, seit 2000 amtierender Präsident der Region Kampanien, tritt erneut als Kandidat bei den Regionalwahlen an, um sein Mitte-Links-Bündnis weitere fünf Jahre fortzusetzen.

Kultur und Leben

Bocciaspieler auf der Piazza Duomo von Praiano

KAMPANISCHE LEBENSART

Heidnische Feste, wilde Lust und frommer Glaube

Die Franziskanerin Giulia de Marco praktizierte in Neapel zur Zeit der spanischen Inquisition in der ›Bruderschaft der Fleischlichen Barmherzigkeit‹ eine recht ungewöhnliche Art der Religion. Die mystischen Sitzungen hatten nur ein Thema: Wie kann der Geist am besten zu Askese und Ekstase finden? Was sich allerdings hinter dem Treiben der Ordensschwester versteckte, das kam 1610 ans Tageslicht und wurde zum lange verschwiegenen Skandal, denn die Antwort auf die schwierige Frage war: Sex. Fast der gesamte spanische Hof und außer den 113 Nonnen im Kloster Donna Regina noch unzählige weitere Menschen folgten heimlich dem Erleuchtungsprinzip der Franziskanerschwester Giulia. Der Zugang war Frauen jeden Alters gestattet – Männer über 25 aber wurden an den ›religiösen‹ Freuden vorbei in ein reines Betzimmer umgeleitet. Es ist wohl kein drastischeres Beispiel für das neapolitanische Amalgam der Glaubenslust zu finden.

Ganz in der Nähe der ›Crypta Neapolitana‹ genannten Grotte im Parco Tomba di Virgilio in Neapel entstand 1352 die Kirche Santa Maria di Piedigrotta. In der Antike befand sich hier ein Tempel, der dem Fruchtbarkeitsgott Priapos gewidmet war, welcher Anfang September ausschweifend geehrt und gefeiert wurde. Mit dem Christentum aber musste Priapos verschwinden – ihn ersetzte die Jungfrau Maria, für die ab 1895 ein Musikumzug und Liedwettbewerb veranstaltet wurde. Bis Mitte des 20. Jh. war das Fest der Piedigrotta als eine Verschmelzung aus Religiösem und Profanem eines der wichtigsten Glaubensfeste Neapels.

Die wichtigste Prozession Kampaniens gibt es immer am Ostermontag zur Madonna dell'Arco in Sant'Anastasia zwischen Neapel und dem Vesuv. Barfuß oder auf Strümpfen haben manche Gläubige schon eine kilometerlange Strecke hinter sich, wenn sie vor der Kirche ankommen und dort erst einmal warten müssen, denn viele Pilger verlieren ihre letzte Kraft, sobald sie im Gotteshaus sind und werden von Helfern des Roten Kreuzes weggetragen; andere rutschen auf Knien die letzten Meter über den Kirchenboden und sind dem Kollaps nahe, während immer mal wieder jemand einen Gesang anstimmt aus lang gezogenen Tönen – dialektales Trance-Gestammel im Kirchenschiff.

Die Geschichte sagt, dass im Jahr 1500 ein Sportler, der in einer ›Frühform‹ des Baseball verloren hatte, seinem Ärger Luft machte und dabei ein Madonnenbild mit dem Ball traf. Die Madonna fing sofort an zu bluten, und der Sportler verfiel in eine unaufhaltsame Raserei, rannte und sprang wildwütig herum, ohne sich selbst noch stoppen zu können. Um seine Schuld zu sühnen, gehen die *fujentes* bei der

Fest der Madonna dell'Arco in Sant' Anastasia bei Neapel

Prozession ohne Schuhe mit. Sie tragen, traditionell in Weiß gekleidet, mit roter Schärpe und blauem Hüftgürtel, Madonnenbilder, Statuen und manchmal mit Geldscheinen gespickte Fahnen ihrer Herkunftsgemeinde durch die Kirche und dann wieder hinaus. Den Heimweg allerdings übernimmt der Kleintransporter.

Es gibt unzählige solcher Feste in Kampanien – jeder Ort feiert sein eigenes, das von der Geschichte des Ortes oder seines Schutzheiligen mitgeprägt wurde. Die meisten dieser Feste sind touristisch noch recht unbekannt – Ausnahmen sind vielleicht die Karfreitagsprozession auf Procida und die San Gennaro-Prozession in Neapel, die vom Dom zur nahe gelegenen Kirche Santa Chiara führt und besonders für das Blutwunder bekannt ist. Selbst bei 1500 mehr oder weniger wissenschaftlichen Experimenten fand man nicht heraus, warum sich das konservierte und erstarrte Blut des Bischofs aus Benevento dreimal jährlich verflüssigt, und zwar am 16. September, 19. Dezember und am jeweils ersten Sonntag im Mai – vorausgesetzt, die Mächte sind dem Schicksal der Stadt wohlgesonnen.

Neapolitanische Musikszene

Zwischen den Italo-Pop-Songs tagsüber und dem nächtlichen Dance-Beat aus Autos oder Disko-Bars bleibt in Neapel kein Raum für Lieder wie ›O so-

DIE CAMORRA

Ein ganz normaler Vormittag im *centro antico* Neapels: Außer den üblichen Autos, Vespas, Einwohnern und ausländischen Touristen sind auch drei norditalienische Besucher unterwegs. Ein Vespa-Fahrer muss im üblichen Tumult kurz vor den drei Fußgängern aus dem Norden anhalten, weil er an ihnen nicht vorbeikommt, so scheint es. Aber dann greift er blitzschnell der Frau aus der Dreiergruppe an den Hals, hat den goldenen Anhänger ihrer Kette in den Fingern, ein Ruck, die Kette reißt, ein Hüftschwung auf der Vespa, gleichzeitig Gas gegeben, und während die Schrecksekunden vergehen, verschwindet der Räuber in der nächsten Quergasse.

Früher oder später kommt die ehrenwerte Gesellschaft immer mit ins Spiel, sei es diesseits oder jenseits der Legalität. Dabei hat sich die Camorra nach ihrer mehrhundertjährigen Geschichte mittlerweile oft weiß gewaschen: Das Geld steckt in Supermärkten, Immobilienfirmen, anderen Dienstleistungsbereichen oder Banken. Andererseits ist die Organisation besonders in der Baubranche aktiv, denn die Fördergelder für den Süden sind verlockend, während der Schmuggel von Drogen, Waffen und Zigaretten nach wie vor für gute Gewinne der illegalen Geschäfte sorgt – und solange zwei Drittel der Jugend arbeitslos sind, gibt es keine Nachfolgeprobleme für das schnelle Leben und Sterben in der ›ehrenwerten Gesellschaft‹.

Den Begriff ›camorra‹ kannte schon der Bourbonenkönig Karl I., der 1735 einige illegale Spielhöllen schließen ließ, jedoch anderen die Lizenz nicht abnehmen konnte, etwa der ›camorra avanti palazzo‹. Das Glücksspiel war immer eine Einnahmequelle der Camorra, und vielleicht leitet sich ihr Name auch vom arabischen *kumar* ab – einem vom Koran schwer bestraften Würfelspiel. Eine dritte Erklärung lieferte der erste ›reuige‹ Camorrista Italiens: Gennaro Abbatemaggio erklärte 1911 im Prozess gegen den Boss Raffaele Cuotolo die spanischen Ursprünge der Organisation. Danach könnte das Wort ›camorra‹ auf einen gewissen Gamour aus Saragossa zurückgehen. Dieser habe 1654 im Gefängnis der spanischen Kolonie Neapel seinen Mithäftlingen den Aufbau der kriminellen Organisation ›Garduna‹ in Spanien erklärt, deren System schon Miguel Cervantes in der Novelle ›Rinconete y Cortadillo‹ beschrieb: Zwei Jungen hatten es gewagt, sich ohne die Erlaubnis des ›Padre, Beschützers und Meisters‹ als kleine Diebe auf dem Marktplatz der Stadt zu betätigen. Während sie zu ihm gebracht werden, lernen sie die ersten Regeln kennen: »Er hat verfügt, dass von jeder Einnahme ein Teil abgegeben wird, eine Spende, damit ein sehr verehrtes Bild in der Stadt auch weiterhin vom Schein der Öllampe erhellt werden kann.« Diese ›Spenden‹ werden auch heute noch eingezogen. Etwa die Hälfte aller Geschäfte Neapels zahlt den *pizzo,* jenen kleinen Betrag, der monatlich kaum auffällt. Doch in der Kasse wird er zum Haushaltsgeld der mehr als 50 Camorra-Familien, die als Wirtschaftsmacht im Süden ähnliche Umsätze machen wie die Autofirma FIAT im Norden.

le mio‹. Gehalten hat sich der unverwüstliche Titel als pars pro toto für die Musik Süditaliens vor allem im Norden und außerhalb Italiens, aber in Neapel spielt kaum noch jemand die Noten dieser Melodie. Den Italienern scheint es zu genügen, wenn Bono oder andere Popstars sich beim alljährlichen Gala-Konzert mit Pavarotti an diesen Evergreen wagen.

Neapel hat eine recht breite und von den Menschen sehr teilnahmsvoll verfolgte Musikszene; manche Künstler wollen den nationalen Erfolg gar nicht, denn mit ihren regionalen Fans leben sie sehr gut. Diese so genannten *neomelodici* konnten in den vergangenen Jahren in Neapel einen regelrechten Boom verzeichnen, so z. B. der auch überregional bekannte Gigi d'Alessio.

Seit 2001 kann Peter Gabriels Plattenfirma Real World mit der Veröffentlichung von ›Spaccanapoli‹ nun auch Kampanien in ihre Weltkarte einzeichnen. ›Spaccanapoli‹ ist ein kommerzielles Spaltprodukt von E Zezi, einer Formation, die im Laufe ihres über 25-jährigen Bestehens nicht mehr als drei Platten veröffentlicht hat. Die Gruppe fand 1974 in erster Linie aus sozialen Gründen zusammen.

Einige Arbeiter, Handwerker, Bauern und Musiker wollten in ihrer Freizeit einen Zusammenhang aufrecht erhalten, den die gesellschaftliche Entwicklung in Italien bedrohte: Aus Bauern und Handwerkern waren immer häufiger Fabrikarbeiter geworden, entfremdet von ihren ländlichen und kulturellen Wurzeln. So pflegten die Musiker vor allem die alte, ungeschliffene, medial nicht ausgebeutete Tradition der neapolitanischen Musik, besonders die ›Tammurriata‹ und die ›Tarantella‹, jahrhundertealte kathartische Trommeltänze voller sexueller Anspielungen. Diese Gruppe arbeitete ohne jenen kulturellen Anspruch, der Abendgarderobe im Konzert voraussetzt – im Gegensatz zu ihrem Kollegen Roberto de Simone und seiner Nuova Compagnia di Canto Popolare, die sich ebenfalls seit Anfang der 1970er Jahre bemüht, die Wurzeln der neapolitanischen Volksmusik nicht austrocknen zu lassen. Edoardo Bennato, hauptberuflich Stadtplaner und Architekt, hat den Rock in Neapel etabliert, so wie Celentano es für ganz Italien tat.

Mit ›Napoli Centrale‹ und dem Italo-Amerikaner James Senese hatte die Stadt dann ihre Fusion-Band von internationaler Qualität und ab Ende der 1970er Jahre mit Pino Daniele den ersten eigenen Solo-Künstler, der in ganz Italien bekannt wurde.

Den nächsten Generationswechsel in der Musikszene Neapels gab es in den früheren 90er Jahren. In den *centri sociali,* den Kulturzentren der politisch linken Widerstandsbewegung, machten besonders der politische Saxofonist Daniele Sepe und die Gruppen Almamegretta und 99Posse auf sich aufmerksam. Während 99Posse ihren konsequent kommunistischen Rap von Platte zu Platte musikalisch verfeinern, verfolgen Almamegretta (Vulgärlat.: Wanderseele) und der arabisch klingende Sänger Raiss ein Programm der Kontamination, der gewollten ›Verunreinigung‹ ihrer mediterranen Wurzeln mit anderen Sounds und Musikstilen.

KUNST UND KULTUR

Magna Graecia – Die Griechen in Süditalien

Das Orakel von Delphi hatte es prophezeit: Griechische Völker würden am Fuße des ›großen Berges‹, des Vesuvs, siedeln. Zunehmende Bevölkerungsdichte und politische Unruhen nach der Rückkehr der trojanischen Kriegsveteranen könnten nach Platon und Tukydides die Ursachen der Emigration gewesen sein. Die griechischen Siedler gründeten an der kampanischen Küste zahlreiche Kolonien, politisch unabhängig von der ehemaligen Heimat, architektonisch, administrativ und religiös jedoch mit dieser verwandt.

Charakteristisch für die antike griechische Stadt ist der schachbrettartige Grundriss, den der Baumeister Hippodamos entwickelte. Die Stadt wurde gegliedert von Hauptstraßen in Nord-Süd-Richtung und den rechtwinklig dazu angeordneten Straßen in West-Ost-Richtung, wodurch eine Einteilung in Parzellen entstand. Nur ein Drittel der gesamten Fläche wurde von privaten Gebäuden bedeckt. Daneben gab es ein sakrales Areal mit Tempeln, meist in beneidenswerter Panoramalage, und den öffentlichen Raum, die Agora (entspricht in römischer Zeit dem Forum), die dem politischen Leben und der Verwaltung vorbehalten war. Einige antike Hauptadern prägen noch heute den Grundriss mancher Städte, wie etwa die Spaccanapoli und die Via dei Tribunali in Neapel oder die Via Cesareo in Sorrent.

Das Haus Aragon und die Renaissance

Als dem spanischen Herrscherhaus Aragon nach 20-jähriger Auseinandersetzung mit den französischen Anjou 1443 die endgültige Machtübernahme in Neapel gelang, läutete dies eine neue kulturelle und architektonische Ära ein, die Renaissance. Sie kam verspätet in Neapel an. In Mittel- und Norditalien bestimmte sie schon seit knapp 50 Jahren das kulturelle Leben, das nun geprägt wurde von den wiederentdeckten antiken griechischen und römischen Vorbildern.

Die Aragonesen hatten im Gegensatz zu den Anjou vor allem Interesse an der Profanarchitektur. Ein reiner Renaissancestil ist in Neapel jedoch rar, viele Gebäude zeigen eine Mischform aus toscanischen und katalanischen Elementen. Ein Beispiel dafür ist der Palazzo Carafa di Maddaloni (Via San Biagio dei Librai 121) mit seiner Fassade aus Tuffquadern und dem klassischen Marmorportal. Im Palazzo Cuomo (heute Museo Civico Filangieri, Via Duomo) überwiegen die toscanischen Elemente. Als Meisterwerk der neapolitanischen Renaissancearchitektur gilt der Triumphbogen am Castel Nuovo, den Alfons I. von Aragon nach seinem siegreichen Einzug in die Stadt erbauen ließ. Weniger glorifizierend, sondern eher pragmatisch war der Bau des Spanischen Viertels. Der Vizekönig Don Pedro di Toledo ließ die Quartieri Spagnoli als Stützpunkt für die spanischen

Ein Meisterwerk der Renaissancearchitektur: der Triumphbogen am Castel Nuovo (Detail s. S. 24)

Truppen anlegen. Noch heute ist die enge, schachbrettartige Anordnung der Straßen gut zu erkennen.

Bourbonischer Bauboom und die Meister des Barock

1734 übernehmen mit Karl I. die Bourbonen den Thron in Neapel. Das spanische Herrscherhaus macht Neapel wieder zur Hauptstadt und lässt im Zuge einer umfassenden Modernisierung Brücken, Straßen, riesige Residenzen und Jagdschlösser erbauen. Damit wollen die Monarchen nicht nur den Glanz ihrer Herrschaft zur Schau stellen, sondern auch die Bedürfnisse eines stets in Bewegung befindlichen Hofes befriedigen. Wie eine Karawane zog der König mit seiner Gefolgschaft von Wohnsitz zu Wohnsitz, um bei jeder Gelegenheit seinem bevorzugten Hobby nachgehen zu können, der Jagd.

Wichtigster Architekt für die königlich-repräsentativen Bauprojekte war Luigi Vanvitelli (1700–1773), der Sohn des niederländischen Malers Gaspar von Wittel. Er entwarf die Reggia von Caserta, ein Schloss so grandios wie das Versailles von Ludwig XIV. Vanvitelli konzipierte in Neapel die Piazza Dante, baute in Ercolano die Villa Campolieto und war an der Entstehung des königlichen Schlosses in Portici beteiligt. Konkurrenz bekam er

von Ferdinando Fuga (1699–1781), dem Erbauer der Villa Favorita in Ercolano und des Real Albergo dei Poveri in Neapel.

Eigenwillig und innovativ wirken die Arbeiten von Ferdinando Sanfelice (1675–1748). Er war der Meister der Treppen und Treppenhäuser. Mit seinen dynamischen Konstruktionen konnte er sich einen Namen als führender Profanarchitekt seiner Zeit machen. Er verlieh dem Gestaltungselement ›Treppe‹, das seit der Zeit der Anjou viele Innenhöfe charakterisierte, einen stärkeren Stellenwert, indem er das offene Treppenhaus am Ende des Hofes viel auffälliger gestaltete als die äußere Fassade des Palazzo. Die Treppenläufe werden zum theatralen Schauplatz, zur Bühne des Lebens mit seinen Höhen und Tiefen (s. S. 57 f.).

Eine Besonderheit des barocken Neapel sind die Guglie, die drei Heiligensäulen (Piazze del Gesù, San Domenico Maggiore, R. Sforza), die ebenso überschwänglich mit Marmor ver-

Das ›Versailles des Südens‹ – die von Luigi Vanvitelli entworfene Reggia von Caserta

ziert sind wie die zahlreichen Brunnen, von denen mittlerweile viele renoviert wurden und einige regelmäßig gepflegt und nachts beleuchtet werden.

Pompejische Wandmalerei

Der deutsche Archäologe August Mau hat die pompejische Wandmalerei in vier verschiedene Stilrichtungen eingeteilt, um die Fresken und ihre Wandaufteilung, Strukturelemente, Perspektiven und gängigen Motive besser beschreiben zu können. Die ältesten pompejischen Fresken stammen aus dem 2. Jh. v. Chr. und werden meistens dem ersten Stil zugeordnet. Charakteristisch dafür ist die Unterteilung der Wand in verschiedenfarbige Stuckfelder von gleichförmiger Struktur – daher der Name ›Strukturstil‹. Pompeji war zu dieser Zeit eine samnitische Stadt mit samnitischer Sprache und Kultur. Die wenigen erhaltenen Wandmalereien aus dieser Epoche stammen aus Häusern, deren Besitzer Samniten waren.

Der zweite Stil etablierte sich während des ersten vorchristlichen Jahrhunderts und war bis in die frühe Kaiserzeit gebräuchlich. Hauptmerkmal sind gemalte Perspektiven und die Aufteilung der Wand in drei Zonen. Nach dem Sockel folgt ein mittlerer Bereich mit Architekturelementen. Die dritte und obere Zone wurde dekoriert mir vorgetäuschten Portiken, Räumen mit Säulen oder Theaterkulissen.

Typisch für die Augusteische Epoche war der dritte, der ornamentale Stil. Bis zur Mitte des 1. Jh. n. Chr. gab er in den pompejischen Häusern den Ton an. Die Scheinperspektiven des zweiten Stils verschwinden, stattdessen schmücken dekorative Elemente, wie zierliche Säulen, Kandelaber oder Blumenranken, die Wände. Die Aufteilung in drei Zonen bleibt bestehen (Sockel, Mitte, obere Zone). Im Zentrum steht ein Bild mit mythologischen Szenen.

KAMASUTRA ALLA MEDITERRANEA

In der Antike war Sex auch ein Spektakel – zu sehen im wiedereröffneten Geheimkabinett der obszönen Objekte im Nationalmuseum von Neapel (s. S. 81 f.). Im Haus des Medicus von Pompeji zeigt ein Wandbild die pompejische Vorstellung von Afrika: Die Menschen dort waren nicht nur alle nackt, sondern auch kleine dunkle Pygmäen, deren Männer meist mit einem überdimensionalen Penis ausgestattet waren. Deswegen trieben sie es gerne überall und jederzeit. Auf dem Bild des Medicus von Pompeji tut es ein Pärchen gerade bei einem Fest im Freien unter einem Schatten spendenden Zeltdach, während dazu Flöte gespielt, getrunken, getanzt und beobachtet wird.

Ähnlich den Abbildungen klassischer römischer Bankette sollte das sonnendurchglühte Fresko die Betrachter anregen. Sein nach Afrika verlagerter Schauplatz mit den Pygmäen als Kontrapunkt zum klassischen Körperideal aber ironisierte auch die gewollte Erotisierung. Es ist das spektakulärste und vielleicht wichtigste Exponat im lange Zeit geheimen Kabinett erotischer Kunst. Sex als Spektakel, für Pompejer war das nichts Ungewöhnliches, für die Forschung schon.

Als Mitte des 18. Jh. mit den Funden von Pompeji und Herculaneum klar wurde, dass diese damals mittelgroßen Städte aus wirtschaftlichen und sozialen Gründen eine Sonderrolle spielten und die Vorstellung der Forschung von Ethik und Moral im Römischen Imperium sprengten, war das der erste Grund, um diese Fundstücke wegzuschließen. Zwar wurde die ›Nilszene mit Sexspektakel von Pygmäen‹ 1894 vom Nationalmuseum Neapel der Wissenschaft zuliebe angekauft, doch vorher lag jahrzehntelang ein Keuschheitsgürtel um die erregenden Objekte, und der Schlüssel dazu wurde auch anschließend sorgsam gehütet.

Geschmiedet hatte ihn 1819 der Erbprinz und baldige König von Neapel, Francesco I., der offenbar nicht genau wusste, was ihn, seine Frau und seine Tochter beim Besuch des Priapismus-Zimmers im Museum erwarten würde. Schließlich war Priapos der Gott aus dem Orient, der aus einem Feigenbaum entstanden war und mit seinem übergroßen Penis die Obsträuber in die Flucht schlug. Die Empfehlung des Erbprinzen nach dem Besuch jedenfalls war es, ›alle obszönen Objekte, aus welchem Material sie auch seien, in einen Raum einzuschließen, zu dem nur Personen reifen Alters und moralischen Bewusstseins Zutritt hätten‹.

So blieb es bis auf weiteres. Mal wurde das Zimmer komplett zugemauert, mal war ein Sittlichkeitszeugnis nötig, um es einsehen zu können, dann reichte der Nachweis des wissenschaftlichen Interesses. Zwischendurch wollte zwar Garibaldi das Geheime Kabinett wieder öffnen. Ihm hatte es schon nicht gefallen, dass die antiken Helden entmannt im Museum standen, weswegen er ihnen ihre Glieder wieder ankleben ließ.

Das Nationalmuseum präsentiert die neue Abteilung und ihre mehr als 250 Objekte in vier Themenbereichen: erotisch-mythologische Malerei, Gartenschmuck, Bankette und Prostitution, sexuelle Symbole als Schutz. Der Satyr, Waldgott und Wüstling, versucht auf Wandbildern erstaunlich häufig, sich in eindeutiger Absicht Hermaphroditen und Nymphen zu nähern, und sein Kollege Pan hat es geschafft, sich nicht nur im lustseligen Blick zu vereinigen. Mit einer rücklings liegenden Ziege auf den Knien kopulierend, schmückte er als kleine Marmorplastik den Garten der Villa dei Papiri in Herculaneum. Ansonsten zeigen die instruktiv gemeinten Bilder den Mann meist auf dem Rücken liegend.

Damit die Lust nie zu stark würde und sich nicht gegen den Lüstling selbst richtete, konnte eine Art Windklingspiel aufgehängt werden: ein Gladiator aus Bronze, an dessen Füßen, Hoden und Phallus Glocken zum Vertreiben der geilen Dämonen befestigt waren. Der Phallus wird an seinem Ende zum Pantherkopf, gegen den der Krieger sich mit einem Messer wehrt. Ebenfalls zu sehen sind die Phallus-Abbildungen an Hauswänden, die den Bewohnern, meist Bäckern, Wachstum und Fruchtbarkeit bringen und sie vor dem Neid der anderen schützen sollten. Ein nie erforschter Hintergrund der auch in Neapel auf Häuserwände hingeschmierten Zeichen – Graffiti aus Tradition.

Erotisches Fresko in der Casa dei Vettii in Pompeji. Der größte Teil der erotischen Wandmalereien aus Pompeji ist heute im Geheimkabinett in Neapel zu sehen

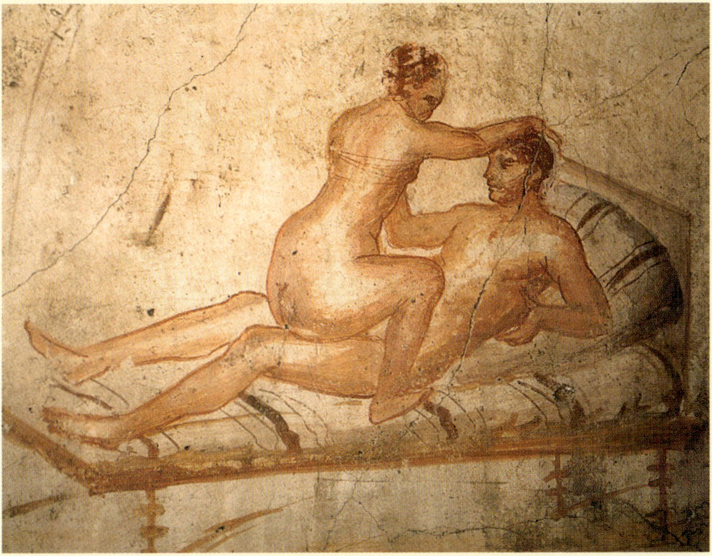

Wandmalereien in der Casa dei Vettii

Nach dem Erdbeben von 62 mussten die meisten Häuser komplett renoviert werden. Dies geschah entsprechend der neuesten Mode, die heute die Fresken des vierten Stils kennzeichnet. In diesem Stil, der auch Fantasiestil genannt wird, erleben die Architekturelemente des zweiten Stils ein Revival, wobei jedoch die Bildgestaltung viel üppiger und komplexer ausfällt: Säulen oder Theaterkulissen vermischen sich mit isolierten Figuren oder Szenen aus der Mythologie, die in der Mitte der Wand zu finden sind und von einer Art ›Häkelsaum‹ eingefasst werden.

Äußerst schick fanden Pompejer Jagd- und Landschaftsszenarien, mit denen oft die Umfassungswände der Gärten dekoriert waren. Besonders in kleinen Häusern sollten sie den Raum größer erscheinen lassen. Die Wandmalereien zeigen auch den sozialen Status der Besitzer, die gerne ihren Reichtum und ihr Bildungsniveau darstellen ließen – und fast wie im Museum ausstellten.

Außerdem geben die Fresken Auskunft über das Wissen von der Tier- und Pflanzenwelt zur Zeit Pompejis, dokumentieren Alltagsgegenstände und deren Gebrauch, zeigen den Brotverkauf und die Tätigkeit anderer Handwerksläden und vermitteln eine Vorstellung davon, welche Früchte und Speisen auf pompejischen Tischen landeten. Sogar den Vesuv haben die Maler der Stadt auf einem Bild festgehalten: Es war ein kegelförmiger Berg, bewachsen mit Wein.

Heute hängen die meisten pompejischen Wandmalereien im Archäologischen Nationalmuseum von Neapel. Die Bourbonen haben nach ihren Ausgrabungen nur das städtische Skelett aus Gebäuden und Straßen hinterlassen. Die Besucher der Ausgrabungen und des Museums müssen in ihrer Fantasie das wieder zusammenfügen, was die Bourbonen einst trennten.

ESSEN UND TRINKEN

Kampanische Küche: Pizza, Pasta und Pastiera

»Hast du gegessen – hai mangiato?« Diese Frage nach dem leiblichen Wohl des anderen wird in Neapel und Umgebung häufig gestellt. Lautet die Antwort nein, geht es oft schnell in die nächste Trattoria zu einem Tintenfischsalat, einem Teller Spaghetti mit Miesmuscheln oder einer Portion gegrillter Artischocken.

Die kulinarische Kultur ist in den Städten, Küstengebieten und auf den Inseln das Ergebnis vielfältiger Einflüsse: Die verschiedenen Herrschaftshäuser Neapels brachten immer ihre Köche und Lieblingsspeisen mit. Die Araber brachten den Menschen am Golf den Gemüseanbau auf den fruchtbaren Vulkanböden bei und führten über Sizilien die Pasta ein. Die Gerichte und Zutaten des Landes vermischten sich mit denen des Meeres. So war besonders an der Costiera Amalfitana der Bauer oft Gelegenheitsfischer und umgekehrt. Fast alle Rezepte basieren auf den lokalen Produkten und betonen den Eigengeschmack der Zutaten.

Fester Bestandteil eines Essens sind Spaghetti oder Maccheroni. Die *pasta alimentare* aus Hartweizengrieß und Wasser wird nicht nur mit Tomatensoße, sondern auch mit Hülsenfrüchten gegessen, die im Frühjahr und Sommer durch frische Bohnen ersetzt werden. Diese Gerichte erinnern an die Zeiten, als die Tomate im Mittelmeerraum noch unbekannt und Fleisch ein teures Vergnügen war.

Fast überall werden auch Meeresfrüchte mit Nudeln kombiniert *(ai frutti di mare)*, mit Tintenfischen *(seppia)* und Venusmuscheln *(vongole)*. Spaghetti werden mit Zucchiniblüten und Miesmuscheln zu einem delikaten Frühjahrs- und Sommergericht.

Fisch wird vorzugsweise als *secondo*, als Hauptgericht serviert. Die Auswahl ist groß und reicht von der Goldbrasse über Seebarsch, Schwertfisch, Sardellen, Zahnbrassen bis hin zu Streifenbarben und dem roten Drachenkopf *(orata, spigola, pesce spada, alici, dentice, triglie, scorfano)*. Je nach Sorte und Kocheigenschaft werden die Fische gegrillt, im Salzmantel gebacken, frittiert oder *all'acqua pazza* zubereitet: kurz gegart in einer Mischung aus Wasser, einem Schuss Olivenöl, Petersilie, Knoblauch und frischen kleinen Tomaten.

Das Angebot an frischem Fisch variiert in den meisten Restaurants täglich, Goldbrasse und Seebarsch kommen mittlerweile auch oft aus der Aufzucht. Sie sind preiswerter und decken die große Nachfrage besser ab als der Fisch aus dem Meer. Von zuverlässiger Frische ist die beliebte *frittura di pesce:* Meist zwei bis vier Sorten kleiner lokaler Fische werden kurz frittiert und mit Zitrone serviert.

Wie in allen ländlichen und ›armen‹ Küchen kommt dem Gemüse auch in

Eine Kunst, die früh genug gelernt sein will: die Pastaherstellung

Kampanien ein besonderer Stellenwert zu. Auberginen ergeben geschichtet mit Tomatensoße, Mozzarella und Parmesan die *melanzane alla parmigiana,* einfacher – *a funghetti* – sind sie gewürfelt und in Tomaten gedünstet. Zucchini werden gebraten und *a scapece* mit ein paar Tropfen Essig und Minze aromatisiert.

Bevor die Pasta in die kampanischen Töpfe kam, gehörte zu den Hauptnahrungsmitteln Blattgemüse und vorzugsweise Broccoli. Daher trugen die Neapolitaner lange den Spitznamen *mangiafoglie* – Blätteresser. Undurchschaubar ist der Dschungel der Broccolisorten. Meistens bestehen sie aus einem großen Blätteranteil und nur wenigen Knospen. Als kulinarische Dauerliebe Neapels sind die *friarielli* im Angebot, eine herbaromatische Broccoliart, oft zusammen mit der *salsiccia,* einer groben Bratwurst.

Mehl, Wasser, Salz und natürliche Hefe: die Zutaten für das typische Gericht Neapels, Metapher für die Stadt und ganz Italien: Die Pizza ist der Inbegriff der unverfälschten Volksküche genauso wie das essbare Klischee süditalienischer Folklore. Um sie nicht dem geschmacklichen Verfall preiszugeben, haben sich die meisten *pizzaiuoli* Neapels in der Vereinigung der ›vera pizza napoletana‹ zusammengetan und garantieren so die echte Pizza D.O.C. Ihr Geheimnis liegt in der Hefe und im genau richtig temperierten Gärprozess des Teiges, der im warmen Golfklima besser gelingt als im feuchten London oder unbeständigen Berlin.

LA SFOGLIATELLA – KÖNIGIN DER SÜSSEN VERFÜHRUNG

Sie ist die Nummer eins der neapolitanischen Süßspeisen und sieht aus wie eine Muschel, deren Schale von Wellen geformt wurde. Wer eine Sfogliatella isst, habe damit schon viel von Neapel verstanden, sagen manche ihrer Liebhaber. Und die Geschichte dieser Spezialität ist immer noch nicht ganz erforscht.

Ausgerechnet die kleinen Prinzessinnen von Cellamare hatten den Mund nicht halten können. Und nun lastete im Frühjahr 1642 der schwere Verdacht auf den Novizinnen Aurelia, Maria und Eleonora, eines der ältesten Klostergeheimnisse verraten zu haben – das Rezept der Sfogliatella aus dem Karmeliterkloster Il Croce di Lucca. Die Zubereitung aufwändigen Naschwerks und raffinierter Süßspeisen war in den neapolitanischen Klöstern des 17. Jh. eine Frage des Prestiges. Es galt, illustre Gäste zu bewirten und den guten Ruf des Ordens nach außen angemessen zu vertreten. Ein regelrechter Wettkampf um die größte Kunstfertigkeit spielte sich in den Klosterküchen ab, da durften die Zutaten auch einen beachtlichen Teil des monatlichen Haushaltsgeldes verschlingen.

Die Wurzeln der Sfogliatella liegen im antiken Phrygien. Von dort gelangte der Kult der großen Muttergottheit Kybele vor mehr als 2000 Jahren nach Neapel, in die Höhle von Piedigrotta. Jungfräuliche Kybele-Priesterinnen unterstützten ihre rituelle Bitte um Fruchtbarkeit mit Weihrauch und einem Tablett voller süßer, dreieckiger Gewürzbrote, die sowohl Keuschheit als auch Sinnlichkeit symbolisierten.

Mit der Verbreitung des Christentums verschwand die Sfogliatella hinter dicken Klostermauern und wurde zum Symbol der weiblichen Keuschheit. Nonnen gaben der verführerischen Süßspeise ihr heutiges Aussehen und die Füllung aus Gries, Wasser, Ricotta, Zucker, kandierten Früchten, Zimtöl und Vanille.

Nach dem Missgeschick der Cellamare-Töchter erreichte das Rezept die amalfitanische Küste. Die Schwestern des Santa Rosa-Ordens in Conca dei Marini variierten es mit einer üppigeren Füllung, Konditorcreme und Amarenakirschen auf dem Teigmantel – die Schwester der Sfogliatella, die Santa Rosa, war geboren. Bald fand das Rezept auch Einlass in das weltliche Neapel. 1750 präsentiert ein anonymer Konditormeister die Sfogliatella in ihrer ursprünglichen Form dem neapolitanischen Adel. Dank eines weiteren ›Verräters‹ verließ die Sfogliatella 1819 die elitären Kreise der Aristokratie und debütierte in der *pasticceria* des Cavaliere Pintor, eines erfahrenen Gastwirts aus der Via Toledo. Vor allem bürgerliches Publikum kaufte sich sonntags bei Pintor die Schachteln mit warmen Sfogliatelle.

Bis heute hat die zarte Verführerin ihren Zauber nicht verloren. Die renommierten Pasticcerien der Stadt widmen sich ihr mit Hingabe, und in der neapolitanischen Zahlenmystik entspricht die Sfogliatella der 38: ›E mazzate e 'a sfugliatella‹ – die Bitternis und die Süße des Lebens.

Der Verzehr einer klassischen Pizza ist ein minimalistisches Vergnügen, an das sich manche nordischen Gaumen erst gewöhnen müssen. In Neapel gibt es Pizza schon zum Frühstück, zweimal gefaltet und in Papier eingewickelt auf die Hand: *piegata a libretto.*

Trotz vieler Gemeinsamkeiten haben die Inseln im Golf von Neapel, die amalfitanische Küste und der Cilento eigene kulinarische Traditionen. Ischia ist bekannt für den *coniglio all'ischitana,* geschmortes Kaninchen. An der Costiera häufen sich Gerichte, die Zutaten von Land und Meer miteinander kombinieren, wie Pasta mit Bohnen und Miesmuscheln. In Amalfi werden Spaghetti oder Vermicelli sogar noch mit der so genannten *colatura di alici* serviert, einer Sardellensoße, die auf das römische Garum zurückgeht.

Ein kalorienreiches Kapitel der kulinarischen Kultur ist die *pasticceria,* das Konditorhandwerk. Die Vielzahl kleiner Törtchen, Kuchen und Süßspeisen erinnert an barocke Architektur. Es sind üppige Kreationen in gelben, grünen und roten Pastelltönen, in kaffee- und schokoladenbraun, mit fantastischen Namen wie *babà, zeppole di San Giuseppe, sanguinaccio con chiacchiere, delizia al limone, mostaccioli, pastiera, biancomangiare, struffoli* und *susamielli.* Heimliche Königin der neapolitanischen *pasticceria* ist die *sfogliatella,* ein muschelähnliches, krokantes Teiggehäuse mit Ricotta-Füllung (s. S. 41), zum Frühstück genauso beliebt wie sonntags nach dem großen Mittagessen.

Zu den Nachtisch-Klassikern gehören außerdem der *babà,* ein Verwandter des französischen Saverin, der in einer Rum-Zucker-Lösung getränkt wird, und die *pastiera,* ein Mürbeteigkuchen mit Weizen, Ricotta und kandierten Früchten gefüllt und mit viel Orangenblütenessenz verfeinert. Die *delizia al limone* ist eine sorrentinische Spezialität, ein cremiges Törtchen aus den berühmten Zitronen von Sorrent. Capris traditioneller Kuchen ist die *torta caprese,* eine Mischung aus Schokolade, Mandeln, Butter und Zucker.

Fast jedes Essen endet in der Golfregion mit einem *caffè,* mehr starkes Konzentrat als wirkliches Getränk. In Neapel wird er oft direkt vom *barista* gezuckert und sehr heiß getrunken. Acht *caffè* am Tag sind erlaubt – sagen die Ärzte. Manche, wie Bruno Sergio, der Besitzer des bekannten Gambrinus, trinken aber auch zehn bis zwölf der Muntermacher.

Pizzeria, Trattoria, Ristorante

Eine komplette Mahlzeit beginnt mit der Vorspeise, dem *antipasto.* Es folgt der *primo* (erster Gang: Nudeln, Suppe oder Reis), der *secondo* mit *contorni* (zweiter Gang: Fleisch oder Fisch mit Gemüse oder Salat, Beilagen werden extra bestellt) und der Nachtisch als *frutta* oder *dolce.* Schließlich rundet ein *caffè* das Essen ab.

Aber nicht jedes Essen fällt so üppig aus. Die Durchschnittsmahlzeit besteht in der Regel aus *primo* und *secondo,* nur die Pizza kommt ohne Begleitung aus. Mittagessen *(pranzo)* gibt es meistens ab 13 Uhr, Abendessen *(cena)* nicht vor 20 Uhr. Viele Hotels halten sich an diese Essenszeiten. Die Restaurants füllen sich oft erst 1–2 Std. später, besonders im Sommer.

Zum Essen trinkt man meist Wasser und Wein. Außerhalb der Mahlzeiten wird kaum Alkohol getrunken. Den *caffè* nimmt man zu jeder Tageszeit, im Sommer auch eiskalt *(caffè freddo).*

Beim Eintritt in Restaurants oder Pizzerien ist es üblich, innen am Eingang zu warten. Kellner oder Bedienung fragen dann bald nach der Personenzahl und bietet einen Tisch an. Ist es nach dem Essen spät geworden, so sollte die Frage nach weiteren Wünschen mit der Bitte nach der Rechnung beantwortet werden.

Von Neapel bis in den Cilento reicht die Auswahl an Restaurants und Trattorien von der einfachen *cucina casareccia,* wo so gekocht wird ›wie zu Hause‹, bis zum Gourmet-Restaurant. Besonders auf Capri, in der Umgebung von Sorrent (Massa Lubrense) und an der Costiera Amalfitana findet man eine gehobene, fantasievolle Küche, die die traditionelle Kochkunst neu interpretiert.

Zu beachten sind manchmal deutliche regionale Preisunterschiede bei Restaurants und Trattorien. In Capri und an der Costiera Amalfitana lassen sich die Lokale ihre weltberühmte Lage mitbezahlen, im Cilento dagegen isst man meist einfach, gut und günstig.

Ob Neapel, die Inseln, die Costiera oder der Cilento – jede der kampanischen Regionen hat ihre eigenen Spezialitäten

Tipps für Ihren Urlaub

Zum Baden und Relaxen lädt die Poseidon-Therme auf Ischia ein

KAMPANIEN ALS REISEZIEL

Pauschal oder individuell reisen?

Wer seinen Urlaub in Neapel und Umgebung pauschal buchen möchte, wird vor allem Angebote für Hotels der Mittelklasse oder gehobenen Mittelklasse auf Ischia und in Sorrent finden. Die Reiseveranstalter bieten vom jeweiligen Standpunkt aus Tagesausflüge – meist per Bus – zu den Sehenswürdigkeiten in und um Neapel an. Diese Ausflüge, sofern nicht im Reisepaket enthalten, können die Reisekasse belasten. Mit ein bisschen Unternehmungsgeist lassen sich alle interessanten Ziele auch mit den öffentlichen Verkehrsmitteln individuell ansteuern. Das hat den Vorteil, dass man Dauer und Schwerpunkte des Besuchs selbst bestimmt.

Pauschal zu reisen ist oft billiger, als selbst Flug und Hotel zu buchen. Wer jedoch auf Capri oder in Neapel Station machen will, sollte individuell reisen. Im gesamten Reisegebiet gibt es genug günstige Unterkünfte: Hostels, Familienpensionen, Agriturismi. Diese kleineren Unternehmen arbeiten in der Regel nicht mit großen Agenturen zusammen. Auch luxuriöse Hotels auf Capri oder an der Costiera bucht man besser individuell. Auf den familienfreundlichen Cilento haben sich in den letzten Jahren zunehmend kleine Reiseveranstalter spezialisiert, die – zu fairen Preisen – vorwiegend Ferienwohnungen oder Zimmer in alten Landgütern vermitteln.

Auf den Spuren der Antike

Mehr als 2 Millionen Menschen besichtigen jährlich die Ausgrabungen von Pompeji – zu Recht. Lassen Sie sich die Möglichkeit eines Besuchs nicht entgehen, auch wenn Sie nur wenige Tage in Neapel oder Umgebung sind. Pompeji ist mehr als nur »ein paar alte Mauern und Ruinen«, Pompeji ist eine ganze Stadt und gerade deswegen so beeindruckend. Auch die Ausgrabungen in Ercolano vermitteln einen faszinierenden Einblick in das Leben der Antike. Die Stadt ist insgesamt kompakter, auch die Häuser haben geringere Ausmaße als in Pompeji. Bestes Beispiel für Prunk und Luxus der römischen Antike ist die Villa Oplontis in Torre Annunziata. Ruhiger und abgeschiedener sind die Ausgrabungen auf der anderen Seite des neapolitanischen Golfes: Pozzuoli, Baia und Cuma. Sehr empfehlenswert ist das gerade erst erweiterte Museum von Baia, das Fundstücke aus dem versunkenen römischen Baia präsentiert, das seit dem Frühjahr 2002 auch unter Wasser besichtigt werden kann. Eine Alternative sind Bootsfahrten mit durchsichtigem Boden. Abgerundet wird die antike Spurensuche durch den Besuch im Archäologischen Nationalmuseum von Neapel (s. S. 81 f.). Auf drei Etagen finden sich nicht nur die wichtigsten Funde aus Pompeji und Herculaneum, sondern auch Stücke aus Ischia, Paestum und anderen weniger bekannten Ausgrabungsorten.

Die Eintrittspreise für Ausgrabungsgelände (z. B. Pompeji) oder staatliche Museen folgen einem festen Schema: EU-Angehörige unter 18 und über 65 Jahren haben freien Eintritt, 18 bis 25-Jährige zahlen mit Studentenausweis den halben, alle anderen den vollen Preis. Es lohnt sich also, einen internationalen Studentenausweis oder Reisepass mitzunehmen. Auch Kinder und Jugendliche sollten einen Ausweis dabei haben, besonders bei Publikumsmagneten wie Pompeji. Ermäßigungen für Besucher, die nicht der EU angehören, sind über Abkommen zwischen Italien und den jeweiligen Staaten geregelt und an der Kasse zu erfragen. Geschlossen bleiben Ausgrabungsstätten und die großen Museen am 25. Dez., 1. Jan. und am 1. Mai. Einlass ist meistens bis 1 Std. vor Ende der Besichtigungszeit. In den Sommermonaten Juni–Sept. öffnen die großen staatlichen Museen Neapels samstagabends häufig bis 23 Uhr, zur Vergewisserung empfiehlt sich ein Anruf.

Kunst und kulturelles Leben

In den großen neapolitanischen Nationalmuseen kommen auch versierte Kulturreisende auf ihre Kosten. Die Nationalgalerie von Capodimonte zählt zu den größten Pinakotheken weltweit. In den vergangenen Jahren hat sich Neapel immer wieder als Kulturhauptstadt des Südens gezeigt, sei es mit der Renovierung der Museen oder der Eröffnung der Metro-Stationen Piazza Dante, Museo und Salvator Rosa, die zeitgenössische Kunst versammeln. Auch ein Opernabend im ältesten Theater Italiens, dem San Carlo, kann Abwechslung in die Kulturtour bringen. Neapel verfügt über eine lebendige Theaterszene – darunter auch experimentelle Bühnen – wie nur wenige Städte in Europa (s. S. 64). Architekturfans wiederum sollten sich auf jeden Fall in Neapel die Palazzi von San Felice anschauen, das Königsschloss von Caserta und die Certosa in Padula (Cilento).

Die Kultur hat Hochsaison während des so genannten ›Maggio dei Monumenti‹. Von Ende April bis Anfang Juni organisiert das Kulturamt Neapels unter einem jährlich wechselnden Motto ein umfangreiches Sonderprogramm: Ausstellungen, Konzerte, Theaterstücke und sehr viele Rundgänge und Führungen – auch unter Wasser. Infos im Osservatorio Turistico, Piazza Plebiscito, Tel. 08 12 47 11 23, oder im Internet unter www.napolioggi.it oder www.maggiodeimonumenti.it. Der Kulturmonat in Salerno nennt sich ›Salerno Porte Aperte‹, Infos unter Tel. 089 66 51 18.

Vergünstigungen für Kulturreisende bietet die Campania Artecard. Das ›Kunstticket‹ (ab 13 €, erm. 8 €) ermöglicht kostenfreie und ermäßigte Besuche in den staatlichen Museen und Ausgrabungsstätten. Die Karte gilt wahlweise für Neapel oder Kampanien 3 oder 7 Tage und bietet, je nach Version, auch die kostenlose Nutzung des Nahverkehrs. Infos unter www.campaniartecard.it, Verkauf in den Museen, an Flughafen und Bahnhof.

Urlaub mit Kindern

Kinder sind in Neapel und Umgebung sehr willkommen und benötigen meistens kein eigenes Spezialprogramm. Bei Baden und Schnorcheln im Meer ist kaum Langeweile zu befürchten. An den meisten Stränden werden Tretboote, Kajaks oder Surfbretter angeboten. Besonders kindgerecht ist der Badespaß im Cilento mit langen, ausgedehnten, flach ins Wasser fallenden Sandstränden. Andere schöne flache Strände finden sich auf Ischia.

Spannend für Kinder sind Bootstouren entlang der Küste mit ihren ehemaligen Wehrtürmen gegen Plünderer und Seeräuber. Sie bieten eine andere Sichtweise, um die Welt des Meeres für sich zu entdecken. Auf Ischia gibt außerdem das Museo del Mare Einblick in die Welt der Fischer und Seeleute (s. S. 125). Abenteuerlich sind die Erkundungen der Vulkane: der Vesuv in Ercolano und die nach Schwefel stinkende und blubbernde Solfatara. Der Cilento lockt mit seinen riesigen und beeindruckenden Höhlen wie den Grotten von Castelcivita und Pertosa.

Auch in Neapel wird es Kindern nicht schnell langweilig. Mit ein bisschen erklärender Hilfestellung kann sogar ein Museumsbesuch zum Erlebnis werden. Und auf den Straßen und Plätzen findet sich allemal genug Abwechslung. Zum Austoben und Spielen sind der Park von Capodimonte ideal und die Villa Comunale (So vormittags jeweils Fahrrad-Verleih, oft wird die Uferstraße für Kfz gesperrt).

Museumstipps für Kinder: Aquarium Anton Dohrn, Villa Comunale. Das älteste Aquarium Europas wirkt mit seinen 30 in die Wände eingelassenen

Keine Langeweile kommt an der Marina Piccola von Capri auf

Meereswasserbassins so, als blicke Kapitän Nemo von der Nautilus ins Meer hinaus: 200 Fischarten, Krabbelgetier und Meerespflanzen (s. S. 65).

Wissenschaft zum Anfassen, Ausprobieren und Experimentieren gibt es in der Città della Scienza in Bagnoli. Die Wissenschaftsstadt ist wie ein moderner Abenteuerspielplatz und macht vor allem technische und physikalische Phänomene interaktiv deutlich. Absolutes Highlight: statisch aufgeladene Haare, die zu Berge stehen (Via Coroglio, Tel. 08 1735 21 11, Di–Sa 9–17, So 10–19 Uhr, 7 €, Planetarium 2 €).

Im Eisenbahnmuseum von Portici bei Neapel sind etwa 60 Waggons und Loks zu bestaunen, außerdem Kleinteile und Bahnhofsmodelle. Schmuckstück unter den Waggons: die innen vergoldete Karosse des Königs, 1928 von Fiat für Umberto II. von Savoyen gebaut. Bis 1975 wurde in den Räumen der ersten italienischen Dampfmaschinenfabrik produziert (Museo Ferroviario Nazionale Pietrarsa, Corso S. Giovanni a Teduccio/Via Pietrarsa, Tel. 081 47 20 03, Mo–Fr 8.30–13.30 Uhr, Eintritt frei, erreichbar mit dem Bus 255 ab Neapel-Hbf bis Stazione Pietrarsa oder mit dem FS-Nahverkehrszug Neapel–Salerno bis Stazione Pietrarsa).

Urlaub aktiv

Ausflüge und Wanderungen

Ischia, Capri, der Vesuv und die sorrentinische Halbinsel sind ideal für ausgedehnte Spaziergänge und Tageswanderungen. Besonders reizvoll sind dabei die starken landschaftlichen Kontraste zwischen Meer und Gebirge. Anspruchsvolle Wanderer finden in den Monti Lattari und vor allem im Cilento gute Wandergebiete mit reichlich Höhenunterschieden. Da die Wege im Cilento bisher nur zum geringen Teil markiert und beschildert wurden, empfehlen sich dort Wanderführer, die sich in der Organisation ›Guide del Parco‹ zusammengeschlossen haben. Jeder der ca. 50 Berg- oder Wanderführer bietet Spaziergänge, Besichtigungen und auch mehrtägige Wanderungen in seinem Spezialgebiet an (Büro in Vallo della Lucania, Verwaltungssitz des Cilento, s. S. 199, Tel. 09 74 71 99 11). Darüber hinaus gibt es eine Reihe von sehenswerten Naturreservaten oder -parks, die Rundgänge mit Naturschutz verbinden. Dazu gehört auf den Phlegräischen Feldern bei Neapel der Krater von Astroni (Riserva naturale degli Astroni), ein kleiner erloschener Vulkan mit Sumpflandschaft, in dem zahlreiche Vogelarten nisten. Führungen bietet auf Anfrage der WWF an (Tel. 08 15 88 37 20). In Amalfi steht die Valle delle Ferriere unter Naturschutz. In der subtropischen Fauna verbergen sich alte Eisenhütten und Mühlen – ein Beispiel für industrielle Archäologie.

Empfehlenswert ist auch ein Besuch der Oasi WWF von Morigerati im Cilento. Der Bussento-Fluss verlässt sein Flussbett, um unteridisch weiterzufließen und mit viel Getöse wieder ans Tageslicht zu treten. Ausflüge und Führungen zu den Naturschutzgebieten in Neapel und Salerno bietet regelmäßig Legambiente an, Via Miroballo

Tauchsport und Unterwasserarchäologie lassen sich vor der Küste der Campi Flegrei bestens kombinieren

Al Pendino 30, Napoli, Programm und Infos unter Tel. 081 26 18 90.

Mountainbiking und Reiten

Auch für diese Sportarten eignet sich der Cilento ausgezeichnet. Infos über Anbieter erteilt ebenfalls das Verwaltungsbüro des Nationalparks in Vallo della Lucania (s. S. 199).

Thermalkuren

Wellness bietet die Thermalinsel Ischia. Dort gibt es kaum ein Hotel, das nicht zumindest einen Thermalpool im Garten hat, viele besitzen eine eigene Kurabteilung. Eine Alternative zu den klassischen Kureinrichtungen sind die Thermalparks, die ischitanische Variante des Erlebnisbades (Infos bei der Azienda Autonoma). Naturnah und schlicht ist das Baden im Thermalwasser an den Quellen möglich, die an manchen Stränden ins Meer sprudeln.

Wassersport und Baden

Die Wassersportmöglichkeiten sind in der gesamten Region sehr gut. Die abwechslungsreiche und spektakuläre Landschaft hat ideale Vorraussetzungen zum Segeln, Surfen und Tauchen geschaffen. An der Costiera gibt es Buchten, die Segelboote ganz unter sich aufteilen. Die besten Tauchgründe liegen bei Capri und an der Penisola Sorrentina (Meeresschutzgebiete) und im Cilento, wo die Costa degli Infreschi als besonders reizvoll gilt (ebenfalls Meeresschutzgebiet). Tauchen und Unterwasserarchäologie können in Baia auf den Phlegräischen Feldern kombiniert werden.

Die Wasserqualität der Inseln, der sorrentinischen Halbinsel und der amalfitanischen Küste ist im Allgemeinen gut bis sehr gut. Die beste Wasserqualität kann der Cilento vorweisen.

Reisezeit und Kleidung

Das kampanische Klima ist typisch mediterran mit heißen, trockenen Sommern und milden, teils feuchten Wintern. Zwischen November und März fällt der meiste Niederschlag. Die Badesaison beginnt allmählich ab Mitte April und endet mit dem Oktober. Eine Ausnahme ist Ischia, dank Thermalquellen und Fumarolen ist ein Bad an den ›naturbeheizten‹ Stränden Maronti und Sorgeto auch an sonnigen Wintertagen möglich.

Ideale Reisebedingungen bieten Mai/Juni und September/Oktober. Das Wetter ermöglicht alle Urlaubsaktivitäten von Archäologie- und Städte-Sightseeing über Wanderungen bis hin zum Wassersport. Schlechtwetterphasen wie starker Regen dauern selten länger als drei Tage. Das gilt auch für die Winde aus südlicher Richtung. Der Scirocco und Libeccio tauchen Stadt und Land in ein rötliches Licht, bedecken die Straßen mit feinem Sand und bringen eine feuchte, stickige Hitze. Juli und August sind die heißesten Monate und auch die vollsten, was den Badetourismus betrifft. Dank des milden Winterwetters ist der Dezember ein idealer Reisemonat für Städtetouren. In Neapel sind an den Adventssonntagen die meisten Geschäfte geöffnet, die Krippenmacher haben Konjunktur. Die Besichtigung von Pompeji wird an einem sonnigen Wintertag ein entspannendes Erlebnis, da man die antike Stadt kaum mit anderen Besuchern teilen muss.

Für die Kleidung gilt als Faustregel: Sie können ihre Garderobe der jeweiligen Jahreszeit im Schnitt in Neapel und Umgebung zwei Monate früher tragen als im kühlen Norden. Allerdings sollte man die Temperaturen im März und April nicht überschätzen. Das Wetter ist dann manchmal noch kühl und unbeständig, man braucht Pullover und Jacke. Der Herbst ist in der Regel bis Ende November sehr mild. Eine Winterjacke benötigt man im Januar und Februar.

Genauso wichtig wie leichte, kühlende und Schweiß aufnehmende Kleidung in der Sommerhitze ist bei starker Sonneneinstrahlung der Sonnenschutz und eine Sonnenbrille. Menschen mit empfindlicher Haut sollten unbedingt an eine geeignete Kopfbedeckung denken. Ein Tipp: Bei hochsommerlichen Temperaturen sind die Kirchen mit ihren dicken Gemäuern angenehme Orte für wohltuende, kühlende Verschnaufpausen.

AUTHORIZED
EXCHANGE

UNTERWEGS

N NEAPEL · AN DER AMALFIKÜSTE · IM CILENTO

Ein Leitfaden für die Reise und viele Tipps für unterwegs.

Genaue Beschreibungen von Städten und Dörfern, Sehenswürdigkeiten und Stränden, Ausflugszielen und Reiserouten.

Kampanien erleben: Ausgesuchte Hotels und Pensionen, Restaurants und Cafés, Wanderungen und Bootstouren.

Reisen in Kampanien:
Ein unvergessliches Erlebnis

Neapel und Umgebung

Neapel aus
der Vogelperspektive

Atlas S. 232 und S. 238/239

NEAPEL UND UMGEBUNG

Neapel will wieder zum Hafen Europas werden. Viele Kulturen des Kontinents haben hier Spuren hinterlassen, und der *centro storico* wird von der UNESCO zum Weltkulturerbe gezählt. Entdecken Sie »die zivilisierteste Stadt der Welt. Die wahre Königin der Städte, die herrschaftlichste und vornehmste. Die einzige wahre italienische Metropole« (Elsa Morante).

Der Südwesten von Neapel

Die antike Altstadt

Atlas: S. 232, B/C 2/3, und S. 238/239
An strategisch günstiger Stelle auf einer Felserhebung am Meer gründeten die Calcideser aus dem nahe gelegenen Cuma im 7. Jh. v. Chr. ihre erste Ansiedlung. In der Mythologie heißt der Ort Parthenope, denn dort wurde die gleichnamige Sirene leblos ans Ufer gespült. Sie hatte sich ins Meer gestürzt, weil sie es nicht ertragen wollte, dass sie das Boot des Odysseus mit ihrem Gesang nicht zum Kentern bringen konnte. Dieser Geschichte nach wurde sie beim Inselchen Megaris gefunden, einem schönen Ausgangspunkt, um die Spuren der Antike in Neapel zu verfolgen.

Hier steht das älteste Kastell der Stadt, **Castel dell'Ovo** [1], von den Normannen im 13. Jh. gebaut. Eine Erklärung für den Namen des Ei-Kastells ist sein eiförmiger Grundriss. Als weitere erfanden die Legenden liebenden Neapolitaner die Geschichte vom Dichter Vergil, der im Mittelalter für einen Magier gehalten wurde: Das Schicksal der ganzen Stadt, so der Volksglaube, hing von einem Zauber-Ei ab, das er im Inneren des Kastells bewahrt habe.

Ein Spaziergang in und auf der Anlage ermöglicht verschiedene weite Ausblicke über das Meer und auf die Stadt. Auch das vom Club Alpino Italiano eingerichtete **Museo di Etnopreistoria** (Besuch nach Anmeldung, Tel. 08 17 64 53 43) und der große Festungssaal mit wieder verwendeten antiken Säulen sind sehenswert.

Zu Füßen der imposanten Anlage liegt der **Borgo Marinaio,** das alte Fischerviertel. Von hier verließen unzählige Emigranten Neapel auf der Suche nach besseren Lebens- und Arbeitsbedingungen – heute finden sich hier einige nicht sehr günstige Restaurants.

Auf der Meerespromenade lohnt sich der kleine Umweg zum Anblick der **Fontana dell'Immacolatella,** dann geht es in die Via Santa Lucia, die den unteren Teil des Hügels von Pizzofalcone umschließt. Dort hinauf, auf die

Terrazza di Monte Echia, steigen die Treppen des Palonetto di Santa Lucia. Hier oben bekommt man einen guten Eindruck von der Lage des alten Parthenope auf der relativ kleinen Fläche zwischen Meer und Hügel. Wieder hinunter führt die Via Egiziaca a Pizzofalcone zur Kirche **Santa Maria Egiziaca a Pizzofalcone** [2] von 1650. Durch die nahe gelegene Querstraße geht es zur Parallelstraße Via Monte di Dio mit dem **Palazzo Serra di Cassano** [3] (Hausnummer 14–15) und dem dort eingerichteten Istituto Italiano per gli Studi Filosofici, das oft interessante Kulturveranstaltungen organisiert. Auffällig im Inneren des Palazzo ist die große Treppenanlage vom Erdgeschoss ins erste Stockwerk. Entworfen hat sie der Architekt Ferdinando Sanfelice (1675–1748), dessen Treppenprinzip auch hier deutlich wird: Die Front ist untergliedert in einen statischen Mittelteil und dynamische Seitenflügel, und tatsächlich sieht so die ganze Fassade aus wie ein großer Vogel mit seinen Schwingen rechts und links. Weitere Beispiele für die Raubvogel-Architektur von Sanfelice sind die Palazzi Sanfelice und Spagnolo im Viertel Sanità in der Nähe des Nationalmuseums (s. S. 81 f.).

Nachdem die edle Einkaufsstraße Via Chiaia überquert wurde, geht es wieder langsam aufwärts zum Vomero-Hügel und zunächst zum Corso Vittorio Emanuele. Auf der rechten Seite liegt das **Istituto Universitario Suor Orsola Benincasa** [4], das einzige nicht staatliche Bildungsinstitut Süditaliens.

Blick vom Belvedere der Certosa di San Martino auf die Stadt

Atlas: S. 232 und S. 238/239

NEAPEL - DER SÜDWESTEN
0
500 m
Palazzo Maddaloni
Piazza Monteoliveto
S. Giovanni Maggiore
Largo Ecce Homo
Università
Via Mezzocannone
Corso Umberto I (Rettifilo)
P.za Larga
UNIVERSITÀ
S. Pietro Martire
Via Porta di Massa
Via C. Colombo
Via Sedile di Porto
Via Borsa
Piazza
S. M. La Nuova
Via Monteoliveto
Poste Centrali
Piazza Matteotti
Via G. Oberdan
Carità
Piazza
TOLEDO
S. Anna dei Lombardi
Via Formale
Via Pasquale Scura
Via S. Lucia al Monte
AVVOCATA MONTECALVARIO
Galleria Toledo
Concezione a Montecalvario
Via
Corso Vittorio Emanuele
Teatro Nuovo
Via Toledo
Via Armando Diaz
Via G. Sanfelice
Fontana
G. Bovio
Via A. Depretis
Rua Catalana
Via Medina
Via Roberto Br
Via Verdi
Via Ponte di Tappia
Chiesa dell'Incoronata
Via Marchese Campodisola
Via Alcide De Gasperi
Via G. Melisurgo
Via C. Colombo
P.za Immacolatella Vecchia
SITA
Nuova Calata Pillero
Sardegna, Sicilia, I. Eolie, Malta, Tunisi
Vc. S. Sepolcro
V. Lungo S. Matteo
Vc. Concordia
V. Concordia
Vc. Lungo Trinità d. Spagnoli
Vc. Tofa
Vc. Trinità d. Spagnoli
Orsola
Grad. Suor
Largo Concordia
P.ttà Cariati
27
7
8
Piazza
Vittorio Emanuele II
MUNICIPIO
Municipio
Teatro Mercadante
Via S. Brigida
Via Giuseppe
V. Vittorio Emanuele III
Eliporto
Molo Angioino
Stazione Marittima
Teatro Augusteo
Via Toledo
P.ta Rosario del Palazzo
Via S. Caterina da Siena
Via S. Pantaleone
Via Giovanni
10
9
Via Ammiraglio Acton
Via Parco del Castello
Via S. Carlo
33
S. Bernardino
P.za Trieste e Trento
11
Molo Beverello
P.za Dragone
Via Carlo De Cesare
Palazzo d. Prefettura
Gradoni di Chiaia
34
25
Nicotera
Chiaia
P.za Carolina
Piazza Plebiscito
12
Capri, Ischia, Procida, Sorrento
16
Via S. Caterina
Via
14
32
13
Palazzo Salerno
Via Ammiraglio Acton
Giardini Molosiglio
Bacino Angioino
Molo S. Vincenzo
Molosiglio
Via Monte di Dio
Via Egiziaca a Pizzofalcone
Via Pallonetto S. Lucia
V. Cesario Console
15
Martiri
3
CHIAIA-S. FERDINANDO
Via Morelli
Via S. Lucia
Via Cuma
G. Orsini
Via Raff. de Cesare
S. LUCIA
Via Nazario Sauro
29
Via Partenope
2
Terrazza di Monte Echia
Chiatamone
24
Via Partenope
Via S. Lucia
Via Gen.
Fontana dell'Immacolatella
Porticciolo di S. Lucia
P.ta Marinari
Via Eldorado
1

Sehenswürdigkeiten

1 Castel dell'Ovo mit Museo di Etnopreistoria
2 Santa Maria Egiziaca a Pizzofalcone
3 Palazzo Serra di Cassano
4 Istituto Universitario Suor Orsola Benincasa
5 Castel Sant' Elmo
6 Certosa di San Martino – Nationalmuseum
7 Palazzo San Giacomo
8 San Giacomo degli Spagnoli
9 Maschio Angioino (Castel Nuovo)
10 Galleria Umberto
11 Teatro di San Carlo
12 Palazzo Reale mit Museo Palazzo Reale und Nationalbibliothek
13 San Francesco a Paola
14 Ponte di Chiaia
15 Teatro Politeama
16 Palazzo Cellamare
17 Santa Caterina a Chiaia
18 Santa Maria della Vittoria
19 Palazzo Ravaschieri di Satriano
20 Palazzo San Teodoro
21 Villa Comunale mit Aquarium
22 Villa Pignatelli mit Museo Diego Aragona Pignatelli Cortes und Museo delle carozze
23 Villa Floridiana mit Museo della ceramica Duca di Martina

Übernachten

24 Excelsior
25 Chiaja
26 Pinto-Storey
27 Bed & Breakfast Napolit'amo
28 Margherita
29 Le Fontane al Mare
30 Ostello Mergellina

Essen und Trinken

31 La Cantina del Triunfo
32 Stanza del gusto
33 La Chiacchierata
34 Osteria della Mattonella

Vom Corso Vittorio Emanuele fährt der Funicolare Centrale auf den **Vomero,** dessen höchster Punkt dann in wenigen Fußminuten über die Via Scarlatti bis zur Via Tito Angelini erreicht werden kann. Dort erhebt sich das massive **Castel Sant' Elmo** 5 aus dem 14. Jh. mit seiner außergewöhnlichen sternförmigen Festungsmauer, die 200 Jahre später der spanische Herrscher Pedro di Toledo anlegen ließ (Di–So 8.30–19.30 Uhr, 1 €).

Das so gut wie uneinnehmbare Kastell diente weniger der Verteidigung als der Beherrschung Neapels und wurde besonders nach der neapolitanischen Revolution 1799 als Gefängnis genutzt. Von seinen Mauern bietet sich ein weiter Panoramablick über den Golf und die Altstadt von Neapel bis zu den Abbruzzen – und man lernt die Spaccanapoli schon mal von oben kennen: Ihr Längsschnitt durch die Altstadt ist von hier aus besonders deutlich sichtbar.

Neben dem Kastell liegt als einer der kulturellen Höhepunkte Neapels das **Nationalmuseum** in der **Certosa di San Martino** 6 aus dem 14. Jh. Die

Kartause ist mit ihrer Inneneinrichtung, mehr als 70 Sälen und ihren Gärten selbst museales Objekt. Präsentiert wird die Stadtgeschichte Neapels mit all ihren Aspekten von der Königskutsche bis zur neapolitanischen Weihnachtskrippe (Tel. 08 15 58 64 08, Di–So 8.30–19.30 Uhr, 6 €, zugleich Eintrittskarte für Castel Sant'Elmo).

Das Neapel der Bourbonen

›Regiert‹ wird Neapel vom **Palazzo San Giacomo** 7 an der **Piazza Municipio.** Den Namen hat das Gebäude von einem Kloster übernommen, das vorher auf diesem Platz stand. Davon übrig geblieben ist die Kirche **San Giacomo degli Spagnoli** 8 aus dem 16. Jh., die in den Bau integriert wurde und durch den rechten der drei Eingänge betreten werden kann. Hinter dem zentralen Eingang in der neoklassizistischen Fassade öffnet sich eine Vorhalle mit Statuen von Roger dem Normannen und Friedrich II. Der heutige Sitz der Kommunalverwaltung wurde 1825 nach neunjähriger Bauzeit fertig und war für die Minister und Staatssekretäre der Bourbonenregierung gedacht.

Gegenüber der Piazza Municipio steht der in all seiner Wucht nur vom marmornen Renaissance-Relief über dem Eingangstor aufgelockerte **Maschio Angioino** 9 (auch Castel Nuovo; Tel. 08 17 95 20 03, Mo–Sa 9–19 Uhr, 5 € inkl. Museum und Kapelle). In dieser Bilderbuchburg spielte sich im 14. Jh. das politisch-kulturelle Leben ab. Im heute leeren Wassergraben ist morgens Blumenmarkt, früher schwammen hier Krokodile. Im Museum sind regelmäßig aktuelle Kunstausstellungen zu sehen, einen Besuch wert ist auch die Cappella Palatina. Vom Maschio Angioino ansteigend führt die Via Vittorio Emanuele III. vorbei an der **Galleria Umberto** 10, der *shopping-mall* aus dem späten 19. Jh., zum wichtigsten Kulturgebäude Neapels, dem **Teatro di San Carlo** 11 (Kartenreservierung Tel. 08 17 97 23 31, biglietteria@teatrosancarlo.it, www.teatrosancarlo.it). Hier ließen Komponisten wie Donizetti, Verdi, Rossini oder Bellini ihre Werke uraufführen. Das älteste bekannte Operntheater wurde nach nur achtmonatiger Bauzeit am 4. November 1737, dem Namenstag des Königs eingeweiht – 40 Jahre vor der Scala in Mailand und 45 Jahre vor La Fenice in Venedig. Das San Carlo ist noch immer für seine Opern- und Konzertaufführungen international bekannt, abgesehen davon, dass hier von Bocelli bis Caruso alle wichtigen Tenöre gesungen haben.

Ein sehr ausgewogenes ›architektonisches Theater‹ findet im Rücken des San Carlo statt: Die herrschaftliche **Piazza Plebiscito,** die sich an die kleine **Piazza Trieste e Trento** anschließt, wurde noch bis Mitte der 1990er Jahre als profaner Parkplatz genutzt. Mittlerweile aber verbinden wieder Symmetrie und Balance die Monumentalbauten an diesem Platz, der von der Kirche San Francesco a Paola dominiert wird. Ihr gegenüber liegt der Königspalast **Palazzo Reale** 12. Er hat ähnliche Dimensionen wie die Kirche, und die seitlichen Gebäude der Macht, die Paläste für das Militärkommando und die Präfektur, sehen auch nicht gerade klein aus. So teilen sich Kirche,

luxor radio

Monarchie, Militär und Verwaltung den Blick auf die Piazza, die lange Zeit Largo di Palazzo hieß. Ihr aktueller Name erinnert an das Plebiszit von 1860, mit dem sich die Provinzen Süditaliens dem italienischen Reich anschlossen. An der Außenfassade des Palazzo Reale befinden sich seit 1888 Nischen, in denen Statuen der acht Herrscher von Neapel stehen; in chronologischer Reihenfolge von Roger dem Normannen bis zu König Vittorio Emanuele II. Im Inneren des Gebäudes beeindruckt besonders der große Treppenaufgang, der zum Repräsentierzimmer führt, und das kleine Hoftheater, das Ferdinando IV. seiner Frau Maria Caroline von Österreich 1768 zur Hochzeit schenkte und in dem Nachbildungen von Merkur, Minerva, Apollo und den neun Musen stehen. Angefertigt aus Pappmaché und Gips wirken sie so, als seien sie aus echtem Marmor. Im Thronsaal ist eine hübsche Darstellung der 14 Provinzen zu sehen, die zum Reich zwischen Neapel und Sizilien gehörten.

Gegenwärtig nutzen verschiedene Einrichtungen die Räume im Königspalast. Seit 1919 belegt das **Museo Palazzo Reale** (Tel. 08 17 94 40 21, Do–Di 9–20, 4 €) mit 30 Sälen und dem Apartamento Storico die Königlichen Gemächer und zeigt mit Möbeln, Wandteppichen und Gemälden vom 16.–19. Jh. die Geschichte des Gebäudes und der Stadt Neapel. Außerdem findet sich hier die **Nationalbibliothek Vittorio Emanuele II.** mit mehr als 1 Mio. Büchern und einer Forschungsstelle für die Dechiffrierung der Papyrusschriften aus Herculaneum.

Elegantes Einkaufszentrum aus dem 19. Jh.: die Galleria Umberto

Wie mit offenen Armen empfängt den Besucher der halbrunde Säulengang vor der Kirche **San Francesco a Paola** [13]. Genau gegenüber dem Palazzo Reale steht damit einer der wichtigsten Bauten religiöser Architektur aus dem frühen 19. Jh. König Ferdinand I. ließ die Kirche als Symbol errichten für die wieder erlangte Herrschaft der Bourbonen über Neapel nach dem napoleonischen Interimsregime von 1806–15. Der Schweizer Architekt Pietro Bianchi schuf die Basilika in Anlehnung an ein bekanntes Vorbild: das römische Pantheon. Die Statuen auf dem Tympanon stellen die Religion und die Heiligen Ferdinando di Castiglia und Francesco di Paola dar.

Zwischen Kirche und dem Caffè Gambrinus führt die Via Chiaia in den elegantesten Teil der Stadt. Von dieser Straße aus gibt es einen Treppenaufgang zum **Ponte di Chiaia** [14], konstruiert 1636 unter spanischer Fremdherrschaft und von Ferdinand II. 1834 restauriert und in einen Triumphbogen integriert, den auf einer Seite ein Figurenrelief mit der ›Allegorie des Ruhms‹ schmückt. Etwas weiter auf der rechten Straßenseite liegt das **Teatro Politeama** [15] (Via Montedidio 157) von 1875. Der **Palazzo Cellamare** [16] (Via Chiaia 149), und die Kirche **Santa Caterina a Chiaia** [17] (Via Santa Caterina a Chiaia 76, tgl. 9–12.30 Uhr), beide aus dem 16. Jh., wurden von den Bourbonen 200 Jahre später mit ihrer heutigen Fassade versehen. Links von dieser Kirche öffnet sich die **Piazza dei Martiri** mit der Märtyrersäule, die an

DIE INTERESSANTESTEN THEATER

Neapel ist traditionsgemäß eine Theaterstadt, denn wegen des weit verbreiteten Analphabetismus hat die mündliche Überlieferung von Geschichten und Ereignissen hier lange eine Hauptrolle gespielt. Das weltbekannte Teatro San Carlo bietet Orchestermusik, Opern und Balettvorführungen, reine Schauspielvorstellungen dagegen zeigen andere etablierte Theater: Das für die Stadt zweitwichtigste ist das in den 90er Jahren komplett sanierte Teatro Mercadante (Piazza Municipio, Tel. 08 15 51 33 96), das sich auch an experimentellen Werken versucht, ähnlich wie das Teatro Politeama (Via Monte di Dio a Pizzofalcone, Tel. 08 17 64 50 16) oder das erst zwei Jahrzehnte junge Teatro Nuovo (Via Montecalvario 16, Tel. 0 81 40 60 62).

Traditionelle und populäre Bühnenstücke bieten die Theater Bellini (Via Conte di Ruvo, Tel. 08 15 49 96 88), Bracco (Via Tarsia 40, Tel. 08 15 64 53 23), Leopardi (Via Leopardi 192, Tel. 08 12 39 41 27), Sannazaro (Via Chiaia 157, Tel. 0 81 41 17 23) oder Tasso (Via Tasso 169, Tel. 0 81 66 18 35).

Ganz dem theatralischen Erbe des Komikers Totò verschrieben hat sich das Teatro Totò (Via Cavara 12, Tel. 0 81 29 60 51); Kabarett der modernen Art steht im Cabaret Port'Alba (Via Port'Alba, Tel. 08 15 49 99 53) auf dem Programm.

In Neapel arbeiten auch verschiedene freie Theatergruppen. National bekannt und preisgekrönt, doch noch ohne eigene Bühne ist das Projekt liberaMente (Via dei Vergini 10, Tel. 0 81 29 60 62), dessen Vorführungen oft in Vierteln oder Gebäuden spielen, die von der Stadtentwicklung ausgeschlossen sind. Ein eigenes Theater- und Kinoprogramm organisiert die Gallerla Toledo (Via Concezione a Montecalvario 36, Tel. 0 81 42 58 24), und das in den 70er Jahren in ganz Italien als avantgardistische Formation bekannte teatro instabile napoli (Vico Fico Purgatorio ad Arco 38, Tel. 0 81 29 85 90) versucht seit Dezember 2001 sein Comeback und organisiert interessante Projekte wie die ›Kunsttage der Eingeschlossenen‹.

die für die Freiheit gefallenen Neapolitaner erinnert, während die Löwen an ihrem Sockel ein Denkmal für die vier antibourbonischen Revolutionen von 1799, 1820, 1848 und 1860 sind. Die Via Calabritto führt zur **Piazza Vittoria** und zur Kirche **Santa Maria della Vittoria** 18 (tgl. 7–11, feiertags 7–13.30 Uhr), die gemeinsam an die Seeschlacht von Lepanto gegen die Türken erinnern sollen. An der Ecke von der Via Calabritto und der Riviera di Chiaia befindet sich einer der auffälligsten Palazzi Neapels: der **Palazzo Ravaschieri di Satriano** 19 mit 14 Büsten aus Gips auf den Balkonen des *piano nobile* im ersten Stock. Hier wohnte Goethe 1817 während seines Neapelaufenthalts. Als überhaupt schönstes Prachtgebäude dieses Viertels gilt der **Palazzo San Teodoro** 20 (Riviera di Chiaia 281), den der Architekt Guglielmo Bechi, damaliger Leiter der Ausgrabungen von Pompeji und Herculaneum, 1826 im seinerzeit sehr angesagten pompejischen Stil mit den entsprechenden Motiven ausstatten ließ.

Zwischen der Via Chiaia und dem Lungomare erstreckt sich von der Piazza Vittorio aus die **Villa Comunale** 21, die früher der Königsgarten war. Auch wenn der 1999 sanierte Stadtpark schon drei Jahrhunderte vorher unter spanischer Fremdherrschaft angelegt wurde – seine große umschlossene Fläche und die fünf parallel verlaufenden Hauptwege gehen auf Ferdinand V. und das Jahr 1778 zurück. »Ohne Zweifel der schönste und vor allem der aristokratischste Spaziergang der Welt«, schrieb Alexandre Dumas 1835. Damals durfte auch nur die Aristokratie im eingezäunten Areal spazieren gehen, und zwar ›in Rock und Strümpfen‹.

Seit 1872 befindet sich hier das **Aquarium** (Stazione Zoologica Dohrn, Tel. 08 15 83 32 63, Di–So 10–18 Uhr, im Winter 9–17, So 9–14 Uhr, 1,50 €). Mittlerweile wird die Via Caracciolo sonntagvormittags gesperrt, um den Neapolitanern wenigstens in der ersten Tageshälfte ein kohlenmonoxidfreies Wochenende zum Spazierengehen, Radfahren oder Skaten zu ermöglichen.

Auf der anderen Seite der Riviera di Chiaia zieht sich die **Villa Pignatelli** 22 entlang der Via Ascensione zum Vomero hinauf. Das darin liegende tempelähnliche Gebäude mit seinem neudorischen Säulenvorbau ist ein besonders deutliches Beispiel für die neoklassizistische Architektur zu Beginn des 19. Jh. Zwei Museen bieten sich hier dem Besucher an: das **Museo Diego Aragona Pignatelli Cortes** (Tel. 08 17 61 23 56, Di–So 9–14 Uhr, 2 €), dessen Sammlung vor allem kostbares Porzellan aus Meißen, Wien und Capodimonte umfasst, welches die Prinzessin Rosina Pignatelli 1955 dem italienischen Staat vermachte. Mit seiner kompletten Einrichtung gehört es zur seltenen Spezies der Hausmuseen. In einem kleinen Gebäude im Park ist das **Museo delle carozze,** ein Kutschenmuseum, untergebracht.

Von der **Piazza Amedeo** oberhalb des Parks führt der Funicolare di Chiaia, eine Schienenseilbahn, auf den Vomero. Dort liegt in der Via Cimarosa der Eingang zur **Villa Floridiana** 23, einer der schönsten Grünflächen Neapels mit verträumten Eckchen und romantischen Ausblicken in den Golf und hinunter auf Mergellina. Die Anlage stammt aus den Jahren 1817–19 und wurde vom Bourbonenkönig Ferdinand als Lustpark für sich und seine zweite Frau, Lucia Migliaccio Partanna, Herzogin von Floridia, in Auftrag gegeben.

Die schattigen Wege im Park schlängeln sich zu einem neoklassizistischen Gebäude, in dem das **Museo della ceramica Duca di Martina** (Tel. 08 15 78 84 18, Di–So Führungen um 9.30, 11, 12.30 Uhr, 2,50 €) eingerichtet ist. Herausragend unter den 1911 dem Staat geschenkten kunsthandwerklichen Sammlungen des Herzogs Placido di Sangro ist das Porzellan aus europäischen und orientalischen Manufakturen.

Azienda autonoma di soggiorno cura e turismo: Palazzo Reale (erster Stock), Piazza Plebiscito, Tel. 08 12 52 57 11, Fax 081 41 86 19, www.inaples.it. Monatlich erscheint die zweisprachige (ital./engl.) Broschüre ›Qui Napoli‹ mit praktischen Hinweisen zu Sehenswürdigkeiten, Museen, aktuellen Austellungen und Konzerten, erhältlich im **Infobüro,** Piazza del Gesù Nuovo, Tel. 08 15 52 33 28, 08 15 51 27 01, Mo–Sa 8.30–19.30, So 8.30–15.30 Uhr, an Feiertagen 9–14 Uhr.

Excelsior 24: Via Partenope 48, Tel. 08 17 64 01 11, Fax 08 17 64 97 43, www.excelsior.it. Das einzige 5-Sterne-Hotel in Neapel. DZ ab 340 €.

Hotel Chiaja 25: Via Chiaia 216, Tel. 081 41 55 55, Fax 081 42 23 44, www.hotelchiaia.it. Edles Hôtel de Charme im ›Salon der Stadt‹. Die Zimmer im Palazzo sind mit den Originalmöbeln des Marchese Lecaldano eingerichtet. ÜF ab 130 €.

Pinto-Storey 26: Via G. Martucci 72, Tel./Fax 081 68 12 60, www.pintostorey.it. Das ›PS‹ gibt es seit 1868, der altenglische Stil ist erhalten geblieben und wird von einer frischen und familiären Atmosphäre ergänzt. Reservieren! ÜF ab 122 €.

Bed & Breakfast Napolit'amo 27: Via Toledo 148, Tel./Fax 08 15 52 36 26, www.napolitamo.it. In bester Lage wurden in einer Etage eines alten Edelpalazzo 13 Zimmer renoviert, jedes mit Bad und freundlich eingerichtet. DZ ab 80 €.

Margherita 28: Via Cimarosa 29, Tel./Fax 08 15 56 70 44. Kleine Pension mit 19 einfachen Zimmern und Waschgelegenheit, Bad auf dem Flur. DZ 62 €.

Le Fontane al Mare 29: Via N. Tommaseo, 14, Tel./Fax 08 17 64 34 70. Günstige Übernachtungsmöglichkeit in Santa Lucia: 20-Zimmer-Pension, die das Flair der 50er genauso konserviert hat wie kleinere Macken und Schrammen in der Ausstattung. DZ ab 60 €.

Jugendherberge:

Ostello Mergellina 30: Salita della grotta 23, Mergellina, Tel. 08 17 61 23 46. Mit der Metro gut zu erreichen. Guter Service.

La Cantina del Triunfo 31: Riviera di Chiaia 64, Tel. 081 66 81 01, 20.30–24 Uhr, So geschl. Tina Triunfo widmet sich ausschließlich der antiken neapolitanischen Kochkunst. Tgl. je zwei Menüs ab 25 €.

Stanza del gusto 32: Vicoletto Sant Arpino 31, Tel. 081 40 15 78, So u. Mo geschl., mittags nur nach Anfrage. Mario Avallone erforscht und kocht in Vergessenheit geratene Gerichte, vor allem kampanische, mit einem Hauch Barock. Tgl. drei saisonabhängige Menüs für rund 20, 30 und 50 €. Reservieren!

La Chiacchierata 33: Piazzetta Matilde Serao 37, Tel. 081 41 14 56, Mo–Fr nur mittags, Fr u. Sa auch abends, So geschl. Kleine, helle Trattoria. Lokale Küche. Tagesgerichte. Menü ab 20 €.

Osteria della Mattonella 34: Via Nicotera 13, Tel. 081 41 65 41, So geschl. Rustikale Osteria, die ihren Namen den Majolika-Kacheln verdankt. Genuine kampanische Küche wie *pasta al ragù, baccalà* und Tintenfisch. Menü 15 €.

Cafés:

Gambrinus: Piazza Trieste e Trento 38, Tel. 081 41 75 82, 7–24 Uhr, Di geschl. Im Salon traf Giuseppe Verdi die Geliebte, Gabriele D'Annunzio dichtete, und italienische Staatspräsidenten erholten sich bei einem *caffè.*

Gelati Otranto: Via Scarlatti 78, Tel. 08 15 58 74 98, tgl. 9.30–24, Okt.–März nur bis 22 Uhr. 30 Eissorten im puristischen Kühlschrank-Ambiente.

Fiera Antiquaria Napoletana: Villa Comunale/Viale Dohrn, Info-Tel. 081 62 19 51, jedes zweite und dritte Wochenende im Monat, Juni und Juli nur am zweiten, im August gar nicht, 8–14 Uhr, Trödel und Kurioses neben wertvollen Antiquitäten aus dem 19. und 20. Jh.

Café Gambrinus

Mercato dei fiori: Piazza Municipio, tgl. 6–8 Uhr. Frühmorgens floriert die Farbenpracht auf dem Blumenmarkt im Graben des Maschio Angioino.
Napolimania special store: Via Toledo 309–312. Neapelsouvenirs in Comic-Strip-Ästhetik.

Theater: s. Exkurs ›Die interessanten Theater‹ S. 64.

Bars und Diskotheken: s. Praktische Hinweise S. 78.

Ostern: Konzertzyklen mit sakraler Musik in verschiedenen Kirchen.
Napoli Marathon: Anfang/Mitte März, Info-Tel. 08 18 73 19 55, www.napolimarathon.it, internationaler Stadtmarathon.
San Gennaro-Prozession: 1. Mai-Wochenende.
Festa della Madonna del Carmine: Mitte Juli, die Kirche del Carmine und die Piazza Mercato verwandeln sich in ein Festgelände zu Ehren der Madonna. Abschluss mit dem simulierten Brand des Glockenturms.
Festa di San Gennaro: 18.–22. Sept., fünf Festtage zu Ehren des Stadtpatrons und – wenn alles gut geht – wieder das Blutwunder. Am 19. Ausstellung des San-Gennaro-Schmucks.
Pizzafest: Anfang/Mitte Sept., die Stadt feiert ihren Exportschlager Nummer eins.

Fahrradverleih: Mountainbikes verleiht Bidonville s. S. 78.
Joggen: Der Park von Capodimonte (s. S. 78 ff.) ist ein echtes Joggingparadies, Alternativen sind die Villa Comunale oder die am Sonntagvormittag verkehrsberuhigte Via Caracciolo.

Busse: Gut ausgebautes Netz. Ein Tipp: Die Linien R1, R2, R3 und R4 decken die wichtigsten Ziele ab und

Die Certosa di San Martino beherbergt eine stadtgeschichtliche Sammlung

bilden eine Art Netz im Netz. Info unter Tel. 800 63 95 25 oder 08 17 63 21 77, www.anm.it. Im *centro antico,* dem historischen Stadtkern Neapels, ist kein Platz für öffentliche Verkehrsmittel mit Ausnahme der E1: Der kleine Elektro-Linienbus (Abfahrt Piazza Gesù) schlängelt durch die engen Straßen. Die Fahrkarte ›UNICO‹, gibt's am Kiosk, an zentralen Haltestellen, im Tabakladen: Der Einzelfahrschein für 1 € ist in allen öffentlichen Verkehrsmitteln 90 Min. gültig, bei Umsteigen auf Metro oder Funicolare muss er nochmal entwertet werden. Nicht zulässig ist die Kombination von zwei Fahrten mit der gleichen Metro-Linie, zwei Funicolare- oder zwei Cumana-Fahrten mit einem Ticket. Das Tagesticket für 3 € ist nach Fahrtantritt (entwerten) bis 24 Uhr in allen Verkehrsmitteln gültig.

Metro: Die Linie 1 fährt im 6–12 Min.-Takt von der Piazza Dante nach Piscinola. Weitere Stationen sind im Ausbau. Linie 2 im 8 Min.-Takt von Piazza Garibaldi über Mergellina nach Pozzuoli, Info-Tel. 800 56 88 66, www.metro.na.it.

Funicolare: Es gibt vier Drahtseilbahnen in Neapel. Funicolare Centrale (Via Toledo), Funicolare di Montesanto (Piazza Montesanto) und Funicolare di Chiaia (Piazza Amedeo) verbinden die Innenstadt mit dem höher gelegenen Vomero-Viertel (jeweils Endhaltestelle). Der Funicolare von Mergellina (Via Mergellina) endet auf dem Posillipo.

Circumvesuviana: Die Nahverkehrsbahn verbindet Neapel mit den Gemeinden um den Vesuv. Linie Napoli–Sorrento alle 30 Min. ab Piazza Garibaldi (Tiefbahnhof), Info-Tel. 08 17 72 24 44, www.vesuviana.it.

Cumana und Circumflegrea: Beide Nahverkehrsbahnen der SEPSA verbinden Neapel (Bhf Piazza Montesanto) mit der westlichen Vorstadt und den Ortschaften der Campi Flegrei. Info-Tel. 800 00 16 16, www.sepsa.it.

Taxi-Ruf: Free, Tel. 08 15 51 51 51; Napoli, Tel. 08 15 56 44 44; Partenope, Tel. 08 15 56 02 02. Die Wagen stehen an allen größeren Plätzen.

Leihwagen: Die Büros der internationalen Firmen befinden sich am Flughafen, am Hauptbahnhof und in der Stadt: Avis, Tel. 08 17 80 57 90; Hertz, Tel. 08 17 80 29 71; Italrent, Tel. 08 15 99 13 16; Maggiore, Tel. 08 17 80 30 11.

Auto: Der Verkehr im Zentrum ist chaotisch und folgt eigenen Gesetzen. Nur Einheimische wissen, welche rote Ampel

verbindlich und welche eine bloße Empfehlung ist.

Bewachte Parkplätze: Parcheggio Brin, Via B. Brin (hinter dem Hbf an der Via Marina), Bus in die Innenstadt, Tel. 081 76 32 83 27; Santa Chiara, Via Pallonetto S. Chiara, Tel. 08 15 51 63 03; Mergellina, Via Mergellina 12, Tel. 08 17 61 34 70; Turistico, Via de Gasperi 14 (Parkstreifen am Hafen), Tel. 08 15 52 54 42. Unbewachte Parkplätze der Stadtwerke beim Stadion San Paolo und bei der Poliklinik Cardarelli (Colli Aminei), weitere Infos: www.posteggnapoli.it.

Schiffsverbindungen: Ab Molo Beverello und Mergellina stdl. Verbindungen zu den Inseln, nach Sorrent, Fähren auch ab Pozzuoli. *Aliscafi* sind doppelt so teuer, aber auch fast doppelt so schnell wie Fähren. Von Mai bis Sept. legen am Molo Beverello auch die Linien der Meeresmetro ab, die Neapel mit den Ortschaften am Vesuv, der Costiera, Salerno und dem Cilento verbinden, s. S. 220.

Rund um die Spaccanapoli – Die historische Altstadt

Die historische Altstadt lässt sich auf gerader Linie durchqueren, wenn man der Spaccanapoli (›spaltet Neapel‹) folgt, jener berühmten Straßenfolge, die diesen Teil Neapels der Länge nach durchschneidet. Interessanter wird die Altstadt aber, wenn man sie ›durchkreuzt‹ und dabei die Spaccanapoli an manchen Stellen überquert, zunächst etwa auf der Via Toledo in Richtung Piazza Dante. Die Via Toledo, heute Fußgängerzone, ließ der Herrscher Don Pedro di Toledo 1536 entlang der damaligen Stadtmauern anlegen – dass sich danach gerne die Adligen der Stadt hier ihre Prachtpaläste bauten, ist nicht zu übersehen. An ihrem höher gelegenen Ende erstreckt sich die **Piazza Dante,** benannt nach dem Herren, der auf der anderen Straßenseite als **Denkmal** [1] auf seinem Sockel den Verkehr beobachtet und dabei mit erhobener Hand den Eindruck erweckt, als würde er diejenigen willkommen heißen, welche die noch unvollständige Metro-Rundlinie von der Station ›Piazza Dante‹ aus benutzen. Auf der linken Rückseite der Piazza verbindet die **Port'Alba** [2], gebaut 1625 als eines der noch heute erhaltenen Stadttore, die Piazza Dante mit der **Piazza Bellini.** Das ist ein besonders beschaulicher Platz in der Altstadt, sozusagen ihr gemütliches Vorzimmer. Zwischen der Via Costantinopoli und den etwas tiefer gelegten Freiluftsitzplätzen der Cafés am Platz steht einerseits das Denkmal des Vincenzo Bellini, andererseits finden sich in einem großen Graben griechische Mauerreste des alten Neapolis. Die Fassade des **Palazzo Conca** [3] im Rücken der Bellini-Statue gehörte im 15. Jh. zu den prunkvollsten Neapels.

Ab hier häufen sich die interessanten Spuren der Vergangenheit. Der Vi-

Sehenswürdigkeiten
1 Denkmal auf der Piazza Dante
2 Port'Alba
3 Palazzo Conca
4 Konservatorium San Pietro a Majella
5 San Paolo Maggiore
6 San Lorenzo Maggiore
7 Dom
8 Pio Monte della Misericordia
9 Denkmal auf der Piazzetta Nilo
10 Pestsäule
11 San Domenico Maggiore
12 Cappella San Severo
13 Musei dell'Università
14 Santa Chiara
15 Chiesa del Gesù
16 Säule auf der Piazza del Gesù Nuovo

Übernachten
17 Caravaggio
18 Bellini
19 San Severo
20 College Europeo
21 Nettuno
22 Pensione Miraglia

Essen und Trinken
23 Bellini
24 Mimì alla Ferrovia
25 Taverna dell'Arte
26 Vecchia Cantina
27 Antica Osteria Pisano
28 La Campagnola
29 Da Michele
30 Ho-La-La
31 Sorbillo

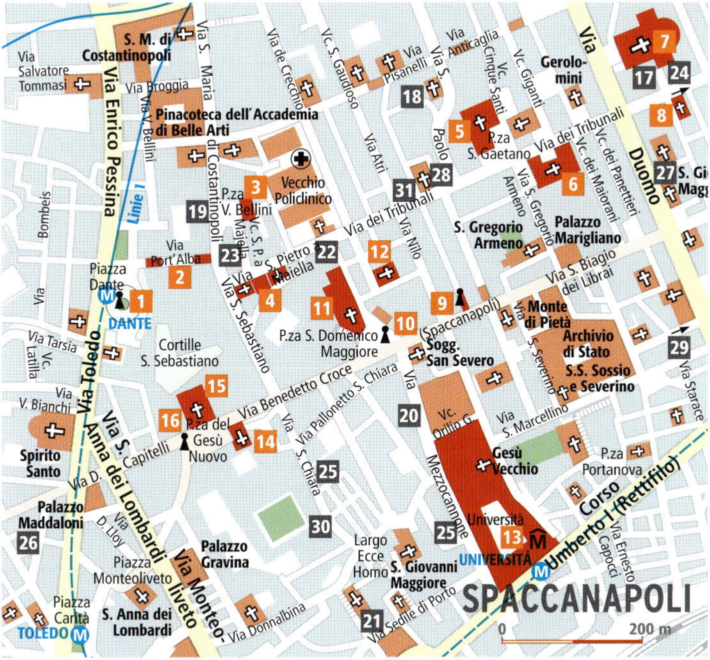

co San Pietro a Majella führt vorbei am gleichnamigen **Konservatorium** 4 (tgl. 9–14 Uhr) und verbindet die Piazza Bellini mit der Via dei Tribunali, dem mittleren der drei antiken *decumani* und nach Jahrtausenden auch heute noch Hauptverkehrsader der Altstadt.

Ein historisch wichtiger Punkt auf der Via Tribunali ist die **Piazza San Gaetano** mit der Kirche **San Paolo Maggiore** 5, denn hier lag in der Antike das Forum von Neapel – die Kirche zeigt zwei in ihre Front eingebaute Säulen des Dioskurentempels aus dem ersten nachchristlichen Jahrhundert. Etwa im Jahr 800 wurde der Tempel als christliche Kirche dem hl. Paul gewidmet, behielt aber seine noch römische Architektur. Die Erdbeben zwischen 1686 und 1688 beschädigten das Gebäude stark, besonders seine antiken Architekturelemente. Lange Jahre blieben diese am Eingang einfach so liegen, bis sie dann als postantike Barockspielerei wieder in die Fassade integriert wurden.

Links von der Kirche liegt ein Eingang in die Unterwelt Neapels. Die Stadt steht seit mehr als 2000 Jahren auf einem System aus Grotten und Gängen, das aus zwei Gründen geschaffen wurde. Einerseits fand sich hier ein geeignetes Baumaterial – aus dem unterirdischen Tuffstein entstanden überirdische Wohnhäuser. Andererseits wurde gegraben, um ein Zisternensystem zur Wasserversorgung der Stadt anzulegen.

Vor einigen Jahren hat der Kulturverein ›Napoli Sotteranea‹ (Piazza San Gaetano, Tel. 081 29 69 44, Führungen Mo–Fr 12/14/16, Do auch 21, Sa/So u. Fei 10–18 Uhr je zweistdl., 9,30 €) einen Teil des ältesten Aquädukts gesäubert und für Interessierte zugänglich gemacht.

Zunächst geht es über etwa 150 Stufen 35 m in die Tiefe und dann abwechselnd durch enge Gänge und an früheren Wasserbecken vorbei, manche von ihnen zur Veranschaulichung wieder gefüllt, immer weiter durchs Innere der Unterstadt. Besonders beeindruckend ist dabei der hallengroße Raum, in dem während des Krieges die Menschen Schutz suchten: In den Tuffstein eingeritzte Zeichnungen und Worte lassen die Angst von damals wieder aufleben. Der Besichtigung bei konstanten 14°C folgt ein Gang zu den verborgenen Resten des Amphitheaters (s. u.).

Ebenfalls unter die Erde gelangt man auf der anderen Seite der Via Tribunali in der Kirche **San Lorenzo Maggiore** 6. Hier hat nicht nur Boccaccio seine Fiammetta getroffen, im archäologischen Komplex unterhalb der Kirche (Tel. 08 12 11 08 60, Mo–Sa 9–17, So 9.30–13.30 Uhr, 4 €) sind auch verschiedene Schichten der Stadtgeschichte zu erkennen: Die begehbaren Grabungen im Kreuzgang zeigen die frühchristliche Laurentiuskirche aus dem 5. Jh., und weiter darunter antike römische Straßenspuren, einen mehr als zwei Jahrtausende alten Marktplatz, genannt *macellum,* und griechische Mauern aus dem 5. Jh. v. Chr.

Von der Piazza San Gaetano zieht sich die Via Cinquesanti rechts an San Paolo Maggiore vorbei zum höher gelegenen *decumano superiore,* der Via Anticaglia. Hier stand im 2. Jh. das römische Theater, in dem sich Nero als griechischer Sänger versucht haben soll.

Nach rechts führt die Via Anticaglia zum **Dom** 7 von Neapel. Hier kann das Suchspiel nach der geschichteten Zeit in der Architektur noch einmal beginnen: Zur Linken im Dom liegt die Kapelle Santa Restituta, eine Basilika aus konstantinischer Zeit, in die viele Kapitelle und Säulen noch älterer Herkunft eingearbeitet sind. An der linken Seite der Kapelle geht es hinunter zu den archäologischen Ausgrabungen des Doms (tgl. 9–12, 16.30–19 Uhr, So nur vormittags, 3 €). Der unterirdische Rundgang zeigt römische Fundstücke, eine lange Mauer aus griechischer Zeit und einen Straßenabschnitt aus großen Tuffquadern.

In der Via Duomo auf der Seite des Doms bleibend, kann man einen schnellen Kurzausflug zu einem Bild von Caravaggio und zum Stadtheiligen Neapels machen, denn die Via Tribunali führt links nach etwa 50 m zur Piazzetta Riario Sforza. Hier steht die vielleicht schönste der Säulen Neapels, und die Anwohner in den fünften Stockwerken der Palazzi ringsum haben die Ehre, mit San Gennaro auf einer Ebene zu leben. Auf der anderen Straßenseite lohnt es sich, die Kirche **Pio Monte della Mi-**

Besonders zu Weihnachten gefragt: Krippenfiguren aus der Via Gregorio Armeno

sericordia [8] und das darin befindliche Gemälde ›Die sieben Werke der Barmherzigkeit‹ von Caravaggio zu besichtigen (Via Tribunali 253, 9.30–13 Uhr, Tel. 0 81 44 69 44).

In der anderen Richtung führt die Via Tribunali wieder zurück zur Piazza San Gaetano. Ihr schräg gegenüber liegt die zum *decumano inferiore* führende **Via San Gregorio Armeno** als Straße des Kunsthandwerks und der Krippenmacher, die zu jeder Jahreszeit interessant ist. Besonders im November und Dezember aber verwandelt sie sich in eine Szenerie wie aus dem Märchenbuch. Kork, Holz, Ton und Moos gehören zu den wichtigsten Materialien der Krippenbauer, deren Figuren meist das Leben im 18. Jh. nachstellen. Handwerk und Tradition, jahrhundertealt, profitieren von moderner Technik: Im Stall von Bethlehem brennt elektrisches Licht und der Wasserfall ist batteriebetrieben. Bekannt ist die Werkstatt von Giuseppe Ferrigno (Hausnummer 8), der die Krippenfiguren nach den alten Verfahren herstellt.

Das Ende dieser Straße mündet in die Spaccanapoli, hier genannt Via San Biagio dei Librai, die nach rechts zur **Piazzetta Nilo** führt. Auf ihr steht ein **Denkmal** [9], das die multiethnische Entstehungsgeschichte Neapels anschaulich macht: Als ägyptische Händler, Sklaven und Reisende sich hier vor zwei Jahrtausenden niederließen, wurde ihre Ansiedlung von den Einwohnern Nil-Kolonie genannt. In Erinnerung an ihre ferne Heimat errichteten sie das Denkmal des bärtigen Nilo mit Füllhorn und Füßen auf einem Krokodilskopf.

Café Scaturchio

Seit 1905 verführt die Familie Scaturchio ihre Gäste mit handgemachten süßen Köstlichkeiten wie cremigen *gelati,* bunten Törtchen und natürlich der berühmten *sfogliatella* (s. S. 41). Zu den Spezialitäten gehören zudem die luftigen, aber sehr gehaltvollen *babà* und die alkoholischen Pralinen namens *ministeriali.* Im Angebot auch *pizzette* und Rustikales, mittags zwei Tagesgerichte (Piazza San Domenico Maggiore 19, Tel. 08 15 51 69 44, tgl. 7.20–20.40 Uhr, auch Tische im Freien).

Wenige Meter sind es von hier bis zur **Piazza San Domenico Maggiore.** In diesem Bereich an der Spaccanapoli ist die Kirchendichte besonders hoch und die Piazza immer willkommen für eine Pause – vielleicht versüßt mit einem Törtchen aus dem Café Scaturchio.

Überragt wird der Platz von der barocken **Pestsäule** 10 mit der Statue des hl. Domenikus, die die Neapolitaner 1656 nach der großen Epidemie errichteten. Die dahinter liegende Kirche **San Domenico Maggiore** 11 ließ Karl II. von Anjou im 13. Jh. für den Dominikanerorden erbauen. Die ältere Kapelle San Michele Arcangelo a Morfisa wurde in den neuen Bau integriert und trägt nun ihren Teil zur inneren Stilmischung bei. Im angeschlossenen Konvent haben Thomas von Aquin und Giordano Bruno studiert. Dem Vico San Domenico Maggiore aufwärts und dann der ersten Gasse nach rechts folgend, erreicht man die **Cappella San Severo** 12 (Via F. de Sanctis, Mi–Mo 10–19, So 10–13.30 Uhr, 6 €, erm. 3 €), berühmt für die filigrane Skulptur des ›Verhüllten Christus‹ und die gruseligen medizinischen Rekonstruktionen im Untergeschoss. Am unteren Rand der Piazza San Domenico links geht es für einen Abstecher die Via Mezzocannone hinab zu vier kleinen Universitätsmuseen: Die **Musei di antropologia, mineralogia, zoologia e paleontologia della Università Federico II** 13 (Via Mezzocannone 8/Largo San Marcellino10; Mo–Fr 9–13.30, Sa/So 9–13 Uhr, Aug. geschl.) zeigen Exponate aus mehreren Jahrhunderten naturkundlicher Forschungen. Zurück auf der Spaccanapoli geht es weiter zur streng und schlicht wirkenden gotischen Kirche **Santa Chiara** 14. Der Erbauer Robert von Anjou liegt hier mit einigen Verwandten begraben. Robert, genannt der Weise, war der Ansicht, dass Kirchengüter nur den Armen zugute kommen sollten. Weniger schlicht und bescheiden sieht das angrenzende Klarissenkloster aus. Dessen märchenhaften Innenhof, den **Chiostro delle Clarisse** (Mo–Sa 9.30–13.30, 15.30–17.30 Uhr, So nur vormittags, 4 €, erm. 2,50 €), ließ die Bourbonenkönigin Amalie von Sachsen im 18. Jh. als schattigen Garten neu gestalten. Pergola-Gänge und Bänke sind mit bunten Majolika verkleidet.

Nur wenig Schritte entfernt liegt die **Piazza del Gesù Nuovo** mit der **Chiesa del Gesù** 15 und ihrer grobstacheligen Fassade aus Pipernquadern. Die

Kirche gehörte im 15. Jh. noch zum Palast der Familie San Severino von Salerno. In Ungnade gefallen, mussten die Severino die Stadt verlassen, und 100 Jahre später beauftragten die Jesuiten den Baumeister Giuseppe Valeriani mit der Umstrukturierung des alten Renaissance-Palazzo. Im Inneren ist der große Altar der Höhepunkt der barocken Ausstattung. In der Mitte der schönen Piazza Gesù steht auf einer 40 m hohen **Säule** 16 eine Statue der Jungfrau Maria. Das Rokokokunstwerk entstand 1747 und wurde mit Spenden aus dem Volk finanziert, nachdem der Bourbonenkönig Karl von dem Abbild der Jungfrau in der Kirche del Gesù Nuovo so begeistert war, dass er sie der täglichen Bewunderung aller aussetzen wollte. Von hier aus führt die Spaccanapoli weiter durch das bunte und lebendige Markt- und Einkaufsviertel **Pignasecca** bis zur Via Pasquale Scura.

Caravaggio 17: Piazza R. Sforza 157, Tel. 08 12 11 00 66, Fax 08 14 42 15 76, www.caravaggiohotel.it. Einziges 4-Sterne-Hotel im alten Stadtkern. Elf elegante Zimmer und drei Suiten mit Komfort im Palazzo aus dem 17. Jh. – ohne Panoramablick. DZ ab 170 €.
Bellini 18: Via S. Paolo 44, Tel. 081 45 69 96, Fax 08 14 42 15 78. Ein Hotel mit 13 sympathischen Zimmern, darunter auch ein Apartment und eine Suite. DZ ab 70 €.
San Severo 19: Via S. Maria di Costantinopoli 101, Tel. 081 21 09 07, Fax 081 21 16 98, www.albergosansevero.it. Elf freundliche Zimmer, davon acht mit Bad in einem historischen Palazzo. Das Hotel hat Dependancen an der Piazza S. Domenico, an der Piazza Gesù und an der Piazza VII. Settembre im mit Fres-

Auf der Piazza del Gesù, im Hintergrund die Fassade der namensgebenden Kirche

LEIDENSCHAFT FUSSBALL

Sie gelten als die heißblütigsten Fans in Italien, die *tifosi* des Fußballvereins von Neapel. Und selbst wenn der SSC Napoli mittlerweile den Anschluss an frühere Erfolge verloren hat – wer Fan ist, bleibt Fan. Und das gilt besonders für die vielen emigrierten Neapolitaner wie den Musiker Paolo Polcari in London, der die Begeisterung der SSC-Fans für ihren Verein beschreibt:

»Um es gleich am Anfang zu sagen: Die ›Società Sportiva Calcio Napoli‹ ist kein Club mit einer großen Tradition, kein Club mit endlosen Regalreihen, in denen Pokale und Trophäen glänzen. Die SSC hat nie wirklich das Tor zum Allerheiligsten des italienischen Fußballs durchschritten, das gebührte fast ausnahmslos den Mannschaften aus dem Norden. Der Verein hat nie einen Pokal der Pokalsieger gewonnen und nur sehr selten Spieler für Nationalmannschaften gestellt.

So gesehen scheinen die unglaublich vielen und in alle Himmelsrichtungen der Erde verstreuten Fans, die bei einem bescheidenen 1:0 in Enthusiasmus ausbrechen, genauso unerklärlich wie die 80 000 im Stadion. Doch die Fans hier sind nicht wie die Anhänger irgendeines anderen Fußballvereins. Sie sind in ihren Fußballverein verliebt, sie geben sich ihm hin, sie fühlen sich ihm genauso zugehörig wie der Stadt, in der sie leben. Es ist außerdem fast unmöglich, Neapolitaner zu sein und gleichzeitig zuzugeben, Fan irgendeines anderen Clubs zu sein.

Es hört sich vielleicht banal an, aber für den SSC Neapel ist wohl der Aberglaube der beste Manager, wie eine Episode von 1986/87 zeigt, der berühmten Spielzeit vor der ersten Meisterschaft. Angeführt von einem Außerirdischen namens Maradona begann schon die Hinrunde mit einer Serie unglaublicher Erfolge in Stadien, wo sonst bereits der Gedanke an einen Sieg tabu war, wie in Mailand oder Turin. Jedenfalls war Neapel zur Saisonmitte Spitzenreiter der ›serie A‹ und so gut in Fahrt, dass jeder Kommentator auf die Meisterschaft gewettet hätte – in der Stadt aber verhielten sich die Dinge anders.

Es war absolut verboten (!), das Wort von der Meisterschaft auch nur auszusprechen. Das wäre der Gotteslästerung nahe gekommen, und montags streifte der Blick über die wöchentliche Tabelle nur ganz flüchtig den Erstplatzierten. Die ganze Stadt hatte sich stillschweigend auf diese Pantomime geeinigt und setzte sie bis zum Mai fort, bis zum letzten Spiel, bis zur letzten Minute. Niemals vorher hatten sich die Neapolitaner, die anarchistischsten Menschen Europas, so konsequent an eine Regel gehalten, die zudem spontan entstanden war.

So konnte Neapel erst nach der neunzigsten Spielminute plus Nachspielzeit am letzten Spieltag in Feierlichkeiten explodieren, die in den Nächten vorher in gespielter Unschuld vorbereitet wurden. Die Fans und die ganze Stadt empfanden sich nach so viel hingebungsvoller Verehrung als Teil des Unternehmens und konnten dem Sturm der Gefühle endlich freien Lauf lassen – in einem blauen Karneval, der fast eine Woche lang die sonstigen Aktivitäten der Stadt völlig blockierte.«

ken verzierten Palazzo D'Angri. DZ ab 65 €.
College Europeo 20: Via Mezzocannone, 109, Tel. 08 15 51 72 54, www.sea-hotels.com. Etagenhotel mit 27 relativ kleinen, aber sauberen, modernen Zimmern meist mit Tel., Bar und TV. DZ 55–93 €.
Nettuno 21: Via Sedile di Porto, Tel./Fax 08 15 51 01 93. Etagenhotel mit zehn Zimmern, jedes gepflegt und anders eingerichtet. DZ ohne Bad 50 €, mit Bad 75 €.
Pensione Miraglia 22: Piazza Luigi Miraglia, 386, Tel./Fax 081 45 53 82. Von ihrer Wohnküche aus leitet Signora Forte ihre kleine, familiäre Pension. Acht schlichte, aber große Zimmer mit Waschbecken, Fenster zur Piazza oder zum Hinterhof. Bad im Flur. DZ 46 €.

Bellini 23: Via Costantinopoli 79/80, Tel. 081 45 97 74, tgl. 9–16, 19–2 Uhr, Juli–Sept. So nur bis 16 Uhr. Altstadttreff der besser verdienenden Neapolitaner. Hausspezialität: Nudeln mit gedünstetem Fisch, beispielsweise mit *coccio*. Auch als Pizzeria zu empfehlen. Menü 30 €.
Mimì alla Ferrovia 24: Via D'Aragona 21, Tel. 08 15 53 85 25, So geschl. Ein Klassiker der neapolitanischen Küche mit illustren Gästen von Federico Fellini bis Berlusconi. Menü 30 €.
Taverna dell'Arte 25: Rampe S. Giovanni, Tel. 08 15 52 75 58, nur abends, So geschl. Fast vergessene alte kampanische Rezepte werden neu belebt, darunter einige traditionelle Fleischgerichte. Gemütliches Ambiente. Menü ab 25 €.
Vecchia Cantina 26: Via S. Nicola alla Carità 14, Tel. 08 15 52 02 26, So geschl. Entspanntes Ambiente, mediterrane Küche, hausgemachte Nudeln, viel Fisch. Die Tageskarte steht meistens vor der Tür. Menü 20 €.
Antica Osteria Pisano 27: Piazza Crocelle ai Mannesi 1, Tel. 08 15 54 83 25, So geschl. Neapolitanische Volksküche, in der auch Fischgerichte nicht fehlen. Menü ab 15 €.
La Campagnola 28: Via dei Tribunali 47, Tel. 081 45 90 34, nur mittags, So geschl. Durch den Weinladen geht's zur familären Trattoria mit einfacher, aber guter Neapel-Küche. Die Speisekarte hängt an der Wand. Bestellzettel müssen die Gäste selbst schreiben. Menü ab 10 €.
Da Michele 29: Via C. Sersale 1, Tel. 08 15 53 92 04, 10–23.30 Uhr bzw. solange der Teig reicht, So geschl. Kult-Pizzeria mit drei Sorten. Zur Ordnung der Wartenden werden Nummern verteilt. 6–8 €.
Ho-La-La 30: Via S. Chiara 49, Tel. 08 14 20 33 84, tgl. 12–2 Uhr. Gelungene moderne Mischung aus Trattoria und Weinbar. Oft Ethno-Essen. Mo–Fr Menü 10 €.
Sorbillo 31: Via dei Tribunali 32, Tel. 081 44 66 43, So geschl. Doppelte Pizzeria: 20 m neben der großen die kleinere und etwas günstigere Variante von Donna Estera. Ab 5 €.

Berevino: Via San Sebastiano 62. Gut gefüllte Regale mit Weinen aus der Golfregion, abends auch Weinlokal.
Evaluna: Piazza Bellini 72. Einzige Frauenbuchhandlung in Süditalien mit Lesungen, Diskussionen und Kreativkursen.
Guida: Via Port'Alba 20/23. Verlag und Buchhandlung von Alfredo Guida tragen den Titel ›Kulturerbe von nationalem Interesse‹.
Limonè: Piazza San Gaetano 72. Alkohol, Zucker und Zitronenschalen ergeben den klassischen Zitronenlikör der Golfregion.
Ospedale delle Bambole: Via San Biagio dei Librai 81. Die bekannte Werkstatt auf der Spaccanapoli repariert kranke und verkümmerte Puppen.
Pignasecca: Via/Piazza Pignasecca, tgl. 8–14 Uhr. Ein Stadtteilmarkt für Obst, Gemüse und Fisch wie aus dem Bilderbuch.

Intra Moenia: Piazza V. Bellini 70, Tel. 081 29 07 20, tgl. 10.30–2 Uhr, im Sommer und an Wochenenden auch bis 3 Uhr. Das erste Literaturcafé der Stadt. Nur drei Türen weiter die erste Internetbar!
Kesté: Largo San Giovanni Maggiore 26/27, Tel. 08 15 51 39 84, Mo u. Di 9–21, Mi–Fr bis 3 Uhr, Sa und So nur abends. Die *good vibes* werden regelmäßig live erzeugt. Hausbühne des Polit-Saxophonisten Daniele Sepe.
Kinky Bar: Via Cisternia dell'olio 21, Sept.–Juni, ab 22 Uhr. Einzige Reggae-Bar Neapels. Die Zeit ist stehen geblieben und Bob Marley lebt.
Nilo: Via S. Biagio dei Librai, Tel. 08 15 51 70 29, tgl. 7–20.30 Uhr. Kleine Bar gegenüber der Nil-Skulptur, ausgezeichneter samtig-starker *caffè* und gutes Frühstücksgebäck, vor der Tür Altar für den legendären Maradona.
Superfly: Via Cisterna dell'olio 12, Sept.–Juni 22–3 Uhr. Exquisiter Musikgeschmack der DJs, ›wohluminös‹ klingende Stereoanlage, abgedunkeltes Neonlicht und Jazz-Fotos an den Wänden.
Velvet Zone: Via Cisternia dell'olio 11, Sept.–Mai, Di–So ab 23 Uhr, Eintritt ab 4 €. Konzerte und thematische Tanzabende von Techno bis Easy und viel Weltmusik.
Vineria del Centro: Via G. Paladino 8a, tgl. 20–3 Uhr. In einer der klassischen Nightlifestraßen ist die Vineria umgeben von Nachbarlokalen. Gute Weinauswahl, kleine Gerichte, entspannte Stimmung.

Der Norden von Neapel

Am Rande der Innenstadt liegen zwei der wichtigsten Museen Italiens, zwei interessante Bereiche der Stadtentwicklung und zwei große Grünflächen.

Zum äußerst angenehmen Tagesaufenthalt kann ein Ausflug nach **Capodimonte** werden, denn dort liegt das Museum direkt im Stadtpark: Auf den Wiesen rollt der Fußball, sonntags gerne familienweise gespielt, und im ehemaligen Schlosspalast residiert Kultur aus fünf Jahrhunderten (Via di Miano 2, Park tgl. ab 9 Uhr bis 1 Std. vor Sonnenuntergang, Ostermontag geschl.; Mountainbike-Verleih ›Bidonville‹ So 8–13.30 Uhr, Porta di Mezzo).

Bis zum 18. Jh. war Capodimonte ein unauffälliges Randgebiet Neapels, aus dem Bourbonenkönig Karl III. mit **Palazzo Reale** und Parkanlage das machte, was mittlerweile nach aufwändiger Renovierung und Neusystematisierung zu einer der schönsten Museumsanlagen Italiens geworden ist. **Museo e Galleria Nazionali di Capodimonte** 1 (Via Miano 2, Tel. 08 17 49 91 11 10–19, Di–So 8.30–19.30 Uhr, 7,50 €, ab 14 Uhr 6,50 €) haben internationales Niveau: Wer in den Sälen 22 und 23 mit Gemälden von Michelangelo, Rembrandt und Raffael angekommen ist, hat erst ein Fünftel einer der größten Pinakotheken der Welt gesehen. Der ›Louvre Neapels‹ mit über 100 Gemächern sollte ursprünglich als Jagdschloss und Sommerresidenz dienen, doch dann entschied Karl sich anders und machte ihn zum Museum.

Das Gebäude wurde zwar erst 100 Jahre nach Baubeginn fertig gestellt, die riesige Kunstsammlung aus dem Hause Farnese, die Karl III. 1732 von seiner Mutter Elisabetta geerbt hatte, brachte er aber noch zu Lebzeiten darin unter. Seitdem ist sie im *piano nobile,* dem ersten Stockwerk, zu sehen.

Sehenswürdigkeiten

1 Palazzo Reale mit Museo e Galleria Nazionali di Capodimonte
2 Museo Archeologico Nazionale
3 Observatorium
4 Albergo dei Poveri
5 Botanischer Garten
6 Palazzo dello Spagnolo
7 Palazzo Sanfelice
8 Santa Maria della Sanità

Übernachten

9 Villa Capodimonte

GELIEBTE KOMÖDIANTEN – TOTO, TROISI, PULCINELLA

»Totò non si tocca!« – »Auf Totò lässt man nichts kommen«. Der berühmte Komiker ist für Italiener unangreifbar und unverwechselbar. Totò ist wie eine italienische Mischung aus Charlie Chaplin und Buster Keaton, ein einfacher Mann aus dem Volk, der mit seiner Schlagfertigkeit, seinem Improvisationstalent und seiner Begabung für die Satire erst die Neapolitaner, später ganz Italien jahrzehntelang zum Lachen brachte.

Totò wurde 1898 im Viertel Sanità in Neapel geboren: »Ich war der Schönste dort, und die Freundinnen meiner Mutter waren wegen meiner goldenen Locken verrückt nach mir. Später, als sie Omas waren, überließen sie das ihren Töchtern und Enkelinnen.« Der schwarzhaarige Totò wurde 1937 vom Kino entdeckt und produzierte im Laufe seiner Karriere 100 Filme.

Auf dem Höhepunkt seines Erfolges hatte er nach jahrzehntelanger Recherche herausgefunden, dass er adliger Abstammung war und das Recht auf den Thron von Byzanz hatte. Beim Einwohnermeldeamt war er seitdem eingetragen unter dem Namen Antonio Maria Giuseppe Griffo Focas Flavio Angelo Ducas Comneno Porfirogenito Gagliardi de Curtis di Bisanzio. Totò hat mit Pasolini, Anna Magnani, Sophia Loren und vielen anderen zusammengearbeitet, aber nie vor 14 Uhr, das war eine Bedingung seiner Verträge: »Vormittags kann man noch niemanden zum Lachen bringen.«

Trotz eines viel kleineren Werkes ist der Komiker und Schauspieler Massimo Troisi außerhalb Italiens mittlerweile bekannter als Totò. Seine Filme waren nie perfekt, aber immer Kunstwerke voller Menschlichkeit. In seiner letzten Rolle spielte er den Briefträger in ›Il postino‹ von Michael Radford: Ein schüchterner Postbote lernt bei Pablo Neruda im Exil auf einer italienischen Insel den Zauber der Poesie kennen und verführt mit eigenen und fremden Versen seine erste Geliebte. Der Film ist, ganz Troisi und ganz neapolitanisch, eine Mischung aus Schwermut und Leichtigkeit, das Tragische und das Komödiantische verschmelzen immer wieder. Kurz nach dem Dreh starb Massimo Troisi mit 41 Jahren 1994 an einem Herzinfarkt.

Troisi und Totò sind die modernen Nachfolger des Pulcinella. Sie beherrschen wie er die Kunst, sich zu arrangieren. Der freche, flinke und faule Pulcinella in weißen Schlabberklamotten kommt aus der Commedia dell'Arte des 17. Jh.; der Name geht vielleicht auf einen gewissen Puccio Aniello zurück. Das Gesicht zum Großteil hinter einer weißen oder schwarzen Maske mit Hakennase versteckt, hat Pulcinella immer Hunger, ist clever und ein dummdreister Wortverdreher und beweist manchmal sogar Mut gegenüber den Alltagsgefahren. Pulcinella ist aber auch ein Symbol für den neapolitanischen Charakter: durchtrieben, hinterlistig und korrumpierbar einerseits – andererseits fantasievoll, hilfsbereit und liebenswert.

Das berühmte Rokoko-Porzellan-Zimmer aus mehr als 3000 Einzelteilen sowie Möbel, Skulpturen, Teppiche und Accessoires vermitteln einen fast brutalen Eindruck vom Reichtum der damaligen Herrscher. 1957 zog außerdem die Nationalgalerie von Neapel in den Palast ein, und in der Abteilung moderner Kunst im dritten Stock hängen Bilder, die extra für dieses Museum geschaffen wurden, u. a. von Burri, Kounellis, Merz und Warhol.

In den *bosco,* den Wald von Capodimonte, führt der Weg beim Verlassen des Museums zunächst nach links und dann nach rechts durch das barocke Tor der **Porta di Mezzo.** Dahinter liegt ein halbkreisförmiger Platz, umsäumt von Steineichen und kopflosen Statuen. Hier versammelte sich der Hof zu Beginn einer Jagdpartie, und hier soll sich der Wanderer für einen der fünf strahlenförmig abgehenden Wege entscheiden, so wollte es der Architekt Ferdinando Sanfelice, der diesen Platz 1742 anlegen ließ. Der längste Weg durch den *bosco* ist der *Viale di Mezzo.* Er gleicht mit den gewölbten Kronen der Steineichen einem überdachten, schattigen Boulevard. Am Wegesrand liegen der **Fabbricato Cataneo,** ehemals für die Landwirtschaft genutzt, und die **Vaccheria,** ein Gebäude, das der Rinderzucht diente und zugleich Käserei war. Hinter der Vaccheria ändert sich die Parklandschaft. Zuerst rechts und kurz darauf auch links vom *vialone* alternieren Wiesen mit kleinen Wäldchen.

Kurz vor dem Ende des großen *vialone* ist ein Abstecher nach rechts möglich zum abgelegenen **Giardino Torre.** Er blieb als einziger der einst zahlreichen *Giardini delle delizie* übrig. Diese ›Wonnegärten‹ umrahmten und schmückten mehrere Bauwerke. Im Giardino Torre sind außer der Anlage der Blumenbeete und Obsthaine auch die Nutzbauten erhalten (Besichtigung Mi oder nach Anmeldung: Tel. 08 17 41 00 80).

Ein besonderes Beispiel für den Unternehmergeist des Bourbonenkönigs Karl III. ist die ehemalige **Real Fabbrica di Porcellana,** in der das berühmte Porzellan von Capodimonte angefertigt wurde. Der König persönlich war Inhaber der Fabrik und nahm sie 1759 mit nach Spanien, als er dort regieren musste. Sein Sohn Ferdinand aber baute eine neue, in der bis 1805 produziert wurde. Heute befinden sich hier noch immer Porzellanwerkstätten, die aber an die Dimension der damaligen Produktion nicht mehr heranreichen.

Der schnellste Weg wieder hinunter in die Stadt ist der mit dem Bus. Die Haltestelle befindet sich gegenüber dem Ausgang in der Via Miano. Je nach Verkehrslage braucht es bis zur Haltestelle ›Museo‹ maximal 20 Min. Das **Museo Archeologico Nazionale** [2] (Piazza Museo 35, Tel. 081 44 01 66, Mi–Mo 9–19.30 Uhr, 6,50 €) ist für die klassische Antike eines der wichtigsten Museen überhaupt. Das Gebäude gehörte bis 1822 zur Universität und wurde zum Museum für alle Ausgrabungen im Einzugsgebiet von Neapel, als der Platz für die immer neuen Funde aus Herculaneum und Pompeji in der Bourbonenresidenz von Portici nicht mehr ausreichte. Schon vorher brachte Karl III. die

Monumentalplastiken der Sammlung Farnese hier unter, die den Besucher im Erdgeschoss empfangen. Die schrittweise Renovierung und neue Systematisierung des Museums hat schon jetzt dazu geführt, dass man nicht mehr von nur einem Höhepunkt sprechen kann: Das berühmte ›Alexandermosaik‹ aus mehr als 1,5 Mio. Einzelteilchen ist einer, das im Heiligen Jahr 2000 wieder eröffnete ›Geheimkabinett der obszönen Objekte‹ (s. S. 36 f.) ein weiterer.

Eine andere Möglichkeit, von Capodimonte wieder hinunter in die Stadt zu gelangen, bietet ein Fußweg, der nicht am Museo Nazionale, sondern am Osservatorio Astronomico vorbei und durch eine Fläche noch ursprünglich bewirtschafteten Landes zum Botanischen Garten führt. Hierzu tritt man durch den großen Ausgang vom Parco di Capodimonte, überquert die Hauptstraße und nimmt die gegenüberliegende Straße hügelabwärts, dem Wegweiser zum Osservatorio folgend. Das

Park und Museo von Capodimonte

Observatorium 3 in einem neoklassizistischen Bau von 1819 kann auf Anfrage (Tel. 081 57 51 11) besichtigt werden.

Auf dem weiteren Rückweg geht es die Discesa di Mojariello hinunter, eine absteigende Abkürzung über Treppen und durch Gässchen am Rande des Viertels Sanità, von der aus sich immer wieder schöne Ausblicke über die Stadt bieten – und erstaunliche, wie die Hinteransicht des beeindruckend großen **Albergo dei Poveri** 4. Man könnte in diesem Bau ein Sinnbild für den italienischen Sozialstaat sehen.

Das ›Hotel der Armen‹ entstand 1751–1829 als soziales Projekt, weil Bourbonenkönig Karl III. auch den Obdachlosen, Alten und Waisen in Neapel ein Dach über dem Kopf geben wollte. Verglichen mit der ursprünglichen Planung der Königlichen Architekten ist die Anlage mit ihren 350 m² aber nur halb fertig geworden. In dem völlig heruntergekommenen Bauwerk soll nach seiner Restaurierung als Multimediaprojekt ein Geschichtsmuseum entstehen, auch wenn es teilweise so aussieht, als sei der Bau kaum noch zu sanieren.

Direkt neben dem früheren Armenhaus Neapels, das nur zu meist kulturellen Sonderveranstaltungen geöffnet wird, liegt der **Botanische Garten** 5 (Via Foria 223, Tel. 08 15 57 51 11, nach Anmeldung 9–13 Uhr). Joseph von Bonaparte ließ ihn 1807 zu Forschungszwecken für Landwirtschaft und Handel als ›Königlichen Garten der Gewächse‹ anlegen. Vom Ausgang des Gartens nach links führt die Via Foria zur **Piazza Carlo III.,** von der aus die gigantische Dimension des Albergo dei Poveri in der Frontalansicht deutlich wird. Lebendiger geht es aber zu, wenn man zunächst nach links weitergeht und dann bald einer der Quergassen in die Sanità folgt, um parallel zur Via Foria Richtung Via Vergini weiterzugehen.

Noch bis vor 15 Jahren war dieser Bereich nördlich der Via Foria Sperrgebiet für Fremde. Heute ist es für Touristen mit ein bisschen Umsicht ungefährlich, sich das etwas abseits gelegene *quartiere* anzuschauen, in dem Antonio Capuano 1995 ›Pianese Nunzio‹ drehte. Der Film handelt von einem Pfarrer, der die Verbrechen der Camorra öffentlich anprangert. Die ›Organisation‹ holt zum Gegenschlag aus und macht sich dabei die homoerotischen Neigungen des Geistlichen, insbesondere seine Beziehung zu einem 13-Jährigen, zunutze.

Das Gebäude in der Via Vergini 20 ist bekannt als **Palazzo dello Spagnolo** [6], weil ihn ein ›der Spanier‹ genannter Mann zu Beginn des 19. Jh. kaufte. Der Palazzo ist ein weiteres Beispiel für die Arbeit des Architekten Ferdinando Sanfelice, der ihn um 1738 entwarf. Das Typische daran trifft auch auf den Privatpalazzo des Architekten zu, den **Palazzo Sanfelice** [7] in der Via della Sanità 2–6. Ein Blick in den Innenhof verdeutlicht das Prinzip der Symmetrie in seiner Architektur (s. S. 34).

Die Via della Sanità führt schließlich zur Kirche **Santa Maria della Sanità** [8], die schon außerhalb der antiken Stadtmauern liegt – wo vor Jahrhunderten die Toten begraben wurden. Die Basilika aus dem 17. Jh. wurde auf einer frühchristlichen Basilika errichtet. Von ihr aus hat man Zugang zu den Katakomben aus dem 5. und 6. Jh., in denen einige Fresken und Mosaiken noch ahnen lassen, was sie zu ihrer Zeit einmal abbildeten: die Madonna della Sanità, das älteste Marienbild der Stadt, sowie einige symbolische Darstellungen wie einen Weinstock, ein Kreuz, Kelche, Lämmer, Vögel, Tauben und Fische (Führungen vormittags, nach Absprache nachmittags, sowie So 9/12 Uhr, Treffpunkt Piazza Cavour, Tel. 081 48 32 38, 4 €).

Namensgebend für diese Katakomben, in denen die Toten sitzend ausgetrocknet wurden, war ein Heiliger, der auf einem Fresko aus dem 10. Jh. zu erkennen ist – zusammen mit einem anderen Mann nimmt er den Platz an der Seite der Jungfrau mit dem Kind ein: San Gaudioso, ein Bischof aus Afrika. Er starb höchstwahrscheinlich 453 im neapolitanischen Exil, nachdem er und seine kleine Christenschar verfolgt und in einem Boot ausgesetzt worden waren. Das Boot hatte kentern sollen, aber stattdessen gelangte es wunderbarerweise bis nach Neapel.

Villa Capodimonte [9]: Via Moiariello 66, Tel. 081 45 90 00, Fax 081 29 93 44, www.villacapodimonte.it. Am Stadtrand und am Museumspark von Capodimonte, 60 Zimmer mit eigener Terrasse, Bibliothek, Salon, Kaminbar, Tennisplatz, Satellitenfernsehen. DZ ab 200 €.

Ausflug zur Reggia von Caserta

Atlas: S. 232, C 1

Mitte des 18. Jh. hatten die Baumeister des Bourbonenkönigs Karl III. ordentlich zu tun. Die herrschaftliche Residenz in Portici war gerade fertig gestellt worden, da gelüstete es den König schon nach einer weiteren. Gute Gründe dafür gab es: Die englische Flotte hatte Neapel 1742 ernsthaft bedroht, also brauchte es ein Schloss, das nicht so leicht attackiert werden konnte. Außerdem war es für Karl III. an der Zeit, seinem südlichen Reich einen repräsentativen Regierungssitz zu geben, der dem der Franzosen in Versailles ebenbürtig sein würde.

Moslemische Sklaven wurden aus Nordafrika entführt und zusammen mit Inhaftierten aus den umliegenden Kerkern zur Arbeit gezwungen – 3000 Menschen, die nach den Vorlagen eines internationalen Planungsstabs arbeiten mussten, an der Spitze der renommierte Architekt Luigi Vanvitelli aus Neapel, unterstützt von Ingenieuren, Gärtnern, Botanikern und Bildhauern aus Paris, London und dem eigenen Land.

Das Ergebnis übertraf dann auch die Schlossanlage von Versailles: Nach 22 Jahren waren unter anderem 1200 Räume auf fünf Stockwerken, 1742 Fenster und 34 Treppen fertig gestellt worden, die Materialien wurden zum Teil sogar aus der Toscana nach Kampanien geschafft.

Der **Palazzo Reale** (Di–So 8.30–19.30 Uhr, 6 € inkl. Museum und Park) nimmt auf rechteckigem Grundriss mit vier Innenhöfen eine Fläche von 45 000 m^2 ein und befindet sich in einem 120 ha großen, lang gestreckten Park mit verschiedenen Wasserkaskaden, Brunnen sowie englischem und französischem Garten. Im Inneren sind nicht nur Prunk und Protz der damaligen Zeit in einem Stilgemisch zwischen Rokoko und Renaissance zu besichtigen, sondern auch Dokumente aus der Bauzeit des Schlosses.

Den Plänen nach (zu sehen im Museo dell'Opera e del Territorio in der Reggia, Tel. 08 23 32 14 00) hätte das Schloss noch eine Kronenkuppel und vier Ecktürme bekommen sollen, doch Karl III. erlebte das Ende der Bauzeit sowieso nicht mehr in Italien, sondern in Spanien, zu dessen König er mittlerweile aufgestiegen war. Und die Inschrift auf dem Grundstein der Reggia von 1752 – »Es sei das Schloss der Bourbonen, bis dieser Stein aus eigener Kraft in die Luft fliegt« – galt am 20. September 1860 endgültig nicht mehr. Da übergab Garibaldi auch diese Immobilie in den Besitz des Königs von Italien, Vittorio Emanuele aus dem nördlichen Savoyen.

Via Roma Restaurant: Via Roma 21, Tel. 08 23 44 36 29, So abends geschl. Zentrale Lage in der Geschäftsstraße Casertas. Es lohnt sich, nach den Tagesgerichten zu fragen. Gute *frittura di pesce,* gute Nudelgerichte. Menü 30 €.

Caserta ist von Neapel aus am einfachsten mit dem **Zug** zu erreichen, mehrere Verbindungen stündlich.

Casertavecchia

Das alte Caserta liegt nördlich der heutigen Stadt, die dem mittelalterlichen und schön rekonstruierten Ort einst den Namen stahl. Der Borgo entstand im 8. Jh. an den Hängen des Monte Pendio zum Schutz gegen die häufigen Angriffe der Sarazenen, die vom Meer aus die kampanische Ebene bedrohten. Häuser und enge Gassen gruppieren sich um die sehenswerte Kathedrale aus dem 12. Jh., mit einer Fassade aus Tuffstein, Marmorportalen und Tierfiguren (Borgo ab Caserta ausgeschildert).

BAGNI DA MARIA
BAR TAVOLA CALDA

Der Golf von Neapel

Marina Piccola und die Faraglioni auf Capri

Atlas S. 232/233 und S. 236/237

ENTLANG DER KÜSTE

Hier bestimmen Vulkane die Vergangenheit und Gegenwart. Sofort sichtbar ist der nur schlafende, doch nicht erloschene Vesuv im Süden. Im Norden dagegen blubbert noch die Solfatara in den Campi Flegrei, die ebenfalls vulkanischen Ursprungs sind. Und die Vulkane sind immer von achäologischen Stätten umgeben. Am Vesuv liegen Pompeji und Herculaneum, in den Campi Flegrei ist die antike Vergangenheit von Cuma, Baia und Pozzuoli zu entdecken.

Posillipo und Marechiaro

Atlas: S. 232, B 3
Eigentlich ist es Zeit für ein Update bei den Postkartenhändlern mit Neapel-Sortiment, denn das berühmte Ansichtskartenbild mit der Pinie links, dem Golf und Neapel rechts und dem Vesuv hinter allem lässt sich so schon länger nicht mehr fotografieren. Die Postkarten-Pinie dekoriert zwar noch immer viele Urlaubsgrüße aus Napoli, war aber krank, starb und wurde gefällt. Doch die Nachfolgerin der großen alten Pinie macht sich auch nicht so schlecht, und die Aussicht vom **Capo Posillipo** ist nach wie vor großartig.

Der Stadtteil Posillipo im Westen war schon immer einer der elegantesten Vororte Neapels. Zu ihm führt die Via di Posillipo, die 1823 gebaut wurde. Sie verläuft zuerst als Panoramastraße entlang der Küste und durchquert dann das Innere des Landvorsprungs, der den Golf von Neapel vom Golf von Pozzuoli trennt. Auffallend sind hier die vielen edlen Paläste mit großen Gärten und der direkt am Meer gelegene **Palazzo Donn'Anna** aus dem 17. Jh., damals erbaut für den Königlichen Statthalter Spaniens in Neapel.

Von Posillipo aus bietet sich ein Spaziergang hinab nach **Marechiaro** an, einer kleinen Fischerbucht, die Salvatore di Giacomo in seinem gleichnamigen Lied besungen hat. Heute erinnert eine Steintafel über dem Fenster des Palazzo am Ufer daran. Posillipo liegt etwa 100 m über dem Meeresspiegel. Hinunter geht es von der Via Posillipo ab, unter ihr hindurch, weiter auf der Via Salvatore di Giacomo und später dann über Treppen direkt ans Meer. Von hier fahren noch immer Fischerboote zum Fang hinaus, doch verglichen mit den Touristenzahlen sind die Boote die meisten Tage im Jahr in der Minderzahl.

Die Campi Flegrei

Atlas: S. 232, B 2/3
Das ganze Gebiet der Campi Flegrei besteht aus einer Reihe von seit Jahrtausenden erloschenen Kratern. Einer allerdings macht den ›brennenden Feldern‹ (griech. *phlegraios,* brennend) auch heute noch alle Ehre: Bei einem Besuch der **Solfatara** (Via Solfatara 161, Tel. 08 15 26 23 41, tgl. 8.30 Uhr bis 1 Std. vor Sonnenuntergang, 5,50 €, Kinder bis 5 Jahre Eintritt frei) wird sehr schnell klar, warum in der Antike hier der Eingang zur Unterwelt lokalisiert wurde, denn der Schwefelgeruch, der Qualm über dem Gelände und der blubbernde, kochende Schlammmkratersee lassen nichts Gutes vermuten: Als würden in dieser Kratersenke die Mythen der Gegend verheizt werden, so stinkt und raucht es in diesem Vulkan, dem man sofort glaubt, dass hier unterirdisch noch einiges am köcheln ist.

Vom Ausgang des Solfatara-Areals nur wenige hundert Meter in Richtung Ortsmitte liegen unter einer Straßenüberführung die Ausgrabungen der alten Via Antignana, die 1997 gefunden und inzwischen auch der Öffentlichkeit zugänglich gemacht wurden.

Noch 800 m weiter in Richtung Zentrum steht das drittgrößte Amphitheater Italiens (nach dem Kolosseum in Rom und dem Amphitheater von Capua), das **Anfiteatro Neroniano Flavio** (Mi–Mo 9 Uhr bis 1 Std. vor Sonnenuntergang, Eintritt s. Baia, S. 92). Vor allem unterirdisch ist es außergewöhnlich gut erhalten und vermittelt eine bildhafte Vorstellung von der versteck-

Nichts für empfindliche Nasen: Besichtigung der Solfatara bei Pozzuoli

DIE TRÄNEN CHRISTI – DER WEIN VON NEAPEL

Bei seiner Vertreibung aus dem Paradies konnte der teuflische Luzifer ein Erinnerungsstück mitnehmen: den Golf von Neapel. Über diesen Raub musste Jesus weinen. Seine Tränen fielen auf die Hänge des Vesuvs und schenkten den Trauben ein unvergleichliches Aroma. So wurde der Lacryma Christi geboren, einer der international bekannteren Weine aus Kampanien.

In vino veritas: Die Legende lügt nicht, wenn sie zu verstehen gibt, dass der Weinanbau im Golf von Neapel eine lange Geschichte hat. Siedler aus Griechenland, die im 8. Jh. v. Chr. Kolonien in Neapel und Umgebung gründeten, brachten ihre Weinreben gleich mit. Die von Plinius in seiner ›Naturalis Historia‹ beschriebenen Weinstöcke änderten in den vergangenen 2000 Jahren nur ihre Namen.

Greco und Aglianico sind die Griechen unter den ›lateinischen‹ Weinstöcken. Der Greco bringt den besten Ertrag in Höhenlagen auf Böden vulkanischen Ursprungs mit hohem Kalk- und Tongehalt. Fülle, angenehme Säure und ein Pfirsicharoma charakterisieren den Weißwein. Bei ausschließlicher Verarbeitung der Greco-Trauben entsteht daraus der Greco di Tufo D.O.C. (Denominazione di origine controllata – Wein kontrollierter Herkunft).

Der Aglianico ist vermutlich einer der ältesten Rotweinstöcke weltweit. Ähnlich wie der Greco bevorzugt er kalk- und tonhaltige Böden in bergigen Gegenden. Die vielseitige Rebsorte eignet sich auch zur Herstellung von Rosé- und Likörweinen. Das Bouquet der Aglianico-Rotweine erinnert an den Duft von Veilchen und Sauerkirschen. Lagert er drei Jahre lang, davon eines im Eichenfass (Barrique), wird er zum Taurasi und nach vier Jahren zum Taurasi di Riserva, dem einzigen D.O.C.G.-Wein Kampaniens aus kontrollierter und garantierter Herkunft. Durch die Lagerung intensiviert sich das Bouquet, der Geschmack reicht von trocken, voll, über harmonisch und weich. Damit ist der Taurasi einer der bedeutendsten italienischen Weine.

Auf den mineralhaltigen Böden des thermalischen Ischia, geben die ehemals griechischen Weinstöcke Biancolella und Forastera trockene, harmonische Weißweine, die nach Ginster duften und nach einem Hauch von Mandel schmecken. Der Fiano wurde lange Zeit für einen autochthonen Weinstock gehalten, vermutlich brachten ihn jedoch die Pelasger vom Peloponnes mit. Der Geschmack des charakterstarken Weißweins erinnert an Haselnüsse, in deren Nähe er in luftigen, kühlen Lagen angebaut wird, hauptsächlich im Gebiet von Avellino. Die ausschließliche Verarbeitung der Trauben ergibt den Avellino D.O.C.

Piedirosso, Coda di Volpe und Caprettona sind Variationen aus der Familie der Apiane. Der Piedirosso erhielt seinen Namen nach den roten Füßen der Turteltauben, die auf dem vesuvianischen Terrain in der Antike genauso präsent waren wie der Wein selbst. Die Rotweinstöcke bevorzugen aschenreiche Böden in mildem, gut durchlüftetem Klima – ideale Vorraussetzungen für den roten Lacryma Christi D.O.C. mit würzigem Aroma, das von gemahlenem Pfeffer bestimmt wird. Die ischitanische Variante des Piedirosso ist der Per' 'e Palummo – der auch als D.O.C. zu haben ist.

Der Coda di Volpe wächst am liebsten an den Hängen des Vesuvs und ergibt einen weißen Lacryma Christi del Vesuvio D.O.C. mit samtig-herbem Geschmack, dessen Bouquet an Lakritze erinnert. Die antike Herkunft des Falanghina dagegen ist nicht eindeutig bewiesen. Heute wird er vorwiegend im Benevent und im Gebiet der Phlegräischen Felder angebaut. Die Trauben bringen einen harmonischen, trockenen Weißwein hervor.

Seit einigen Jahren bemühen sich die renommiertesten kampanischen Weingüter Mastroberardino (aus Atripalda, Provinz Avellino) und Feudi di San Gregorio (aus Sorbo Serbico, Provinz Avellino) um eine Wiederaufwertung und Neuentdeckung der traditionellen Weinreben und der daraus produzierten Weine, denn im Zusammenspiel von Terrain, Klima und Geschichte können die Erzeuger Weine hervorbringen, die einzigartig sind.

Die Zukunft der autochthonen Reben ist also gesichert, auch wenn die Weinbauern im Golf von Neapel eins ihrer Privilegien eingebüßt haben: den Pernacchio des Vesuvs. Bis 1944 mussten die Trauben im vesuvianischen Territorium nicht mit Schwefel behandelt werden. Der Vulkan erledigte das. Seine schwefelhaltigen Dämpfe legten sich genau in der richtigen Konzentration um die Reben und schützten sie vor Parasiten.

Weingüter im Golf:

Cantine Grotta del Sole: Via Spinelli, Quarto, Tel. 08 18 76 25 66. Seit 1992 baut die Familie Martusciello auf 8 ha Wein an. Rotweinempfehlung des jungen Betriebes: Asprinio d'Aversa. Weißwein: Falanghina dei Campi Flegrei.

Casa D'Ambra: SS 270, Loc. Panza, Forio d'Ischia, Tel. 081 90 72 10. Andrea D'Ambra leitet das Unternehmen, das 1888 gegründet wurde, über 5 ha eigener Weinstöcke verfügt, weitere 12 ha verwaltet und nutzt und sich zudem von etwa 150 Weinbauern Trauben anliefern lässt. Weißweinempfehlung: Frassitelli, Rotwein: Riserva Mario D'Ambra.

Pietratorcia/AziendaTerra Mia: SS 270, Forio d'Ischia, Tel. 081 90 82 06. Seit Mitte der 90er Jahre nutzen drei Winzerfamillien ihre 6 ha Land, um so nah wie möglich an der Tradition hochwertigen Wein zu erzeugen. Empfehlenswert die Weißweine aus den Vigne del Cuotto und den Vigne di Chignole.

Saviano 1760: Via Piazza 1, Ottaviano, Tel. 08 18 27 80 81. Das Traditionsunternehmen, dessen Name unlösbar mit dem Begriff Lacryma Cristi verbunden ist.

Sorrentino: Via Casciello 5, Boscotrecase, Tel. 08 18 58 41 94. Die Familie Sorrentino bietet seit 1989 schnörkellosen Standardwein der oberen Qualitätsstufen und bewirtschaftet 12 ha. Empfehlung: Lacryma Christi del Vesuvio – bianco D.O.C., auch als rosato D.O.C. und rosso D.O.C.

ten Technik und den ausgeklügelt angelegten Zugangskorridoren des Theaters, das etwa 45 000 Menschen Platz bot. Hier wurde der spätere Stadtheilige Neapels geköpft, und immer, wenn sich sein Blut in Neapel verflüssigt, pilgern auch viele Gläubige zur Chiesa di San Gennaro in der Nähe der Solfatara. Dort wird der Stein aufbewahrt, auf dem des Heiligen Januarius' Kopf zuletzt lag – zusammen mit der Verflüssigung in Neapel nehmen die Blutspuren auch hier wieder den Zustand erstaunlicher Frische an...

Die Campi Flegrei sind geprägt vom oberflächlichen Vulkanismus. Die Erdplatten heben, senken und verschieben sich immer noch, ein Bradyseismus genanntes Phänomen. Zuletzt musste deswegen 1983 die alte *rione terra* von **Pozzuoli** evakuiert werden. Inzwischen ist die Altstadt saniert, und in Pozzuoli überhaupt viel renoviert worden, denn auch dieser Ort entdeckt langsam sein touristisches Grundkapital. Langfristig soll die Altstadt als eine Art Freilichtmuseum rekonstruiert werden: Immerhin mussten die Römer im antiken Puteolis schon die Belagerung durch Hannibal aushalten. Übrig geblieben sind sechs Säulen des Augustus-Tempels, die im Dom San Procolo neue Verwendung fanden.

Auf halber Strecke zwischen Pozzuoli und dem nächsten archäologisch interessanten Ort Baia liegt der **Monte Nuovo,** ein 140 m hoher Hügel mit einem Alter von noch nicht einmal 500 Jahren, für diese geschichtsträchtige Gegend geradezu ein vulkanischer Babyberg. Seine Geburt im Jahr 1538 dauerte nicht lange, in nur wenigen Stunden hatten die vulkanischen Kräfte ihn aus den Erdmassen nach oben gestülpt.

Hinter dem Lago di Lucrino liegt der größere und kraterrunde **Lago d'Averno,** ein weiterer ›Eingang zur Unterwelt‹ im Denken der Antike. Tatsächlich erinnert die Stimmung am Ufer an einen Landschaftsfilm ohne Tonspur, denn Vögel gibt es hier wegen der giftigen – heute aber nicht mehr ausströmenden – Gase nicht mehr. Es stinkt und es ist still.

Die Straße führt weiter an den **Stufe di Nerone,** einem antiken Schwitzbad, vorbei nach **Baia,** dem Inbegriff römischer Badekultur. Hier blühte das Kur- und Thermalwesen wie heute im nahe gelegenen Ischia, viele berühmte römische Herrscher hatten hier ihre Freizeitvillen stehen, und im Parco archeologico (Di–So 9 Uhr bis 1 Std. vor Son-

Stufe di Nerone

Schon zur Römerzeit gab es diese klassische Kur- und Badeeinrichtung mit natürlichem Schwitzbad am Lucriner See. Heute sind die ›Öfen Neros‹ eine Beautyfarm mit Natursauna (53° C), Freibad, Thermalbecken, Terrassengarten, Restaurant und Panoramablick auf den Golf von Pozzuoli. Das brom- und jodhaltige Wasser tritt mit einer Temperatur von 74° C an die Oberfläche, stärkt Kreislauf und Muskeltonus und hilft bei Rheumabeschwerden (Bacoli, Via Stufe di Nerone 37, Tel. 08 18 68 80 06).

Ausgrabungen in Pozzuoli

nenuntergang) ist auf einem Areal von 14 ha einiges davon erhalten geblieben. Am beeindruckendsten sind sicherlich die Tempel von Diana, Venus und Merkur.

Caesars Kurvilla befand sich laut Überlieferung auf dem Landvorsprung am Ende der Bucht von Baia, auf dem die Aragonesen im 15. Jh. ihr Kastell errichteten. Heute befindet sich darin das Museo Archeologico dei Campi Flegrei (Di–Sa 9 Uhr–1 Std. vor Sonnenuntergang, So 9–19 Uhr, Tel. 08 15 23 33 10, das Kombiticket für 4 € umfasst Museum und Ausgrabungen von Baia, Amphitheater in Pozzuoli, Ausgrabungen von Cuma und ist 2 Tage gültig). Die neu eröffnete Dauerausstellung ›Nova Antiqua Flegrea‹ zeigt die archäologischen Funde der vergangenen zehn Jahre der Campi Flegrei.

Der Bradyseismus hat dazu geführt, dass heute ein großer Teil der früheren Küste unter Wasser liegt. Er soll in ein

Meeresschutzgebiet verwandelt werden. Samstags und sonntags werden im Hafen von Baia Bootsausflüge über die untergegangene Stadt und den Hafen des Portus Julius angeboten (Info: Associazione Aliseo, Tel. 08 18 54 57 84). Möglich sind auch Tauchgänge zu den versunkenen Ruinen (Info beim Consorzio Baia Sommersa, Tel. 08 15 24 81 69, www.baiasommersa.it).

Eine der größten erhaltenen römischen Zisternen ist die *piscina mirabilis* bei **Bacoli** (Via A. Greco 10, wenn verschlossen, an der Hausnummer 16 klopfen und nach Ida Basile fragen). In dem mehr als 12 Mio. Liter fassenden Raum aus der Zeit des Augustus wurde Wasser für militärische Zwecke aufbewahrt, wegen des außergewöhnlichen Klangs hat der neapolitanische Saxophonist Daniele Sepe darin 1992 seine CD ›Vite Perdite‹ aufgenommen.

Wer von Neapel direkt nach Cuma zum größten Ausgrabungsgelände der Campi Flegrei fahren will, nimmt mit dem eigenen Auto die Ausfahrt ›Arco Felice‹ (Abfahrt 14) auf der *tangenziale* von Neapel nach Pozzuoli.

Cuma, oder Kyme, war die erste griechische Kolonie auf italienischem Boden und eine der reichsten und gebildetesten dazu. Die Spuren antiker Blüte sind im Parco archeologico (Via Acropoli 1, Tel. 08 18 54 30 60, 9 Uhr bis 1 Std. vor Sonnenuntergang) zu sehen: Akropolis, Zeustempel, Apollon-

Zeugnis der ersten griechischen Kolonie auf dem italienischen Festland: die Akropolis von Cuma

tempel und die berühmte Grotte der Wahrsagerin Sibylle von Kyme.

A. A. Pozzuoli: Via Matteotti Giacomo 1, Tel. 08 15 26 50 68.

Lo Scoglio: Via Stufe di Nerone, Pozzuoli, Tel. 08 18 68 80 40, www.loscoglioristorante.com. Am Lucrino-See gelegene Mini-Apartments mit Kochnische und Balkon. Inklusive sind Strandbad und ein naturbeheiztes türkisches Dampfbad. Wahlweise auch günstige Snackbar oder teures Fischspezialitätenrestaurant. DZ ab 40 €.

Camping:
Vulcano Solfatara: Via Solfatara 47, Pozzuoli, Tel. 08 15 26 74 13. Tolles Gelände, komfortabler Platz, ständige Schwefeldämpfe im Preis inklusive.

Da Fefé: Casevecchie, Bacoli, Tel. 08 15 23 30 11, nur abends, Sa u. So auch mittags, Mo u. So abends geschl. Fischspezialitäten kombiniert mit Gemüse, etwa Calamares mit Bohnen oder Scampi mit Zucchini, hausgemachte Nudeln, am Hafen von Bacoli. Menü 30 €.
Il Casolare: Via Selvatico 12, Tel. 08 15 23 51 93, So abends u. Mo geschl. Hinter dem Kastell von Baia führt eine enge Stichstraße zum Agriturismo (ausgeschildert) mitten im Grünen. Rustikale Landküche. Menü 20 €.

Bar Mediterraneo: Via Miseno 139, Bacoli, Tel. 33 93 89 35 67, im Winter nur Sa u. So geöffnet. Der Inbegriff der Mittelmeer-Bar am Hafen von Bacoli erinnert an die Atmosphäre auf einer griechischen Insel.

Stufe di Nerone: Beautyfarm mit Natursauna, Freibad und Thermalbecken, s. S. 92.

Der Stadtbus 140 fährt von der Piazza Plebiscito zum Posillipo. Cumana und Metro fahren bis zur Station Pozzuoli, die Circumflegrea bis Cuma. Der Bhf Baia ist derzeit gesperrt, daher in Lucrino aussteigen und mit dem SEPSA-Bus weiter bis Baia. Die SEPSA-Busse verbinden alle Orte der Campi Flegrei miteinander.

Ercolano

Atlas: S. 232, C 3
Die meisten Reisenden kommen nach Ercolano, um die Reste des antiken Herculaneum zu besichtigen oder um den Vesuv zu besteigen. Die kleine Stadt an den Hängen des Vulkans ist ein guter Ausgangspunkt für die Annäherung an den dunklen Riesen. Ercolano ist aber auch das Zentrum der **Ville Vesuviane,** jener aristokratischen Sommerresidenzen aus dem 18. Jh., die um das königliche Schloss im benachbarten Portici entstanden waren (s. S. 96). Eine unabhängige Organisation, die ›Ente per le Ville Vesuviane‹, kümmert sich um die Renovierung der alten Villen und um deren kulturelle Nutzung als Ausstellungs- und Bühnenräume, Konzertsäle oder als Bibliothek. Drei Villen wurden so inzwischen vor dem Verfall gerettet.

Die **Villa Campolieto** ist das Symbol der wiederentdeckten Villenkultur am Golf. Bereits seit 1984 renoviert, avancierte sie zum renommierten Kulturzentrum. Ein Info-Büro hält Broschüren und Bücher über die Villen bereit (Corso Resina 283, Di–So 10–13 Uhr, Eintritt frei). Der außergewöhnliche Bau (1755–75) trägt die Handschrift von Luigi Vanvitel-

Symbol der wiederentdeckten Villenkultur: die von Luigi Vanvitelli entworfene Villa Campolieto in Ercolano

li. In der **Villa Ruggiero** ist heute die Stadtbibliothek von Ercolano untergebracht (Via A. Rossi 40, Di–So 10–13 Uhr, Eintritt frei). Auch sie wurde in der Mitte des 18. Jh. erbaut und zunächst als Villa Rustica, also vorwiegend landwirtschaftlich, genutzt.

Von der **Villa Favorita,** ein Werk Ferdinando Fugas, kann der Park am Meer besichtigt werden (Via Gabriele D'Annunzio, Di–So 10–13 Uhr, Eintritt frei). Direkt gegenüber liegt die **Villa dei Mosaici** (Via Gabriele D'Annunzio).

Das **Schloss von Portici** liegt etwa 1 km vom Zentrum Ercolanos entfernt und ist über die SS 18 (Corso Resina/Via Roma, in Richtung Neapel gehen) bequem zu Fuß zu erreichen. Im Palazzo Reale von Portici residiert die Fakultät für Agrarwissenschaften der Universität Neapel, weswegen nicht alle Räume besichtigt werden können (Via Università 100, Mo–Fr während des Universitätsbetriebes).

Herculaneum

Das antike Herculaneum liegt im heutigen Ercolano wie eine Stadt in der Stadt (Corso Resina, tgl. April–Okt. 8.30–19.30 Uhr, Kassenschluss 18 Uhr, Nov.–März 8.30–17 Uhr, Kassenschluss 15.30 Uhr, Tageskarte 10 €; Dreitageskarte 18 €, inklusive Pompeji, Oplontis, Boscoreale, Stabia. Im August des Jahres 79 n. Chr., einige Tage nach dem Ausbruch des Vesuvs, stürzte nach starken Regenfällen eine Lawine aus Schlamm und Eruptionsmaterial vom Vulkan herab und begrub Hercu-

ADELSVILLEN AM VULKAN – DIE VILLE VESUVIANE

Eine Sommerresidenz am Fuße des Vesuvs! Karl I., König von Neapel, ließ sich von seinem Vorhaben nicht abbringen. Seit Monaten zerbrach er sich den Kopf, was auf Dauer riskanter wäre: ein Schloss in Portici im direkten Gefahrenkreis des Vulkans oder die zornigen Ausbrüche seiner jungen Gattin, Maria Amalia von Sachsen. Ihr teutonischer Dickschädel fand immer größeren Gefallen an der Vorstellung einer sommerlichen Villa am Fuße des Vesuvs. Dank ihrer Durchsetzungskraft wurde 1742 die königliche Sommerresidenz fertig gestellt, und es begann die Ära des Miglio d'Oro, der ›Goldenen Meile‹: Zwischen Portici und Torre Annunziata entstanden in den kommenden Jahrzehnten etwa 500 Adelsvillen und Palais, die meisten in der Nähe der Strada regia delle Calabrie, der heutigen SS 18.

Wenn Karl und Maria Amalia wochenlang ihre Residenz in Portici bezogen, versammelte sich hier auch der neapolitanische Adel zur Sommerfrische in seinen Häusern mit Panoramablick aufs Meer und den Vulkan.

Damit ihnen während des Müßiggangs nicht langweilig wurde, organisierten die Herrschaften füreinander Diners, Feiern und Konzerte. Komödien und Dramen wurden einstudiert. Der Duca di Monteleone veranstaltete ein ›echtes‹ spanisches Fest mit einer Corrida und aus Spanien eingereisten Toreros. Die Stiere jedoch kamen aus Kampanien und kannten, im Gegensatz zu ihren feurigen spanischen Artgenossen, die Spielregeln des Kampfs nicht. Als echte Spielverderber wollten sie weder rennen noch angreifen. Recht hedonistisch war das Spektakel, das der Principe di Francavilla 1760 Casanova bot: ein Wettschwimmen nackter Jünglinge.

Dabei war der König selbst gar nicht so vergnügungssüchtig – die Staatsgeschäfte hatten Vorrang. Morgens um sieben Uhr begann der Souverän zu arbeiten. Dem Mittagessen folgte ein Spaziergang im Park und am späten Nachmittag ging er hinunter zur Marina, zum Meeresufer, wo ihn Maria Amalia schon erwartete: Bis in den Abend hinein angelten sie gemeinsam.

Größter Publikumsmagnet war jedoch der königliche Elefant, der ab 1742 im Zoo der Sommerresidenz in Portici zu bestaunen war – seit Hannibal hatte es das in Italien nicht mehr gegeben. Der Sultan von Konstantinopel hatte den Dickhäuter an Karl I. verkauft, leider starb er schon 1756, vermutlich an Fehlernährung.

Länger als 150 Jahre dauerte der Ruhm der Ville Vesuviane an. Im 20 Jh. änderte sich die Szenerie drastisch, der Zerfall des Miglio d'Oro begann. Das gehobenene Bürgertum nutzte einige Villen als Wochenend- und Zweitresidenzen. Das vorläufige Aus kam in den 1950er Jahren. Lava aus Zement überrollte die vesuvianische Küste, viele Villen wurden zu Mietshäusern umfunktioniert. In den 70er Jahren wurde die ›Ente per le Ville Vesuviane‹ gegründet. Die Organisation verwaltet die noch bestehenden 121 Villen.

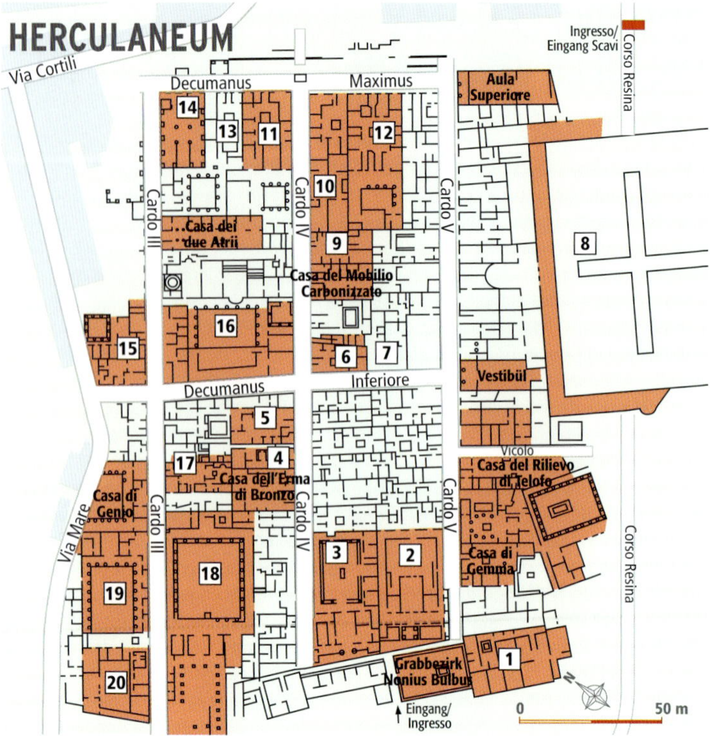

Sehenswürdigkeiten

1 Suburbane Thermen
2 Casa dei Cervi
3 Casa dell'Atrio a Mosaico
4 Casa a Graticcio
5 Casa del Tramezzo di Legno
6 Casa Sannitica
7 Casa del Gran Portale
8 Palästra
9 Casa di Nettuno e Anfitrite
10 Casa del Bel Cortile
11 Casa del Salone Nero
12 Casa del Bicentenario
13 Casa del Colonnato Tuscanio
14 Collegio degli Augustali
15 Casa di Galba
16 Thermen
17 Casa dello Scheletro
18 Casa dell'Albergo
19 Casa d'Argo
20 Casa d'Aristide

laneum mit seinen 4000 bis 5000 Einwohnern. Die 15–25 m hohe Gesteinsschicht verfestigte sich zu einem undurchdringlich harten Tuffblock, der jedoch das organische Material wie Holz, Papyros und Pflanzenfasern konservierte. Anders als in Pompeji blieben in Herculaneum viele Holzmöbel, Dachstühle und teilweise die Obergeschosse der Häuser erhalten. Außerdem befinden sich im Gegensatz zu Pompeji, wo schon zwei Drittel der Stadt ausgegraben sind, zwei Drittel des antiken Ortes noch unter der Erde, unter dem Ercolano von heute.

Rundgang

Der Eingang in die antike Stadt führt über den Cardo V vorbei an den **Suburbanen Thermen** 1. Beispielhaft für die maritimen Villen – mit Blick auf den damaligen Strand – der römischen Antike ist die **Casa dei Cervi** 2. Ein offener Säulengang mit Fenstern verbindet die Zimmer untereinander und umschließt den Garten. Dort steht die Skulptur, die dem Haus seinen Namen verlieh: Hirsche, die von Hunden angefallen werden. Im Cardo IV wirkt die **Casa dell'Atrio a Mosaico** 3 schon beim Eintreten elegant und monumental. Das große Tablinum am Ende des Atriums ahmt ägyptische Wohnkultur nach. Der Garten in Panoramalage umfasst einen Salon mit edlem Mamorfußboden. Die **Casa a Graticcio** 4 war ein Mietshaus mit Zwischenwänden, nachträglich eingezogenen Holzrahmen, gefüllt mit leichtem Material und anschließend verspachtelt und verputzt. Die angrenzende **Casa del Tramezzo di Legno** 5 gehört zu den ältesten der Stadt. Den Namen erhielt sie von der antiken Trennwand aus Holz, die üblicherweise Atrium und Tablinum (Empfangs- und Geschäftsraum des Hausherrn) unterteilte. Die Trennwand wurde angekokelt vom Vulkanschlamm konserviert. Räume im ausgebauten Obergeschoss und zur Straße hin waren an Handwerker und Händler vermietet. Die **Casa Sannitica** 6 ist ein typisches Beispiel vorrömischer Architektur. Luftig-leicht wirkt das zart kupfergrüne Fresko im Schlafzimmer. Das Nachbarhaus auf dem Decumanus Inferiore, die **Casa del Gran Portale** 7 mit ihrem bemerkenswerten Eingangsportal, bildete ursprünglich mit der Casa Sammnitica ein Wohnhaus. Gegenüber dem Decumanus Inferiore befindet sich einer der Eingänge zur **Palästra** 8, dem städtischen Sportplatz. Außer dem sichtbaren Schwimmbecken auf dem Sportgelände gab es noch ein weiteres Becken – für die Fischzucht.

Ausgezeichnet erhalten ist der Eingangsbereich der **Casa di Nettuno e Anfitrite** 9. Vor dem eigentlichen Wohnhaus liegt ein Ladenlokal mit intakten Holzelementen. Namensgeber und Blickfang des Hauses ist das heitere Mosaik von Neptun und Anfitrite im sommerlichen Speisesaal, dem Triclinium. In der benachbarten **Casa del Bel Cortile** 10 ersetzt ein geräumiger Innenhof das sonst übliche Atrium.

Der Decumanus Maximus war vermutlich die größte Straße Herculaneums. Sie lag in unmittelbarer Nachbarschaft zum Forum, war aber für Karren gesperrt, denn hier fand der Markt statt und zahlreiche Geschäfte säum-

Stadt in der Stadt: das antike Herculaneum

ten den Säulengang des großen Decumanus. Der Eingang zur **Casa del Salone Nero** 11 liegt vor der Abzweigung zum Cardine IV. Das Patrizierhaus erhielt seinen Namen von den vorwiegend in Schwarz gehaltenen Fresken des Salons. Der Eingang zur **Casa del Bicentenario** 12 liegt ebenfalls am Decumanus Maximus. Zwei Eingänge hat die **Casa del Colonnato Tuscanio** 13, der Seiteneingang befindet sich im Cardine III und führt zu den elegant mit Fresken und Mosaiken ausgestatteten Schlafzimmern, die sich um das Peristyl anordnen. Der Haupteingang liegt auf dem Decumanus Maximus. Im angrenzenden **Collegio degli Augustali** 14 wurden der Kaiser und seine Familie wie Götter verehrt. Die **Casa di Galba** 15, hinter der Kreuzung zwischen Cardine III und dem Decumanus Inferiore, ist eine der ältesten der Stadt. Im Peristyl, dem Säulengang mit Garten, befindet sich ein kleines Wasserbecken.

Die kommunalen **Thermen** 16 hatten zwei verschiedene Eingänge. Der Zutritt zum Männertrakt lag im Cardine III und führte direkt in den Umkleideraum, dem Apodyterium. Daran schließt sich die klassische Bäderfolge an: Frigidarium – mit einer blauen Kuppel mit Fischmotiven, Tepidarium und Caldarium (Kalt-, Warm-, Heißbad). Der Männerkomplex endet im Freien mit der Palästra, dem Sportplatz. Der Frauentrakt der Thermen, dessen Eingang am Cardo IV lag, ist kleiner als der Männertrakt. Zudem gibt es kein Frigidarium, aber im Umkleideraum ein schönes Mosaik von Triton, dem Wassergott, umgeben von Delfinen und Polypen. Wie viele Häuser von Herculaneum wurde auch die **Casa dello Scheletro** 17 nach einem charakteristischen Fundstück benannt, einem Skelett, das die Bourbonen bei Grabungen im oberen Stockwerk entdeckten. Hinter dem großen Atrium öffnet sich das Triclinium, der Speisesaal mit Mosaikfußboden, zu einem reich verzierten Nymphäum mit marmornem Wasserbecken. Solche Hausheiligtümer zu Ehren der Wassergottheiten waren in Herculaneum sehr zahlreich. Auf der gleichen Straßenseite befindet sich das bisher größte ausgegrabene Haus Herculaneums, die **Casa dell'Albergo** 18. Wegen seiner Ausmaße hielt man es fälschlicherweise für eine Herberge oder ein Hotel. Vermutlich nagte der Zerfall bereits vor dem verheerenden Vesuvausbruch an der Villa, deren einzig überdachter Teil heute der kleine private Thermenbereich ist. In der **Casa d'Argo** 19 sind einige Räume dem Meer zugewandt. Elegante Fresken und ein Mosaikboden zieren diese Zimmer mit Aussicht. Auch einige Räume der **Casa d'Aristide** 20 liegen auf der Meeresseite. Im 1. Jh. n. Chr. wurde die Panoramalage der Stadtmauer beim Bau der Häuser berücksichtigt: Oft gibt es Terrassen mit Meerblick.

Ufficio Turistico: Via IV. Novembre 82, Tel. 08 17 88 12 43.
Ufficio Villa Campolieto: Corso Resina 283, Tel. 08 17 32 21 34.

Casa Rossa: Via Vesuvio 30, Tel. 08 17 77 97 63. Traditionelle Meeres- und Landküche, außerdem gute Pizza. Menü 25 €.

Der Nachbarort **Torre del Greco** gilt als das Zentrum für Korallenverarbeitung weltweit. Wertvollen Schmuck und Kameen gibt es im Laboratorio Ferdinando D'Amato, Corso Vittorio Emmanuele 159.

Festival delle Ville Vesuviane: Juli, Musik und Theater in den Villen, Programm in der Villa Campolieto, s. S. 95.

Die **Ente per le Ville Vesuviane** bietet Führungen durch die Villen an, Infos unter Tel. 081 40 40 89.

Züge: Halbstündlich Züge der Circumvesuviana Linie Napoli–Sorrento mit Stationen im gesamten Golf, Haltestelle Ercolano (Scavi).

Der Vesuv

Atlas: S. 232/233, C/D 3

Er schläft nur, auch wenn er keine Rauchfahne mehr zeigt, über die sich die Romantiker bis zu seinem letzten Ausbruch 1944 immer so gefreut haben. Er ist einer der besonders gut bewachten Schläfer unter den Vulkanen. Er wird so gut observiert, dass unter den beobachtenden Wissenschaftlern schon mal ein Streit darüber entstehen kann, was denn seine Schnarchgeräusche nun so zu bedeuten haben. Für die eine Fraktion der Vulkanologen waren die kleinen Erdbeben, die Ende 1999 von ihm ausgingen, nichts anderes als leichte Seufzer aus seinem Unterbewusstsein, für die anderen aber waren sie jenes Vibrieren, das dem plötzlichen Erwachen der vulkanischen Seele vorausgeht – oder dem Niesen. Doch es geschah nichts mehr.

Ein einmaliges Vesuvpanorama bietet sich von Castellammare aus

Und die Sorge ließ wieder nach unter den 600 000 Menschen, die auf den Hängen des Vesuvs in ihren meist illegal gebauten Häusern wohnen. Doch der Vesuv wird ausbrechen, das ist klar. Unklar ist, wann und wie: ob die Kraterspitze mit einer ungeheuerlichen Explosion weggesprengt wird, ob es einen Lavaausfluss geben wird oder nur einen Ascheregen. Die Wissenschaft mag Szenarien berechnen und Voraussagen treffen, wie es ihr gefällt – der Vulkan wacht dann auf, wann er will.

Um dem wilden illegalen Bauen eine zumindest offiziell geschützte Grenze zu setzen, wurden 1972 und 1991 das **Naturschutzgebiet Tirone-Alto** (1005 ha) und der **Nationalpark Vesuv** (7900 ha) angelegt. Der Bourbonenkönig Ferdinand II. ließ schon 1845 ein **Osservatorio Vesuviano** bauen, um die Majestät im Blick zu behalten. Gegenwärtig gewährt der Krater einen 200 m tiefen Einblick und hat an der weitesten Stelle einen Durchmesser von 600 m. Das Panorama reicht vom Golfo di Gaeta im Norden bis zur Sorrentiner Halbinsel im Süden (Eintritt in den Kraterbereich 6 €).

Feste Schuhe und ein wenig Kondition genügen zum Aufstieg, am besten eignen sich klare Frühlings- oder Herbsttage. Persönliche Exkursionen können im Büro des Nationalparks (Ente Parco del Vesuvio, Municipio San Sebastiano al Vesuvio, Tel. 08 17 71 09 11, 08 17 71 82 15) oder beim Osservatorio Vesuviano (Tel. 08 17 77 71 49/08 17 77 71 50) erfragt werden.

Vom Bahnhof in Ercolano fahren tgl. Busse zum Vesuv, stdl. 9–15 Uhr (letzter Bus um 14.50) und wieder zurück nach Ercolano (letzter Bus gegen 17 Uhr). In den Wintermonaten Busse nur bis ca. 13 Uhr. Über den aktuellen Fahrplan informiert das Ufficio Turistico von Ercolano (s. o). Eine Alternative zu den Bussen sind Sammeltaxis – Preis aushandeln.

Pompeji

Atlas: S. 233, D 3

Mehr als 2 Mio. Menschen besuchen die konservierte Katastrophe jährlich. Pompeji beeindruckt besonders dadurch, dass es bei solchen Besucherzahlen immer noch so gut erhalten ist. Nirgends lässt sich die römische Antike des nachchristlichen Jahrhunderts so hautnah erleben wie hier. Dabei sind erst zwei Drittel der Stadt ausgegraben.

Die Soprintendenza Archeologica von Pompeji hat also alle Hände voll zu tun. Sie leitet neue Ausgrabungen, die Restaurierung des Bestehenden und experimentelle Forschungen, wie z. B. die Herstellung von Wein nach antiken Methoden. Darüber hinaus bemüht sie sich um einen verbesserten Besucherservice. Auch über regelmäßige Theateraufführungen im antiken Ambiente wird verstärkt nachgedacht (Pompei Scavi, Eingang: Porta Marina oder Piazza Anfiteatro, tgl. April–Okt. 8.30–19.30 Uhr, Kassenschluss 18 Uhr, Nov.–März 8.30–17 Uhr, Kassenschluss 15.30 Uhr, Tageskarte 10 €;

Das Amphitheater bot 20 000 Zuschauern Platz

Dreitageskarte 18 €, inklusive Herculaneum, Oplontis, Stabia, Boscoreale).

Seit der Stadtgründung im 6 Jh. v. Chr. durch italische Aurunker lebten an der Flussmündung des Sarno verschiedene ethnische Gruppen. Der Zugang zum Meer und gute Verbindungen ins Landesinnere schafften ideale Handelsbedingungen. Griechen, Etrusker und italische Samniten prägten die pompejische Kultur. Ab dem 4. Jh. v. Chr. vergrößerte sich die Stadt auf ihre heutigen Ausmaße. Zuvor hatte sie sich nur auf den Bezirk um das Forum erstreckt. Einen bedeutenden Aufschwung erlebte Pompeji im 2. Jh. v. Chr., als die meisten der öffentlichen Gebäude und wichtigsten Häuser entstanden.

Infolge des römischen Bundesgenossenkrieges eroberte Sulla 89 v. Chr. die Stadt. Als sie neun Jahre später römische Kolonie wurde, war Pompeji eine vorwiegend samnitische Stadt, in der immer noch Etrusker mit ihrer eigenen Sprache lebten. Doch mit der Ansiedlung von ca. 2000 römischen Legionären begannen Romanisierung und Latinisierung, und die samnitische Führungsschicht wurde zeitweise aus ihren Ämtern verdrängt. Die Architektur untermauerte die sozialen Veränderungen: Amphitheater, Odeion, Forumsthermen und römische Tempel entstanden. In der römischen Kaiserzeit verwandelten weitere Umbauten das Forum, einst samnitischer Marktplatz, in einen Schauplatz römischer Macht mit dazugehörigem Kaiserkult.

Niemand fürchtete ›Jupiter Vesuvius‹, auch nicht, als das schwere Erdbeben von 62 die Stadt erheblich zerstörte und sie über Jahre hinweg in eine Baustelle verwandelte. Als der Vesuv am 24. August 79 Pompeji unter Asche, Bimssteinen und Lapilli begrub, war der Wiederaufbau noch nicht abgeschlossen.

Die Häuser

Sie waren die Hauptbühne des täglichen Lebens und zugleich die Anzeichen des Wohlstandes. Über das Atrium bezogen die Häuser Luft, Licht und Regenwasser. Darum gruppiert waren Schlafzimmer und Tablinum. Ab dem 2. Jh. v. Chr. verlagerte sich der Mittelpunkt des Hauses vom Atrium zum Peristyl, dem Säulengang mit Garten. Nicht selten befand sich dort auch der große Speisesaal, das Triclinium.

Casa degli Amorini Dorati 1
Die vergoldeten Amoretten, die dem Haus seinen Namen gaben, hängen heute im Museo Archeologico Nazionale. Früher zierten sie vermutlich das Schlafzimmer der wohlhabenden Besitzer aus der Familie der Poppea.

Casa della Caccia Antica 2
Die Wandmalereien stammen aus der zweiten Hälfte des 1. Jh. n. Chr. Das Haus selbst ist ca. 200 Jahre älter. Gut erhalten sind die Fresken im Tablinum: *amorini* auf der Jagd in Nillandschaften. Im Speisesaal macht Zeus als Schwan getarnt der schönen Leda Avancen.

Casa dei Ceii 3
In den letzten Jahren des pompejischen Lebens waren aufwändige Jagd- und Landschaftsmalereien äußerst beliebt. Im Haus der Ceier vergrößern sie den kleinen Garten optisch und verleihen dem einfachen Haus etwas vom Glanz einer Patriziervilla. Die Darstellungen weit entfernter exotischer Länder bildeten eine fantastische Kontrastwelt zum Alltag in der Stadt.

Casa dei Dioscuri 4
Einer Darstellung von Kastor und Pollux im Eingang verdankt das Haus seinen Namen. Es ist eines der wenigen, in denen Säulen das Regenwasserbecken des Atriums umgeben (korinthisches Atrium).

Casa del Fauno 5
Mit seinen 3000 m^2 ist das Haus des Fauns das größte in Pompeji: ein ›Luxuspalast‹ mit zwei Atrien und Peristylen, der architektonisch mit hellenistischen und römisch-aristokratischen Vorbildern mithalten konnte. Die zahlreichen Bodenmosaike sind heute im Museo Nazionale (s. S. 81 f.) ausgestellt, auch die berühmte ›Alexanderschlacht‹, die zwischen den beiden Gärten platziert war.

Pompeji erkunden

Am besten lässt sich die Stadt von der Porta Marina über zwei Hauptachsen erkunden. Vom Forum geht es zum einen zu den Häusern in der Nähe der Via Mercurio, wo die Casa del Fauno liegt, das größte Haus Pompejis. Die zweite Achse führt über die Via dell'Abbondanza zum Amphitheater, zur Casa del Menandro und ins Theaterviertel (ideal für ein Picknick). Ein Self-Service-Restaurant liegt hinter den Forumsthermen. Audioguides mit Infos zu Gebäuden und Stadtgeschichte sind an den Eingängen erhältlich.

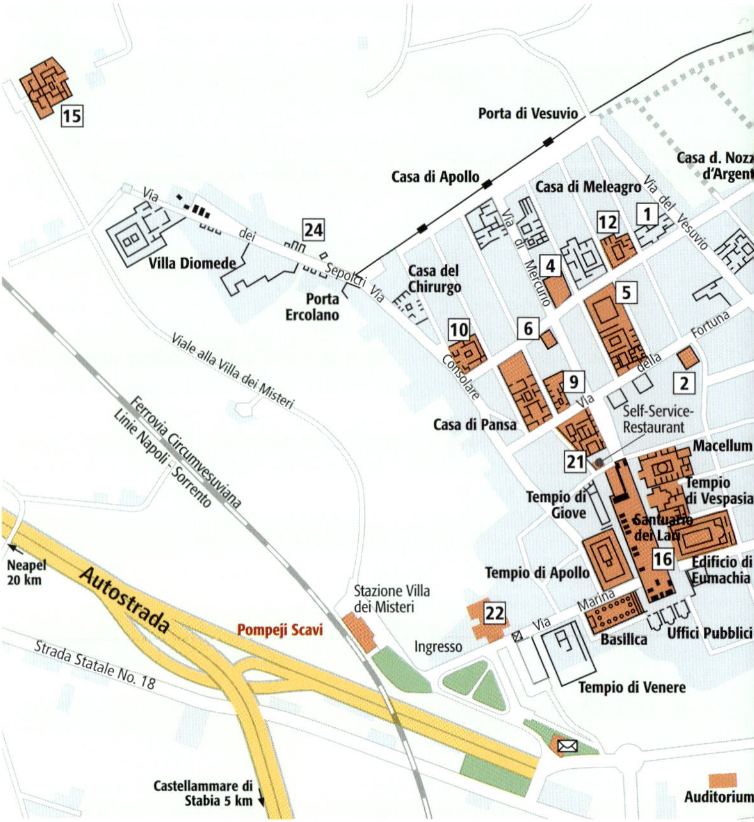

Sehenswürdigkeiten

1 Casa degli Amorini Dorati
2 Casa della Caccia Antica
3 Casa dei Ceii
4 Casa dei Dioscuri
5 Casa del Fauno
6 Casa della Fontana Piccola
7 Casa di Giulio Polibio
8 Casa del Menandro
9 Casa del Poeta Tragico
10 Casa di Sallustio
11 Casa della Venere in Conchiglia
12 Casa dei Vettii
13 Lupanare
14 Orto dei Fuggiaschi
15 Villa dei Misteri

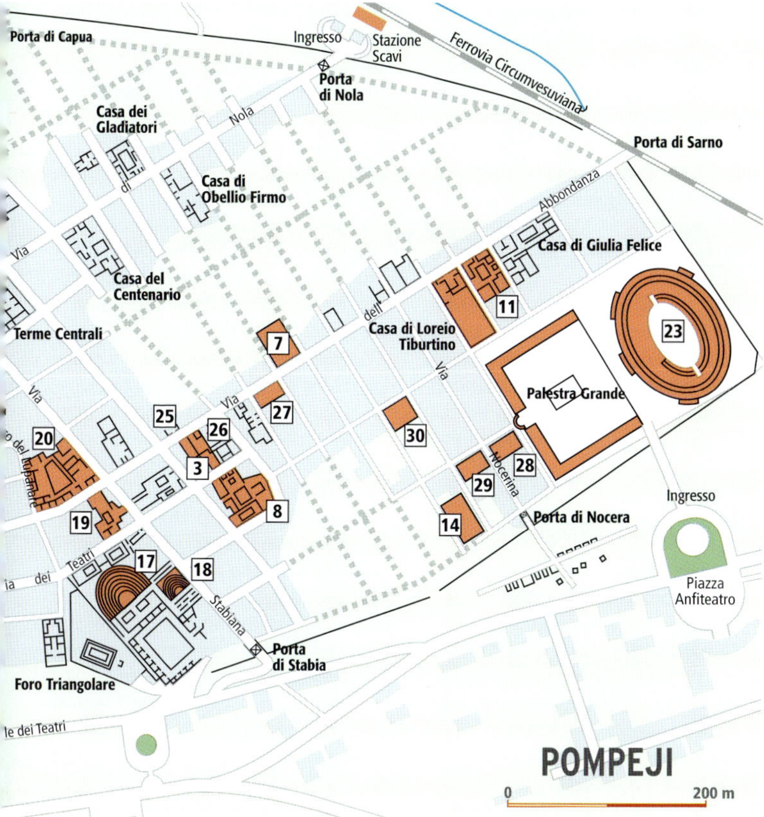

16	Forum/Foro	24	Nekropolen
17	Teatro Grande	25	Fullonica
18	Teatro Piccolo	26	Casa del Larario di Achille
19	Isistempel/Tempio d'Iside	27	Thermopolien
20	Terme Stabiane	28	Casa del Giardino di Ercole
21	Terme del Foro	29	Casa e Vigneto
22	Suburbane Thermen	30	Casa della Nave Europa
23	Anfiteatro		

Casa della Fontana Piccola 6
Die Landschaftsfresken und der Springbrunnen imitierten den Luxus der großen Villen außerhalb der Stadt. Ein ähnlicher Brunnen steht im Nachbarhaus Casa della Fontana Grande und ist von außen gut erkennbar.

Casa di Giulio Polibio 7
Der Hausherr verfügte über genügend finanzielle Mittel, um sich alle Annehmlichkeiten der pompejischen Wohnkultur zu gönnen. Den Speisesaal schmückte ein Wandgemälde, das die tragische Geschichte der Dirke wie ein Comic erzählt, zuerst ihre Gefangennahme, dann ihre Fesselung an den Stier: Die Söhne Antiopes bestraften Dirke, weil diese ihre Mutter misshandelt hatte.

Casa del Menandro 8
Die Villa in erstklassiger Wohngegend gehört zu den größten Pompejis (1800 m^2). Sie ist ein typisches Haus der Führungsschicht. Das Anwesen war im Besitz der Poppaei, Verwandte Poppeas, der zweiten Frau Kaiser Neros. In einer Nische am Ende des Peristyls ist der griechische Komödienschreiber Menander dargestellt, daher der Name.

Casa del Poeta Tragico 9
Cave Canem! Das Mosaik vom bissigen Hund (Original im Museo Nazionale, s. S. 81 f.) machte das Haus berühmt. Vielleicht wählte Bulwer Lytton es deswegen als Schauplatz für seinen Roman ›Die letzten Tage von Pompeji‹. Warnungen vor dem Hund waren in den Häusereingängen keine Seltenheit.

Casa di Sallustio 10
A. Cossius Libanus hieß der richtige Besitzer eines der ältesten Häuser von Pompeji. Trotz späterer Umbauten blieb die typische Struktur des Atriumhauses aus dem 3. Jh. v. Chr. erhalten: Atrium und Tablinum liegen auf einer Achse. Im ummauerten Garten mit Triclinium – für die Mahlzeiten im Freien – sind noch Wanddekorationen erhalten. Der Hausherr war möglicherweise Gastwirt. Ladenräume, ein Thermopolium und die Bäckerei mit Mühlsteinen und Steinbackofen gehören zum Haus dazu.

Casa della Venere in Conchiglia 11
Botticelli hätte seine Freude gehabt: Das Fresko der Venus in der Muschel (Rekonstruktion) zieht sofort alle Blicke an. Es dominiert das Peristyl mit Garten, den Mittelpunkt des Hauses, der bereits vom Eingang aus zu sehen ist.

Kleines Glossar

Atrium: offener Innenhof; über das Atrium bezogen die Häuser Luft, Licht und Regenwasser
Cubiculum: Schlaf- oder Ruhezimmer, meist ans Atrium grenzend
Impluvium: Becken im Atrium, um Regenwasser zu sammeln
Lararium: Hausaltar
Peristyl: Säulenhalle oder -gang um einen begrünten Innenhof oder Garten; ab dem 2. Jh. v. Chr. verlagerte sich der Mittelpunkt des Hauses vom Atrium ins Peristyl
Tablinum: repräsentativer Raum des Hausherrn, vergleichbar mit einem Büro oder Empfangszimmer
Triclinium: Speisesaal für Gäste, der häufig ans Peristyl angrenzte; Festessen fanden oft im Freien statt, im Sommertriclinium

Casa dei Vettii 12
Priapos, der Gott der Fruchtbarkeit hütet den Eingang des Hauses von Aulus Vettius Conviva und Aulus Vettius Restitutus und schützt Bewohner und Gäste vor dem bösen Blick. Gemeinsam mit dem Lamm auf dem Fresko daneben symbolisiert er den Wohlstand der Besitzer. Die Wandmalereien im Atrium und zum Peristyl hin gehörten zur ›hohen‹ pompejischen Kunst, die erotischen Darstellungen im Priapos-Zimmer neben der Küche waren pompejische Popkultur (wegen Renovierung geschl.).

Lupanare 13
Das Lupanar war das größte der ca. 25 pompejischen Bordelle. Im Parterre und im ersten Stock gibt es je fünf schlichte Zimmer, nur mit gemauertem Bett und Matratze ausgestattet. Einfache erotische Fresken zieren die Wände und inspirierten die Kunden. Die Prostituierten (lateinisch *lupa*) waren Sklavinnen aus Griechenland oder dem Orient (wegen Renovierung geschl.).

Orto dei Fuggiaschi 14
Sogar die Sterbenden konservierte der Vulkan. In der Ascheschicht bildeten sich Hohlräume, die mit Gips ausgegossen, das Abbild der toten Menschen festhalten. Im Garten der Fliehenden wird heute Wein angebaut.

Villa dei Misteri 15
Die Villa gehörte wahrscheinlich der Familie der Istacidii, die sie mit Meerblick-Terrasse, Thermen und aufwändigen Wandmalereien ausstatten ließ. Ein fast lebensgroßes Fresko (Megalographia) bedeckt die Wände im Triclinum, das den Einweihungsritus eines Mädchens in einen geheimnisvollen – vermutlich dionysischen Kult – darstellt.

Öffentliche Gebäude und Tempel

Das Forum/Foro 16
Der wichtigste Platz Pompejis war für Fahrzeuge gesperrt. Nur Fußgänger hatten Zutritt zum Zentrum des städtischen Lebens mit den umliegenden religiösen, politischen und wirtschaftlichen Gebäuden. Die Anlage des Platzes geht zurück auf das 2. Jh. v. Chr. Umbauten folgten, als Pompeji römische Kolonie wurde und damit auch der Apollontempel (Ecke Forum/Via Marina) seine Bedeutung verlor. Die Rolle Apolls als höchste Gottheit und Schutzpatron der samnitischen Stadt übernahm fortan Venus mit dem neuen, ihr zu Ehren errichteten Tempel.

Die Basilika gegenüber dem Apollontempel stammt ebenfalls aus dem 2. Jh. v. Chr. und war Markthalle und Sitz des Gerichts. Im Süden des Forums folgen die kolonialen Verwaltungsgebäude, abgeschlossen im Südosten durch das Comitio, das Wahllokal. An der Ecke zur Via dell'Abbondanza liegt das Gebäude der Venus-Priesterin Eumachia. Sie war die Beschützerin der Wollarbeiter, Weber, Wäscher und Färber, die hier vermutlich den Wollgroßmarkt veranstalteten.

Der angrenzende Vespasiantempel und das benachbarte Larenheiligtum waren dem Kaiserkult geweiht. Im Nordosten erstreckt sich das Macellum, der zentrale Markt für Fleisch und Fisch. Viele hier gefundene Geräte und Schuppen lassen annehmen, dass die runde Holzkonstruktion in der Mitte dem Fischverkauf vorbehalten war.

Das Forum Holitorium dient heute als Lager für Fundstücke

An der nordwestlichen Ecke des Forums liegt das Forum Holitorium, der ehemalige Gemüsemarkt (heute Lager für Fundstücke), an den sich die öffentlichen Latrinen anschlossen. Der Tempel zwischen den beiden Märkten war Jupiter geweiht. Mit der Kolonialisierung der Stadt wurde er in das so genannte Capitolinum verwandelt, zu Ehren der römischen Göttertrias Jupiter, Juno und Minerva. Das Erdbeben 62 n. Chr. zerstörte ihn so sehr, dass er nicht wieder aufgebaut wurde. Statuen von Ehrenbürgern zierten das Forum und verliehen ihm zusammen mit dem umliegenden Säulengang einen imposanten Ausdruck.

Das Theater-Viertel

Als kulturelles Zentrum der Stadt war das Theaterviertel der Kontrapunkt zum vorrangig politischen und wirtschaftlichen Forum. Im 2. Jh. v. Chr. in der Nähe des alten dorischen Tempels entstanden, schloss es auch den Isistempel und den Tempel des Asclepio mit ein.

Teatro Grande 17

Das Theater fasste etwa 5000 Besucher und nutzte mit seinem halbrunden, griechischen Grundriss die natürlichen Gegebenheiten der Landschaft. Die Stufen führen den Hang zum Foro Triangolare hinauf. Die ersten Reihen waren für Ehrengäste und die Sponsoren der Aufführungen reserviert. Hinter dem ehemals mit Skulpturen verzierten Bühnengebäude schließt sich der große Theaterportikus an. Nach dem Erdbeben von 62 wurde der Portikus zu einer Gladiatorenkaserne umfunktioniert.

Teatro Piccolo (Odeion) 18

Es entstand in den ersten Jahren der Kolonie. Dank der kleineren Dimensionen und der Überdachung eignete es sich besonders für Konzerte und Lesungen in lateinischer Sprache – die Aufführungen im großen Theater fanden vermutlich in samnitischer Sprache statt.

Isistempel/Tempio d'Iside 19
Dies scheint der Lieblingstempel der Pompejer gewesen zu sein. Nach dem Erdbeben bauten sie ihn sofort und in größerem Ausmaß wieder auf. Der Kult der Isis entstand im 3. Jh. v. Chr. in Ägypten unter Ptolemäus I., dem General Alexanders des Großen, der am Nil als Pharao Karriere machte. Hellenistische und ägyptische Elemente vereinten sich – zum Zwecke der Völkerverständigung – in diesem Kult, den Händler und Seeleute schnell in Kampanien verbreiteten. Die ägyptische All- und Himmelsgöttin Isis war Bringerin von Kulturgütern. Sie beherrschte das Schicksal, half in der Not und stellte ein besseres Leben in Aussicht.

Die Thermen

Terme Stabiane 20
Sie sind die ältesten der Stadt. Männer und Frauen badeten den Gewohnheiten entsprechend in verschiedenen Abteilungen. Zu besichtigen sind nur die Männerbäder, die in der typischen Reihenfolge von Umkleideraum, Kaltbad, Warmbad und Heißbad um einen ›Sportplatz‹ (Palästra) mit Schwimmbecken angeordnet sind. Das Beheizungssystem leitete Heißluft von den Öfen durch Hohlräume in Fußböden und Wände und sorgte so für eine angenehme Raumtemperatur. Dekorationen aus Stuck waren in Thermen wegen ihrer Beständigkeit gegen Feuchtigkeit und Nässe ideal und veredelten die Räume.

Terme del Foro 21
Im Aufbau mit den Terme Stabiane vergleichbar und aus öffentlichen Geldern finanziert, entstanden sie ab 80 v. Chr. Das Warmbad wurde nicht wie die übrigen Räume mit Heißluft, sondern mit einem großen Kohleofen beheizt.

Terme Suburbane 22
Die im Winter 2002 eröffnete Thermenanlage am Eingang der Ausgrabungen könnte mit den erotischen Fresken im Umkleideraum – darunter die einzige überlieferte Darstellung lesbischer Liebe aus römischer Zeit – zum neuen Publikumsmagneten werden. Im Obergeschoss wurde vermutlich die Prostitution praktiziert.

Das Amphitheater

Um 70 v. Chr. erbaut, ist das **Anfiteatro** 23 das älteste erhaltene römische Amphitheater. Auf den 20 000 Plätzen (Pompeji hatte nur 15 000 Einwohner) versammelten sich auch Zuschauer aus den umliegenden Ortschaften zu den Gladiatorenkämpfen. Neben dem Amphitheater liegt der städtische Sportplatz, die Palästra.

Die Nekropolen

Wie in allen römischen Städten reihten sich die **Nekropolen** 24 entlang der viel benutzten Ausfallstraßen hinter den Stadttoren aneinander. Sie lenkten die Aufmerksamkeit der Passanten auf sich und hielten so die Erinnerung an die Verstorbenen wach.

Streifzug durch den pompejischen Alltag

Die Via dell'Abbondanza war eine der Hauptadern des städtischen Lebens mit unzähligen Läden, Thermopolien (antike Bars) und bislang 207 bekannten Handwerksbetrieben der Stadt, darunter Bäcker, Woll- und Lederwerkstätten, Töpfer und Schmiede. Grundlage des Wohlstands war der Handel mit Agrarprodukten, und ganz oben auf der Liste der Exportgüter stand der Wein von den Hängen des Vesuvs.

Da die Pompejer die Kunst der Purpurgewinnung von den Phöniziern erlernt hatten, florierte auch das Gewerbe der Färber und Wäscher. Die **Fullonica** 25 (Wäscherei) des Stephanus nutzte die Räume eines ehemaligen Wohnhauses, das der Besitzer um den rechten Teil der **Casa del Larario di Achille** 26 erweitert und zum Fachbetrieb umfunktioniert hatte. Das Impluvium (Regenwasserbecken) im Atrium diente als Wanne für Feinwäsche, daneben stehen noch die Reste einer Bügelpresse.

Ihr Mittagessen nahmen die Pompejer gewöhnlich in einem der zahlreichen **Thermopolien** 27 ein. Die meisten aßen im Stehen an der Theke, in die Tongefäße für warme Getränke und Speisen eingelassen waren. Der Besitzer des Thermopoliums, Vetutius Placidus, erweiterte den Hausaltar passenderweise um Merkur und Dionysos, den Gott des Handels und den Gott des Weines. Unverzichtbar war auch

Eine der zahlreichen Bäckereien von Pompeji

der Beistand der Schlange Agatodemone, denn sie versprach Fruchtbarkeit und Wachstum.

Der Wohlstand war in Pompeji relativ gleichmäßig verteilt. Als im 1. Jh. die Wandmalereien fast zur Manie wurden und die Wohlhabenden ihre Häuser bis auf den letzten Flecken auspinseln ließen, zierten einfachere Gemälde auch die Läden, Werkstätten und Wohnräume – und selbst die Wände der schlichtesten Häuser blieben nicht ganz kahl.

Die gesamte Stadtbevölkerung kaufte ihr Brot beim Bäcker, nur die Bewohner der großen Landgutshöfe backten selbst. Unerlässlich waren in der Bäckerei des Sotericus die üblichen, von Eseln angetriebenen Kornmühlen aus Lavastein und ein großer Steinbackofen, wie er heute noch fast unverändert in fast jeder Pizzeria Neapels genutzt wird.

Im Bereich westlich der Palästra standen sehr einfache Häuser mit großen Nutzgärten. In der **Casa del Giardino di Ercole** 28 wurde die antike Bepflanzung aus Rosen, Myrten und Olivenbäumen rekonstruiert. Der Besitzer dieses Hauses war Parfumeur, der auch Olivenöl produzierte, das er als Träger- und Konservierungsmittel für die Duftstoffe benötigte. Die Experimentalwerkstatt von Pompeji stellt die antiken Duftöle und -essenzen her und bietet sie zum Verkauf an. Auf dem Gelände der **Casa e Vigneto** 29 wurden in Zusammenarbeit mit dem renommierten kampanischen Weingut Mastroberardino (s. S. 91) die ersten Weintrauben geerntet und gekeltert – getreu antiker Techniken.

Auch in der **Casa della Nave Europa** 30 bauten die Besitzer Wein und Obst an. Das Dach des Hauses ist originalgetreu rekonstruiert und veranschaulicht die antike Bauweise. Ein Graffito von einem Lastschiff mit der Aufschrift ›Europa‹ gab dem Haus seinen Namen.

A. A. in Pompeji: Via Sacra 1, Tel. 08 18 50 72 55.
Das Info-Büro der **Soprintendenza Archeologica** erteilt Auskünfte über alle Ausgrabungen im Golf, Pompei Scavi, Tel. 08 18 57 53 47, www.pompeiisites.org.

Forum: Via Roma 99, Tel. 08 18 50 11 70, Fax 08 18 50 61 34, www.hotelforum.it. Gut ausgestattetes kleines Haus nahe am Eingang zu den Ausgrabungen, bewachter Parkplatz inklusive. ÜF ab 90 €.
Bristol: Piazza V. Veneto 1, Tel. 08 18 50 30 05, Fax 08 18 63 16 25. Solide, moderne Ausstattung in dem Hotel mit 49 Zimmern, zentrale Lage. DZ 83 €.

Jugendherberge:
Casa del Pellegrino: Via Duca d'Aosta, Tel./Fax 08 18 50 86 44. Neue Jugendherberge, ganzjährig geöffnet.

Camping:
Camping Spartacus: Via Plinio 127, Tel. 08 18 62 40 78, www.campingspartacus.it. Solider Platz, ganzjährig geöffnet.

Il Principe: Piazza Bartolo Longo 8, Tel. 08 18 50 55 66, Mo geschl. Kulinarische Genüsse vom Mittelmeer oder aus dem römischen Pompeji und Oplontis. Menü ab 40 €.
Hostaria del Gallo Nero: Viale Mazzini 116, Tel. 08 18 63 00 34. Restaurant mit

dazugehörigem Hotel. Pizza und kampanische Menüs, Pizza ab 10 €.

Züge: Alle 30 Min. Züge der Circumvesuviana Linie Napoli–Sorrento, Station Pompei Scavi/Villa dei Misteri).
Busse: Linie der Circumvesuviana, Flughafen Capodichino–Pompei, 3 x tgl. Stdl. SITA-Busse ab Neapel und Salerno.

Die Villa von Oplontis, das Antiquario von Boscoreale und die Villen von Stabiae

Atlas: S. 233, D 3
Neben den großen Ausgrabungsgeländen von Ercolano und Pompeji liegen zwischen Vesuv und der sorrentinischen Halbinsel noch drei weitere antike Sehenswürdigkeiten, die ebenfalls 79 n. Chr. unter dem Ascheregen begraben wurden. Wer Pompeji und Ercolano besichtigt, hat mit der Dreitageskarte auch schon das Ticket für diese ›kleineren Ausgrabungen‹ bezahlt.

Die **Villa von Oplontis** in **Torre Annunziata** ist das bedeutendste Beispiel einer riesigen antiken Mußevilla (Via Sepolcri, Öffnungszeiten wie Pompeji, Sammelkarte für Oplontis, Boscoreale, Stabia 5 €). Vermutlich gehörte sie Poppea, der zweiten Ehefrau Neros, die sich keinen Luxus ›ersparte‹. Um 50 v. Chr. wurde die Villa mit 94 Räumen einschließlich Garten, Gästezimmer und Schwimmbad erbaut. Beeindruckend sind die teilweise sehr gut erhaltenen Fresken.

Die Exponate im **Museum von Boscoreale** stehen im Kontrast zum überschwänglichen Luxus der Villa von Oplontis (Via Settetermini 15, Loc. Villa Regina, Öffnungszeiten und Eintritt s. o.). Im Antiquarium ist das ländliche Leben am Fuße des Vesuvs ausgestellt. Zahlreiche Landvillen und Gutsbetriebe hatten sich in der Antike auf dem fruchtbaren Boden angesiedelt und bauten vor allem Wein und Oliven an. Die Reste eines solchen Betriebs, der Villa Regina, können ebenfalls besichtigt werden.

Die **Scavi von Castellammare di Stabia** (Via Passeggiata archeologica, Öffnungszeiten und Eintritt s. o.) vermitteln wieder den glanzvollen heiteren Eindruck der römischen Residenzen. Die Villa Arianna und die Villa San Marco liegen am Stadtrand von Castellammare in Hügellage mit Panorama auf den Golf von Neapel.

A. A. in Castellammare: Piazza Matteotti 34, Tel. 08 18 71 13 34.

Spaziergang auf dem 1131 m hohen **Monte Faito** bei Castellammare, viel Panorama vom Golf von Neapel bis zur Costiera. Frühjahr bis Herbst fährt ca. alle 20 Min. eine Seilbahn auf den Berg, ab Circumvesuviana-Bhf, Juni–Aug. setzen die Fahrten über Mittag aus.

Oplontis: Circumvesuviana Linie Napoli–Sorrento, Bhf Torre Annunziata.
Boscoreale: Circumvesuviana Linie Napoli–Poggiomarino (Abfahrt Bhf Pompeji Piazza Anfiteatro oder Bhf Torre Annunziata), Bhf Boscoreale, dann Fußweg (10–15 Min., ausgeschildert).

Stabiae: Circumvesuviana Linie Napoli–Sorrento, Bhf Castellammare ›Via Nocera‹ und Autobus Linea Azzurra.

Die Halbinsel von Sorrent

Atlas: S. 232/233, C/D 4
Hinter Castellammare di Stabia erstreckt sich die sorrentinische Halbinsel von Vico Equense über Sorrento nach Massa Lubrense. Dort, an der äußersten Spitze der Sorrentina, endet der Golf von Neapel mit der Punta Campanella, dem Schlusslicht des Lattari-Gebirges, das sich nach Süden erstreckt und so die Halbinsel formt. Den Griechen war dieser Ort heilig, daher bauten sie der Göttin Athena einen Tempel auf die Landspitze, von der es nur 5 km bis zum abgespaltenen Felsenblock von Capri sind.

Vico Equense

Atlas: S. 232/233, C/D 4
Der Ort mit antikem Ursprung und einem Stadtkern aus dem 15. Jh., von dem bis auf die gotische, im 18. Jh. allerdings umgebaute Kirche nicht mehr allzu viel übrig blieb, wirbt stolz für seine schroffe Felsenküste mit den zahlreichen Einbuchtungen. Diese erhielt zwar wiederholt die begehrte blaue Flagge der EU für sauberes Was-

Vico Equense an der Westküste der Sorrentinischen Halbinsel

ser, trotzdem gibt es nicht viel Tourismus in Vico.

Steiniges zeigt auch das **Museo Mineralogico Campano** (Via San Ciro 2, Di–So 9–13, 16–20 Uhr, Eintritt 2 €). Über 5000 Exemplare und 1400 verschiedene Gesteinsarten aus aller Welt werden ausgestellt, darunter Meteoriten und fluoreszierende Mineralien.

Wer den Golf von Neapel und die Costiera Amalfitana aus einer anderen Perspektive kennen lernen will, der sollte einen Abstecher von 7 km (eventuell mit Aufenthalt) nach **Santa Maria del Castello** einplanen. Dieser winzige Ortsteil von Vico (Straße Richtung Sorrent, hinter dem Ortsende Abzweigung Richtung Monte Faito) liegt auf einem Bergkamm des Lattari-Gebirges. Santa Maria del Castello ist ein geeigneter Ausgangsort für Wanderungen durch die Monti Lattari; Positano z. B. ist in einer halben Stunde erreicht. Das Panorama umfasst je nach Standpunkt Neapel bis Capri oder Positano.

A. A.: Via San Ciro, Tel. 08 18 01 57 52.

La Ginestra: Loc. S. Maria del Castello, Tel. 08 18 02 32 11, www.laginestra.org. Wunderschöner Agriturismo mit sehr guter Landküche – auch ideal als Ausflugslokal – und doppeltem Panoramablick: in den Golf von Neapel und in den von Salerno. Biologischer Gemüseanbau; kurvige, steile Anfahrt. HP 81 €.

Gigino: Via Nicotera 10, Tel. 08 18 79 84 26. Die ausgezeichnete *Pizza a metro* ist im gesamten Golf bekannt, jeder Gast kann sich einen dampfenden Meter aussuchen und sagen, wie viele Zentimeter er gerne davon hätte. Ab 7 €.

Züge: Circumvesuviana Linie Napoli–Sorrento, alle 30 Min.
Busse: Regelmäßige Fahrten zu den bergigen Ortsteilen und auf den Monte Faito, Bhf Circumvesuviana, etwa stdl.
Fähren: In den Sommermonaten nach Sorrent und Capri, mehrfach tgl., ab 6 €.

Sorrent

Atlas: S. 232, C 4
Auf einem Felsplateau aus Tuffstein schwebt Sorrent über dem Meer. Schon allein diese Extremlage am südlichen Ende des Golfs von Neapel, im Hintergrund der Gebirgszug der Monti Lattari, hat die Stadt auf der Halbinsel weltweit bekannt gemacht. Nicht unwesentlich zum Erfolg trugen die duftenden Zitronen- und Orangengärten, das wohltemperierte Klima und die antiken wie modernen Mythen bei. Caruso sang mit ›Torna a Surriento‹ die nostalgischen Noten der Brüder de Curtis und setzte damit der Stadt und dem Meer ein musikalisches Denkmal. Jahrhunderte zuvor betörten an der Punta Campanella, der äußersten Spitze der sorrentinischen Halbinsel, die Gesänge der Sirenen die passierenden Seefahrer bis zur Navigationsunfähigkeit und Selbstaufgabe.

An die zauberhafte Vergangenheit erinnern die alten Namen Sorrents. Aus dem griechischen Sireon (Sirene) wurde das lateinische Surrentum. Die römische Elite baute sich hier luxuriöse Mußevillen am Meer. Die spanischen Bourbonen nannten Sorrent *Le jardin du roi,* den Garten des Königs. Und auch die Engländer widerstanden den sorrentinischen Reizen nicht: Die Stadt war fester Bestandteil der Grand Tour.

Sorrent

Der Yachthafen und das Plateau von Sorrent

Heutzutage ist Sorrent oft genauso voll wie alle anderen Touristenattraktionen der Gegend: die Piazzetta von Capri, der Domplatz in Amalfi und die Straßen von Pompeji. Doch nur wenige verbringen in Sorrent ihre Urlaubstage, um den Ort zu erkunden, der im Laufe seiner Geschichte seine alte, rechteckig angelegte urbane Struktur bewahrt hat.

Unverkennbares Zentrum ist die **Piazza Tasso.** Ein Denkmal erinnert daran, dass der Renaissancedichter Torquato Tasso ein Sohn der Stadt war. 1544 wurde er in der Via Vittorio Veneto 11 geboren – die Reste des vom Meer zerfressenen Tuffsteinpalazzo schluckte das Hotel **Imperial Tramontano** [1].

Konservierte Geschichte findet sich auch im Hotel **Vittoria Excelsior** [2]. 1921 verbrachte der ›unsterbliche‹ Caruso einige Monate in den Gemächern des ehemaligen Adelspalazzo und hinterließ ein sichtbares Erbe: Die Räume sind immer noch originalgetreu mit Flügel und Notenständer eingerichtet und werden als Suiten vermietet. Der Cantautore Lucio Dalla bewohnte die Suite Caruso 1987 und widmete dem neapolitanischen Tenor sein Lied ›Caruso‹ auf dem Album ›DallAmericaruso‹. Ebenfalls in einem alten Adelspalazzo befindet sich heute das Museo Correale di Terranova, im **Palazzo Correale** [3] (Via Correale 12, Mi–Mo 9–14 Uhr) in bester Lage von Sorrent: Am Rande des Tuffplateaus, inmitten von Orangen- und Zitronengärten, passen die Stücke der ehemaligen Privatsammlung aus dem 19. Jh. gut in den verschwenderischen Rahmen. Im 300 Jahre alten Interieur hängen neapolitanische, flämische und holländische Gemälde sowie wertvolle Uhren. Porzellan von Capodimonte, sorrentinische Intarsienkunst und wichtige Fundstücke der Antike werden ausgestellt.

Wohl kaum ein städtischer Garten schwebt so nah am Abgrund wie die **Villa Comunale** 4 von Sorrent. Gleich daneben zieht es die Architektur in die entgegengesetzte Richtung. Mit himmlischer Leichtigkeit harmonieren im Kreuzgang von **San Francesco** 5 arabische Säulen und Bögen mit den romanischen. Das stille Ambiente ist der ideale Rahmen für die Sommerkonzerte der Stadt (Juli–Aug., Info bei der Azienda Autonoma, s. S. 119).

Die Via Cesareo ist die Hauptader des antiken, engen Stadtkerns von Sorrent. Unter Restaurants, Modegeschäften und Souvenirshops sticht der **Sedile Dominova** 6 hervor. Die ganz mit Fresken dekorierte Loggia aus dem 15. Jh. ist benannt nach dem ehemaligen Sitz *(sedile)* der Adelsversammlung. Die noblen Herrn trafen sich, um Verwaltungsfragen und die Stadtpolitik zu besprechen. Heute spielen unter der bunten Majolikakuppel die Sorrentiner Karten und leben im Glanz von gestern.

Die Vergangenheit verschönert die Gegenwart auch im **Museobottega della Tarsialignea** 7 (Via Fuoro, nach Anmeldung, Tel. 08 18 78 21 77). Der Architekt, Sammler und Designer Alessandro Fiorentino stellt nicht nur die Werke der bekanntesten Intarsienkünstler aus dem 19. Jh. aus, sondern auch die Stücke der modernen Nachfolger. Angewandte Intarsienkunst, außerhalb von musealen Räumen, findet sich im Chorraum des **Doms** 8 (Corso Italia, tgl. 8–12.30, 16.30–19 Uhr).

Sorrent lebt jedoch nicht allein oben auf dem steilen Tuffblock, sondern

auch eine Etage tiefer am Meer. In Marina Grande hat sich die Lebensweise der Fischer vermischt mit den Erfordernissen und Gepflogenheiten des Tourismus. Badeterrassen ragen auf Stelen aus dem Wasser empor – es gibt kaum Strände an der schroffen Küste. Sehr zahlreich sind die Restaurants und Trattorien, die frischen Fisch anbieten, als seien die Meeresvorräte unerschöpflich.

Ein Sonnenbad in archäologischem Szenarium lässt sich in den so genannten **Bagni della Regina Giovanna** nehmen, nicht weit entfernt von einer anderen Meeresbucht, der **Marina di Puolo.** Unmittelbar am Capo di Sorrento liegt dieses natürlich geformte Seebad, das durch eine bogenförmige Öffnung im Felsen mit dem Meer verbunden ist. Laut Überlieferung gab sich hier die Königin Giovanna aus dem Hause Anjou im 14. Jh. ein Stelldichein mit ihren Liebhabern, um sie nach getaner Arbeit unsanft mit Hilfe der Klippen zu entsorgen.

Wahrscheinlich aber handelt es sich um die Reste der in der Antike sehr bekannten Villa des Patriziers Pollio Felice. Wie viel von dieser oder anderen antiken Sommerresidenzen an der Halbinsel noch unter Wasser liegt, wird gerade erforscht.

A. A.: Via Luigi di Maio 35, Tel. 08 18 07 40 33.

Imperial Tramontano [1]: Via V. Veneto 1, Tel. 08 18 78 25 88, Fax 08 18 07 23 44, www.tramontano.com. Historisches Hotel Italiens, das die Geschichte des Landes konserviert: Torquato Tasso wurde hier geboren, die Brüder de Curtis schrieben ›Torna a Surriento‹, Ibsen ›Die Geister‹. DZ ab 250 €.
Cocumella [9]: Via Cocumella 7, Sant' Agnello, Tel. 08 18 78 29 33, Fax 08 18 78 37 12. Die ältesten fünf Sterne der Küste in einem ehemaligen Kloster mit botanischem Garten. Beliebtes Ziel berühm-

Sehenswürdigkeiten
1 Hotel Imperial Tramontano
2 Hotel Vittoria Excelsior
3 Palazzo Correale mit Museo Correale di Terranova
4 Villa Comunale
5 San Francesco
6 Sedile Dominova
7 Museobottega della Tarsialignea
8 Dom

Übernachten
9 Cocumella
10 La Tonnarella
11 La Badia
12 La Minervetta
13 Loreley et Londres
14 Ostello delle Sirene

Essen und Trinken
15 Il Buco
16 La Laterna
17 L'Arcadia
18 Da Emilia
19 Da Filipo

ter Kulturschaffender, von Goethe bis Iggy Pop. DZ ab 300 €.

La Tonnarella [10]: Via Capo 31, Tel. 08 18 77 44 55, Fax 08 18 78 46 01, www.latonnarella.com. Sehr sympathisches kleines Haus mit 21 Zimmern in Steillage über dem Meer, frisch renoviert und stilvoll eingerichtet. Mit Terrassen, Privatstrand und Restaurant. ÜF ab 130 €.

La Badia [11]: Via Capodimonte 4, Tel. 08 18 78 11 54, Fax 08 18 07 41 59, www.hotellabadia.it. Der renovierte Klosterbau aus dem 16. Jh. liegt in einem riesigen Garten am Rande des Zentrums, viel Komfort, guter Service. DZ ab 98 €.

La Minervetta [12]: Via Capo 25, Tel. 08 18 77 30 33, Fax 08 18 07 30 69. Zwölf helle Zimmer mit Blick auf den Golf von Neapel in einem der ältesten Hotels der Stadt. Viel Panorama gibt es auch im dazugehörigen Restaurant: Der Fisch ist garantiert frisch und die Auswahl an lokalen Rezepten groß. DZ ab 98 €, Menü ab 30 €.

Bootstour

Vom Meer aus ist die Sorrentinische Halbinsel am schönsten. Zahlreiche winzige Felsbuchten und schmale Schluchten säumen die Küste über die Punta Campanella hinaus bis zur Baia di Ieranto (s. S. 122), der tiefsten Bucht der Halbinsel, und zur Baia di Recommone. Da Sorrent keine nennenswerten großen Sandstände hat und viele Buchten zu Fuß gar nicht oder nur schwer erreichbar sind, empfiehlt sich eine Bootstour entlang der abwechslungsreichen Küste. Bootsverleih an der Marina Grande.

Loreley et Londres [13]: Via Califano 2, Tel. 08 18 07 31 87. In 100 Jahren hat das Haus schon zahlreiche Gäste aus der Metropole und der Provinz gesehen. Mit Strand, Garten, Restaurant und viel Panorama. DZ ab 92 €.

Jugendherberge:

Ostello delle Sirene [14]: Via degli Aranci, Tel. 08 18 07 29 25, www.hostel.it. Angenehmes Jugendhotel, zentral, Schlafsaal ab 16 €, inkl. Frühstück. DZ ab 40 €.

Camping:

Nube d'Argento: Via Capo 21, Tel. 08 18 78 13 44, Fax 08 18 07 34 50. Komfortabler Platz am Meer mit viel Grün. Auch Bungalows.

Il Buco [15]: II. Rampa Marina Piccola 5, Tel. 08 18 78 23 54, Mi geschl. u. Jan./Feb. Sorrentinische Fischspezialitäten mit Fantasie verfeinert, hausgemachte Nudeln. Menü 45 €.

La Lanterna [16]: Via S. Cesareo 23–25, Tel. 08 18 78 13 55, Mi geschl. In der Altstadt, wo einst die römischen Thermen standen, werden Pizza, kampanische und italienische Gerichte serviert, neben Fisch auch Fleisch, gepflegtes Ambiente. Menü 40–60 €.

L'Arcadia [17]: Corso Italia 199, Piano di Sorrento, Tel. 08 18 78 70 76. Kampanische Küche zubereitet nach traditioneller Manier. Menü ab 20 €.

Da Emilia [18]: Via Marina Grande 62, Tel. 08 18 07 27 20, Di geschl. Alteingesessene, bekannte Trattoria, gute *cucina casareccia*. Einst Filmkulisse für Dino Risis ›Pane, amore e fantasia‹ mit Sophia Loren und Vittorio De Sica. Menü 20 €.

Da Filippo [19]: Via S. Renato 29, Tel. 08 18 77 24 48, Di geschl. Einfache, gute, rustikale Pizzeria mit riesigem Garten, im Angebot auch typische *cucina casareccia,* Pizza ab 8 €.

Im Sedil Dominova von Sorrent

Piemme: Corso Italia 161. Größter Limoncello-Hersteller der Gegend. Außer Likör zahlreiche andere Produkte aus Zitronen, Orangen, Kräutern.
Primavera: Via Fuorimura 20, Tel. 08 18 07 32 52. Ausgezeichnete neapolitanische und sorrentinische *pasticceria.* Neuere Filiale auf dem Corso Italia 142.

The Club: Piazza Tasso 1, Tel. 08 18 77 32 36. Bekannte Disko im Tuffstein (nur Sa abends), ansonsten Disko-Bar (Juni–Sept.), abwechslungsreiche Musik.

Fest des Stadtheiligen Sant'Antonio: 14. Feb.
Sorrentinischer Musiksommer: Juli und Aug., zahlreiche klassische Konzerte, Infos in der Azienda Autonoma, s. S. 119.

Tauchen: Um die Halbinsel herum gute Tauchgebiete, besonders der Scoglio del Vervece, Tauchgänge und -ausrüstung bei Diving Tour, Via Capo 2, Tel. 08 18 07 24 10.
Badeterrassen findet man im Ort, in Richtung Massa liegt die felsige Bucht Marina di Puolo (Weg ist ausgeschildert).

Züge: Circumvesuviana Linie Napoli–Sorrento, alle 30 Min.
Busse: SITA-Busse zu den Ortschaften der Costiera, ab Piazza Tasso, mind. stdl.
Fähren: Regelmäßig Fähren und *aliscafi* nach Neapel, Capri und zu den Ortschaften der Costiera, 3–6 x tgl., ab 5 €.

Massa Lubrense

Atlas: S. 232, C 4
Fast dreieckig erstreckt sich das Gebiet von Massa Lubrense über die äußere Spitze der Halbinsel bis zur Punta Campanella. Hier wachsen die berühmten

Zitronen von Sorrent. Seit 2000 ist der Name ›Limoni di Sorrento‹ geschützt. Nur naturbelassene Zitronen der Sorrentina und aus Capri dürfen so genannt werden und das Gütesiegel IPG, *Indicazione d'origine protetta,* tragen.

Auf der Costiera-Seite der Monti Lattari-Ausläufer hat sich in den **Buchten von Ieranto, Cantone, Recommone** und **Crappolo** ein überschaubarer Tourismus der gehobenen Klasse entwickelt. Viele Besucher kommen mit Motor- oder Segelbooten in die Buchten oder zu den Stränden, wo sich einige sehr gute Restaurants niedergelassen haben. Die Steilküste ist stellenweise nur vom Meer aus oder über Fußwege erreichbar, die Anfahrt mit dem Auto dauert lange, denn die Straße ist klein und sehr kurvenreich. Andererseits sind die Zufahrten per Seeweg streng geregelt, denn **Punta Campanella** und Umgebung sind *Parco Marino,* Meeresschutzgebiet.

Die Spitze der Halbinsel und die Costiera-Seite eignen sich hervorragend als Wandergebiet. An der Punta Campanella beginnt bzw. endet die Alta Via dei Lattari, der Hochweg durch das Lattari-Gebirge, der fast bis Positano nah an der Küste entlangführt.

Paradiesbucht

Nach einem langen Prozess der Renaturierung wurde die Baia di Ieranto im Juni 2002 wieder der Öffentlichkeit vorgestellt. Sie gilt als einzige naturbelassene Bucht der Halbinsel von Sorrent. Wo früher Kalk für die Stahlöfen Neapels abgebaut wurde, können sich Interessierte nun auf fünf Rundgängen und in einem Museum ein Bild von der Vergangenheit der heute wieder paradiesisch anmutenden Bucht machen. Die Baia di Ieranto ist von Nerano aus über einen Fußweg in ca. 40 Min. zu erreichen, oder mit den Booten des Parco Marino von Marina del Cantone bzw. Marina della Lobra (Info-Tel. 33 58 41 02 53, 4 €).

Ufficio Turistico: Via Filangieri 11, Tel. 08 18 08 95 71.

Bellavista: Via Partenope 26, Tel. 08 18 78 91 81, Fax 08 18 08 93 41, www.francischiello.it. Komfortables Haus, das die Familie Francischiello in der vierten Generation führt. Alle 33 Zimmer mit Meerblick, zwei Suiten mit Terrasse, Pool, Parkplatz und gutes, klassisches Restaurant: Riccardo di Francischiello. DZ 110 €.

Il Giardino di Vigliano: Via Vigliano 1, Tel. 08 15 33 98 23, Fax 08 15 33 98 37, www.vigliano.org. Agriturismo in einem großen duftenden Zitronenhain mit Golfpanorama. Einfache, geschmackvolle Zimmer, ein Apartment, biologische Zitronen, Olivenöl. DZ ab 52 €, HP ab 68 €.

Camping:

Camping Concazzurra: Loc. Villazzano, Via Partenope, Tel./Fax 08 18 78 96 66. Komfort-Platz in Meeresnähe, nahe bei Sorrent.

Nettuno: in Marina del Cantone, Via Vespucci 39, Tel. 08 18 08 10 51, Fax 08 18 08 17 06, www.villaggionettuno.it. Mittelklasse-Platz an der größten Badebucht von Massa, Apartment-Vermietung, Tauchcenter.

Sonnenuntergang an der Punta Campanella

Don Alfonso 1890: Corso S. Agata 11, Sant'Agata sui Due Golfi, Tel. 08 18 78 00 26, Mo und Di geschl. Mehrfach prämiertes Feinschmeckerrestaurant der Spitzenklasse, kunstvolle kampanische Küche. Menü 60 €.
Quattro Passi: Via A. Vespucci 13/N, Nerano, Tel. 08 18 08 12 71, Mi geschl. u. Anfang Nov.–Ende Jan. Ein neuer Stern am Gourmet-Himmel ist das Restaurant von Rita Vinaccia und Ehemann. Innovative, verfeinerte mediterrane Küche, sehr gut sortierter Weinkeller. Auch zwei Luxus-Suiten auf B&B-Basis und Kochkurse im Angebot. Menü 40 €.
La Conca del Sogno: Bucht von Recommone, Tel. 08 18 08 10 36. Spezialitäten aus Fisch und Meeresfrüchten in der märchenhaften Bucht, schattige Terrasse. Anfahrt per Seeweg, zu Fuß über Privatstraße ab Marina del Cantone. Auf Anfrage Meerestaxi-Service. Menü ab 35 €.
Da Michele: Marina della Lobra, Via Fontanelle 12, Tel. 08 18 78 98 71, Di geschl. Hausgemachte *scialatielli* mit frischen Kräutern verfeinert, einfache, solide Meeresküche im Hafen von Massa. Menü 25 €.
La Primavera: Via IV. Novembre, Tel. 08 18 78 91 25. Sehr gute Pizzeria im Ortskern von Massa. Angeschlossenes Hotel mit acht Zimmern (DZ ab 70 €) und Panorama auf Capri und Ischia. Pizza ab 8 €.

Fest der Zitronen sowie aller abstammenden Produkte, Aug.

Der Kartograf und passionierte Wanderer Giovanni Vissetti hat Routen auf einer Länge von 100 km erstellt und gekennzeichnet. An größeren Kreuzungen sind beschriftete Majolikaschildchen zu finden, Infos unter Tel. 08 18 08 96 13.

Busse: Mindestens stdl. SITA-Busse vom Ortskern Massa–Sorrent, mehrfach tgl. Verbindungen zwischen den einzelnen Ortsteilen.

DREI INSELN IM GOLF – ISCHIA, CAPRI, PROCIDA

Jede der drei Inseln im Golf von Neapel hat ihren eigenen Charakter. Capri ist das mondäne Aushängeschild des Tourismus und war früher einmal mit dem Festland verbunden, Ischia ist glücklich über seine vulkanischen Thermalquellen und hat daher die Vor- und Nachteile des Massentourismus kennen gelernt, während Procida ein recht touristenscheues Inselchen für Kenner geblieben ist.

Ischia

Ischia Porto und Ischia Ponte

Atlas: S. 236/237, C/D 2
Der ziemlich runde Hafen von **Ischia Porto** kann auch als vulkanische Begrüßungsgeste verstanden werden: Wo heute die überdimensioniert wirkenden Fähren anlegen, befand sich bis vor etwa 150 Jahren ein Kratersee, der vom Bourbonenkönig Ferdinand zum Meer hin geöffnet wurde. Der Vulkanismus hat nicht nur auf dem Festland, sondern mit den Inseln Ischia und Procida auch im Golf von Neapel seine Spuren hinterlassen.

Ischia (sprich ›iiskja‹) ist eine Badeinsel im doppelten Sinne. Hier lässt sich's nicht nur gut im Meer baden, hier wird vor allem in den überaus mineralhaltigen, meist sehr warmen, stellenweise sogar unter der Meeresoberfläche ausströmenden Quellen gebadet. Das Wort ›Fango‹ geht auf den Heilschlamm zurück, der im gleichnamigen Ort auf der Insel abgebaut wird. Die Kur- und Badegeschichte Ischias ist sehr lang und begann mit den Forschungen des Mediziners Salvatore Iasolino; der Kurtourismus der vor allem deutschen Gäste begann in der Nachkriegszeit und hat die Grenzen der Inselkapazität mittlerweile erreicht.

Unübersehbar ist das in den Monaten der Hochsaison von Juni bis September. Dann sind die Strände, Straßen und größeren Orte der Insel voll, und Deutsch wird zur Saisonsprache.

Am kleinen Hafen von **Ischia Ponte** wurden Szenen zum Film ›Der talentierte Mr. Ripley‹ aufgenommen. Auch Ponte hat sich als altes Fischerdorf auf den Fremdenverkehr eingestellt, ist dabei aber nicht so mit Hotels verbaut wie Porto, obwohl es hier schönere Strände gibt und mit dem Castello Aragonese (9 Uhr bis 1 Std. vor Sonnenuntergang, 8 €) eine imposante Sehenswürdigkeit. Hoch oben auf einem Felsmassiv im Meer, verbunden mit dem Festland über die Via Leonardo Mazzella, ist das Aragonesenkastell eines der Wahrzeichen von Ischia.

Eine Besichtigung lohnt nicht nur wegen des schönen Ausblicks. Auf dem Castello finden wechselnde Ausstellungen in der Chiesa dell'Immacolata statt. Weiterhin sehenswert sind die Ruinen der ehemaligen Kathedrale und der Krypta, das ausgediente Gefängnis, die Kirche San Pietro a Pantaniello aus dem 15. Jh. mit sechseckigem Grundriss, die heute makaber wirkende Gruft des Klarissinnenklosters oder das Foltermuseum.

Die ›Hauptstraße‹ von Ponte ist die Via Seminario. Dort, wo sie in die Via L. Mazzella übergeht, ist im Palazzo dell'Orologio das Meeresmuseum (Nov.–Jan./März nur vormittags, Feb. geschl., sonst tgl. 10–12.30, 17–20, Juli/Aug. 10.30–12.30, 18.30–22 Uhr, 2,50 €) untergebracht, das auf drei Etagen von der Geschichte der ischitanischen Seefahrt erzählt und einen realistischen Einblick in den Beruf des *marinaio* gibt, mit Ausstellungsstücken vom alten Taucheranzug bis zur Gallionsfigur.

A. A.: in Porto, Via Porto Aliscafi, Tel. 081 99 12 15 , in den Sommermonaten ganztägig geöffnet.

Grand Hotel Il Moresco: Via E. Gianturco 16, Porto, Tel. 081 98 13 55, Fax 081 99 23 88, www.ilmoresco.it. Modernes Gesundheits- und Schönheitszentrum in maurischem Ambiente. DZ ab 220 €.

Castello Aragonese

Das Zentrum von Ischia Ponte am Abend

Locanda sul Mare: Via Iasolino 90, Porto, Tel. 081 98 14 70. Die nette, schlichte Pension hat sich in diesem Jahrhundert kaum verändert, Blick auf den Hafen. DZ ab 60 €.
Da Sabine: Via Campagnano 20, Ponte, Tel. 081 90 11 79. Einfache Zimmer, bevorzugt von Studenten, Rucksackreisenden und Globetrottern. DZ 40 €.

Damiano: Via delle Vigne, Porto, Tel. 081 98 30 32. Elite-Lokal von Ischia, mediterrane Küche. Menü 40 €.
Cocò: Piazzale Aragonese, Ponte, Tel. 081 98 18 23. Sehr gute Fischgerichte, Spitzenlage an der Brücke zum Castello. Menü ab 30 €.

Haupteinkaufsstraße ist der Corso Vittoria Colonna in Porto.

Calise: Piazza degli Eroi, Porto, Tel. 081 99 12 70, 081 98 42 77. Verschiedene Bars unter einem Dach und im Piniengarten.
El Castillo di Aragona: Castello Aragonese, Ponte, Tel. 081 98 31 53. Disko im Aragonesenkastell.

Fest der hl. Jungfrau Maria: Porto, 2. So im Mai.
Ischia Jazz: Porto, Mitte Mai.
San Pietro: Porto, 28./29. Juni.
Santa Anna: Ponte, 26. Juli, Bootsumzug, ›Meeresbeleuchtung‹ und ›Kastell in Flammen‹.
Miss Ischia-Wahl: Porto, Anfang Aug.
Fest des Sant' Alessandro: Ponte, 26. Aug., historischer Kostümumzug.

Fahrradverleih: Noleggio da Franco, Via Alfredo de Luca 133, Porto, Tel. 081 99 13 34.
Joggen: Ende Sept. ›Ischia Run‹.
Strände: Die schönsten Sand- und Kiesstrände sind die Spiaggia degli Inglesi in

Hafennähe, die Spiaggia dei Pescatori zwischen Porto und Ponte und der kleine Sandstrand von Cartaromana mit Unterwasserthermalquellen.

Auf Ischia gibt es ein gutes **Busnetz** mit mehreren Verbindungen stdl. in alle Richtungen. Die Hauptlinien CD und CS fahren rechts bzw. links um die Insel herum.

Casamicciola

Atlas: S. 236, B/C 2

Casamicciola ist das älteste Kurbad auf Ischia und hat dennoch keine historischen Sehenswürdigkeiten zu bieten, denn der Ort wurde 1883 nach einem besonders schweren Erdbeben komplett neu aufgebaut. Bekannt ist Casamicciola für seine Quellen La Rita und Gurgitello. Diese liegen in einer Grotte, die über die Terme Belliazzi (Piazza Bagni, tgl. 9–17 Uhr) zu erreichen ist. Der Fango wird hier noch in Handarbeit geschöpft, nachdem er monatelang vom Mineralwasser durchspült wurde und so dessen Inhaltsstoffe aufnehmen konnte.

Casamicciola ist ein selbstgenügsamer Ort, dessen Ruhe von vielen Erholungssuchenden sehr geschätzt wird. Dies war bis in die 70er Jahre des 20. Jh. noch anders, als Casamicciola vom Boom des Tourismus im Nachbarort Lacco Ameno profitieren konnte.

Hotel Verde: Via Fundera 8, Tel. 081 99 63 60, Fax 081 90 06 43. Familiär und ruhig am grünen Hang gelegen, spritziger Thermalpool. DZ ab 60 €.

Il Focolare: Via Cretaio 68, Tel. 081 98 06 04, Mo–Fr nur abends, Sa u. So auch mittags. Das Restaurant gehört zu den besten der Insel, originelle ischitanische Küche, sehr saisonbezogen. Menü ab 25 €.

Sant'Antonio: 13. Juni.
Santa Maria Maddalena Penitente: 21./22. Juli.
Fest der Addolorata: 3. So im Sept.

Bagnitiello: Kleines Strandbad in Terrassenlage, auch Kuranwendungen.
Crewfinder: Via G. San Felice 1, Tel. 08 13 33 03 52, www.crewfinder.it. Spezialist für Segelurlaub und -törns, mit und ohne Skipper.
Crocodile Sub: Via Dott. Mennella 6, Tel. 081 90 08 93. Der Club bietet Ausflüge über und unter Wasser, Tauchkurse, Wasserski.

Lacco Ameno

Atlas: S. 236, B 2

Lacco Ameno wurde zweimal entdeckt: zunächst von den Griechen vor 2500 Jahren, die hier ihre ersten Kolonien aufbauten, und in den 50er Jahren des 20. Jh. dann vom italienischen Verleger und Filmproduzenten Angelo Rizzoli, mit dem der Jet-Set-Tourismus auf die Insel kam. In Lacco Ameno wurden auch schon zwei Museen gebaut, zuletzt das 1999 eröffnete **Museo Archeologico Villa Arbusto** (oberhalb Corso Rizzoli, Tel. 081 90 03 56, Di–Sa 9.30–13, 15–19, Juli–Aug. 16–20 Uhr, Mo geschl., 5 €). Die Villa Arbusto ist das Lebenswerk des früher am Nationalmuseum in Neapel tätigen Archäologen Giorgio Buchner, der mehr als 90 % der hier gezeigten Funde selbst ausgegraben hat, darunter

Der Parco Negombo in Lacco Ameno

u. a. den berühmten ›Becher des Nestor‹.

Auf der Piazza Santa Restituta, neben der gleichnamigen Kirche, die der afrikanischen Jungfrau Santa Restituta, der Schutzpatronin von Lacco, geweiht ist, vereint das **Museo Archeologico Santa Restituta** Ausstellungs- und Ausgrabungsort in den Gewölben einer frühchristlichen Krypta und zeigt Funde aus der Ära der Griechen bis zum frühen Christentum (Piazza Santa Restituta, März–Mai u. Sept.–Okt. Mo–Fr 9–12, 15–18, So 9–12, Juni–Aug. 9–12, 17–19, So 9–12 Uhr, 2,50 €).

Das Wahrzeichen von Lacco Ameno ist der *fungo,* ein Tuffsteinblock in Pilzform, laut Legende ein Denkmal der Natur für zwei leidenschaftliche Verliebte. Sie wurden von der Gesellschaft gehasst, weshalb sie im Meer Selbstmord begingen.

Villa Angelica: Via IV. Novembre 28, Tel. 081 99 45 24, Fax 081 98 01 84, www.villaangelica.it. Stilvoller Familienbetrieb im schattigen Garten mit 21 Zimmern, auf Wunsch Wellness-Programm. ÜF ab 100 €, HP 130 €.

Santa Restituta: 16.–18. Mai, Fest der Ortspatronin.

Lido San Montano: schöne, flache Sandstrandbucht.

Forio

Atlas: S. 236, A 2
Forio an der Westseite Ischias ist der zweitgrößte Ort der Insel und Hochburg des Agenturtourismus. Die wichtigste Sehenswürdigkeit ist der **Terrassengarten La Mortella** des englischen Komponisten Sir William Walton mit über 300 seltenen Pflanzen, die in den vergangenen fünf Jahrzehnten hier angepflanzt wurden (Via F. Calise 35, April–Nov. Di, Do, Sa, So 9–19 Uhr, 8 €).

Über das Leben des Künstlers informiert ein kleines Museum, und die Walton-Stiftung veranstaltet hier von April bis November Konzerte junger europäischer Musiker. Die fotogenste Kirche im Ort ist die Wallfahrts- und Schutzkirche der Seefahrer: **Santa Maria del Soccorso** aus dem 18. Jh. steht direkt über dem Meeresufer. Tipp: von ihrer Terrasse aus den Sonnenuntergang beobachten.

Pensione di Lustro: Via Filippo di Lustro 9, Tel. 081 99 71 63. Große Räume, sehr gute einfache Küche, persönlicher Service im ehemaligen Adelspalazzo mit 11 Zimmern und begrüntem Atrium. DZ ab 55, HP ab 65 €.

Jugendherberge:
Ostello Il Gabbiano: SS 270 Nr. 162, Forio-Cuotto/Citara, Tel./Fax 081 90 94 22, 1. April–31. Okt. Moderne internationale Jugendherberge mit Pool in einem ehemaligen Hotel, Schlafsaal ab 13 €.

Il Melograno: Via G. Mazzella 110, Tel. 081 99 84 50, Jan.–Mitte März, Nov./Dez. Mo u. Di geschl. Kampanische Kochkunst neu interpretiert und verfeinert, gelungene Kombinationen aus Meer und Land. Menü 33 €.
Da Ciccio: Via Roma 78, Tel. 081 99 85 30. Die Fischsuppe von Ciccio reicht für zwei; gute Fischgerichte. Menü ab 25 €.

Pietratorcia: SS 270, Nr. 267/Cuotto, Juni–Sept. 17.30 Uhr bis spätabends, auch So, im Winter nach Vereinb., Tel. 081 90 82 06. Guter Weinkeller im rekonstruierten Originalambiente.

Engelslauf ›Corsa dell'angelo‹: Ostersonntag.
Festtage des San Vito: 14.–16. Juni.
Fest der Madonna del Soccorso: 5. Aug.
San Michele Arcangelo: 29. Sept.

Dario Mazzara Marine Service: Via S. Francesco 10, Tel. 081 98 80 52, 33 58 08 80 64. Wasserservice jeder Art.
Lohnend sind die langen **Sandstrände** von Citara und San Francesco.

›Bei Anneliese‹

Köstlicher als bei Anneliese kann Bruschetta auf Ischia nicht sein. Knackig frische, saftige Tomaten, gewürzt mit Basilikum und Knoblauch, bedecken das knusprig geröstete Brot. Konkurrenz bekommt der stärkende Snack von der reichhaltigen Gemüsesuppe, bunten Salaten oder einem preiswerten Teller Pasta. Das alles gibt es wahlweise im lauschigen Garten mit Meerblick oder im kühlenden Tuffgestein, abends zu Lifemusik, ab 6 € (Via G. Mazzella/Lungomare, ganzjährig, Tel. 081 99 86 07).

Sant'Angelo und Umgebung

Atlas: S. 236, B 3/4

In **Sant'Angelo** legen die meisten Besucher neue Filme in ihre Fotoapparate ein. Das frühere Fischerdorf ist in seinen Pastellfarben zu schön, um kitschig zu sein – oder zu kitschig, um schön zu sein. Autos dürfen in den winzigen Ortskern nicht hinein, kulturelle Highlights sind hier nicht zu finden – stattdessen das Gefühl, als sei dies, verglichen mit Forio, die ›edlere‹ der beiden ›deutschen Kolonien‹ auf Ischia.

Ähnlich wie bei Ischia Ponte liegt vor Sant'Angelo ein Felsmassiv, die Insel ›La Roia‹ mit einem Aragonesenturm, der aber nur von außen zu be-

sichtigen ist. Seinen Namen bekam Sant'Angelo vom Heiligen Erzengel Michael, dem die Kirche San Michele geweiht ist. Der Ort lebt von seinen Stränden und Thermalgärten, recht bekannt ist der Fumarolenstrand, der am einfachsten mit einem Taxiboot zu erreichen ist.

Interessant sind die Dörfer in der Umgebung: Zu **Panza** gehört die Baia di Sorgeto, eine Bucht, die von Thermalwasser beheizt wird, und in Panza findet sich auch das Museo Contadino (Tel. 081 90 72 10, Mo–Fr 9–13, 14–17, im Sommer nachm. bis 19 Uhr, Eintritt frei), das im Weingut D'Ambra über die Geschichte des ischitanischen Weinbaus informiert.

Von **Fontana** aus bietet sich die Gelegenheit zu einer Wanderung auf den **Monte Epomeo** (Wegweiser neben der Bar Baìta). In **Serrara** machen vorwiegend deutsche Touristen gerne eine Cappuccino-Pause, genießen den weiten Ausblick von der Piazza oder beginnen hier einen Spaziergang in die Falanga, den Kastanienwald unterhalb des Monte Epomeo. Außergewöhnlich und maurisch wirkt die Kirche Santa Maria del Carmine, die mit dem Rathaus durch einen Torbogen verbunden ist, der gerade genug Platz lässt für die orangefarbenen Busse der Verkehrsbetriebe.

Punta Chiarito: Via Casa Polito 1, Panza, Tel. 081 90 81 02, Fax 081 90 92 77, www.puntachiarito.it. Apartment-Zimmer auf der Spitze der Punta Chiarito, hervorragende Küche, ebensolcher Ausblick. ÜF ab 140 €.
Tre Sorelle: Via Giardini 10, Loc. Succhivo, Tel. 081 90 77 92, Fax 081 90 90 62. Einfaches kleines Hotel in der Hand von drei sympathischen Schwestern, lokale Küche. DZ ab 62 €, HP 80 €.
Casa Gennaro: Via Provinciale 60, Panza, Tel./Fax 081 90 71 18, www.ischia.it/casagennaro/. Ruhige, schlichte Pension, ideal für Einzelurlauber mit Wunsch nach Familienanschluss. HP ab 70 €.

Sant'Angelo

Il Bracconiere: Via Falanga, Serrara, Tel. 081 99 94 36. Spezialitäten ländlicher Hausmannskost wie Jäger-Kaninchen und Rigatoni nach Wildererart. Menü 25 €.
Da Peppino: Piazza IV. Novembre, Fontana, Tel. 081 99 94 18. Hier gibt es Bruschetta und Kaninchen nach dem Rezept von Peppinos Mutter. Menü ab 15 €.
Peppino Sotto la Torre: Am Fuße von La Roja, Tel. 081 99 92 83. Die seltene und stachelfreie Delikatesse Nudeln mit Seeigelsauce kostet für zwei Personen etwa 22 €.

La Tavernetta del Pirata: Piazzetta, Tel. 081 99 92 51. Ein Klassiker für den Abend und die Nacht in Sant'Angelo. Restaurant, Bar und Eisdiele in einem.

Fest der Madonna del Carmine und des San Vincenzo Ferrari: Serrara, 16. Juli.
Fischerfest: Sant'Angelo, Aug./Sept.
Prozession der Madonna della Mercede: Fontana, 24. Sept.
San Michele Arcangelo: Sant'Angelo, Ende Sept., Patronatsfest des hl. Erzengels.

Surfen, Segeln, Kanu, Kajak, Wasserski: Sant'Angelo, Tel. 081 98 37 05.
(Nacht-)Ausflüge zum Epomeo: Unterkunft in der Pizzeria La Serena, Via Epomeo 36, Fontana, Tel. 081 90 42 04, auf 630 m Höhe. Von dort sind es zu Fuß nur noch 2 km bis zum Gipfel.
Strände: Vom vulkanischen Ursprung der Insel zeugen der Fumarolenstrand Spiaggia di Grado in Sant'Angelo und in Panza die vom Thermalwasser beheizte Baia di Sorgeto. Ab Sant'Angelo Taxi-Boote zum langen Sandstrand Maronti.

Capri

Atlas: S. 237, D–F 3/4
Die Insel mit der Blauen Grotte ist zur Insel der Reichen und Schönen geworden. Reich seit den touristischen Anfängen, die ein verschwiegenes Vorspiel hatten. Denn der Fischer Angelo Ferraro konnte sein Geheimnis, eine fischreiche blaue Grotte, vier Jahre lang für sich behalten. Am 18. August 1826 aber offenbarte er seine Entdeckung dem polnischen Künstler August Kopisch und dem Deutschen Ernst Fries. Der Boom begann. Zwar hatte es über die weltberühmte Grotte schon Aufzeichnungen aus dem 17. und 18. Jh. gegeben, die waren aber unbeachtet geblieben. Es eröffneten die ersten Hotels, Vittoria und Londra, die noch relativ preiswert waren, verglichen mit einer Besichtigung der Grotte, die damals etwa die Hälfte der Vollpension kostete.

Auf Capri siedelten die Griechen schon Jahrhunderte vor der christlichen Zeitrechnung, und noch früher war die Insel mal ein Berg, der zum Festland gehörte. Damals weideten hier Elefanten, und die Menschen, die hier gelebt haben, sollen riesenhaft gewesen sein, so der Geschichtsschreiber Svetonius. Nach den griechischen Kolonisten kamen die wohlhabenden Römer. Zunächst ließ sich Augustus eine Villa auf Capri bauen, sein Nachfolger Kaiser Tiberius später deren zwölf. Capri wurde zum politischen Zentrum der Welt – dafür hielt zumindest Tiberius das Römische Reich, das er von dort regierte. Die Geschichte und Geschichten der Insel

DIE BLAUE GROTTE

Ende Mai, es herrscht Unruhe auf Capri. Die jahresüblichen chemischen Untersuchungen des Meerwassers haben beängstigende Ergebnisse geliefert: Teilweise werden die Grenzwerte zum Badeverbot ums Zigtausendfache übertroffen, so die Analysen des Chemielabors, das von Luca Stamati, dem Umweltdezernenten der Provinz Neapel, beauftragt wurde. Stamati ist besorgt: »Die Verschmutzung ist ernst zu nehmen; sowohl an bestimmten Punkten als auch an der Abwasserleitung auf dem Meeresboden«.

Diese Leitung ist alt. Für eine neue gab es vor zehn Jahren Geld, gebaut aber wurde sie noch nicht, so Stamati: »Wir brauchen die neue Leitung und dann müssen die Kläranlagen dazu gebracht werden, dass sie funktionieren – die bei Anacapri, die andere gibt es noch nicht.« Solche Worte hört auf Capri niemand gerne. Prompt meldeten sich Bürgermeister und Tourismus-Manager: Es sei unverantwortlich, das touristische Aushängeschild im Golf von Neapel so zu diskreditieren – auch sei noch nie mit diesem Privatlabor gearbeitet worden. Gegenproben wurden gefordert, Taucher sollten die defekte Leitung begutachten. Schnell wurden als Sofortmaßnahme die Löcher in der Leitung gestopft, verbunden mit dem Hinweis, dass es sowieso nicht gestattet sei, bei der Blauen Grotte zu baden, wo im Frühsommer 2000 ein viel zu hoher Anteil von Mikrofäkalien im Wasser gemessen wurde. Zwar wurden so hohe Werte bei Capri nicht wieder gemessen – wirklich sauber ist das Wasser im Golf von Neapel aber trotz deutlicher Besserung nicht; und Capri liegt eben in diesem Golf. Doch zum Glück für den Tourismus strahlt das Wasser in der Blauen Grotte trotz allem weiterhin schön blau.

ergeben zusammen mit ihrem mondänen Flair die besondere Atmosphäre Capris.

Capri und Anacapri

Atlas: S. 237, F 4 und E 4
Zwischen 5000 und 10 000 Touristen kommen täglich in mindestens 70 Schiffsladungen hierher. Für die 10 km^2 große Insel mit 12 000 Einwohnern und nicht gerade viel ebener Fläche ist das kaum noch zu verkraften. Bislang allerdings hat es noch keine Kontingentierung für Touristen gegeben – die Autos der Nicht-Insulaner aber haben hier nichts zu suchen.

Die Hauptorte Capri und Anacapri sind mit öffentlichen Bussen problemlos zu erreichen, und vom Hafen in **Marina Grande** führt eine Zahnradbahn fast direkt zur berühmten und im Sommer immer viel zu kleinen Piazzetta von **Capri.** Von hier aus zeigen gelbe Keramikkacheln mit blauer Aufschrift den Weg zur **Villa Jovis** (9 Uhr bis 1 Std. vor Sonnenuntergang, 2 €), eine der vielen Villen, die in Capri und Anacapri von verschiedenen Zeiten erzählen. Sie ist die am besten erhaltene der drei übrig gebliebenen Residenzen des Tiberius und liegt ganz im Osten der Insel. Auf der Südseite kann man sich der **Marina Piccola,** dem kleinen Hafenort, über die Via Krupp nähern. Die extrem enge Serpentinenstraße ist mittlerweile wieder offen, nachdem sie statisch abgesichert und restauriert wurde.

Im Nordwesten von Capri liegen die **Blaue Grotte** (s. S. 133) und die **Villa Damecuta,** die am zweitbesten erhaltene Residenz des Tiberius. Die bekannte **Villa San Michele** (Via Capo di Monte, tgl. 9–18 Uhr, 5 €) in Sant'Antonio bei Anacapri dagegen hat der schwedische Arzt, Sammler und Schriftsteller Axel Munthe berühmt gemacht, nicht nur mit seinem gleichnamigen Buch, das in mehr als 50 Sprachen übersetzt wurde. In seiner Villa hat er ein beeindruckendes Arrangement aus Kunstgegenständen ganz verschiedener Epochen hinterlassen.

Die Gärten mit Pflanzen aus ganz unterschiedlichen Gegenden gehören zu den Höhepunkten eines Besuchs auf der Insel Capri; nicht nur wegen der herrlichen Aussicht, die man zusammen mit der berühmten Skulptur der Sphinx genießen kann. Wenn man ihre Flanke streicht, und das tun fast alle, die hier stehen, dann geht ein Wunsch in Erfüllung, so heißt es. Die

Seilbahnfahrt

Am Ortsrand von Anacapri in der Via Caposcuro 10 bietet sich eine Fahrt mit der Seilbahn auf den 589 m hohen Monte Solaro an. Der Inselblick von Anacapris Spitze aus ist nicht zu überbieten, weder an Höhe noch an Perspektivenreichtum. Beim Rückweg zu Fuß kann man einen Abstecher zur Einsiedelei Santa Maria a Cetrella machen. Die Via del Solaro endet nach ca. 1 Std. bei der Villa von Axel Munthe (s. rechts).

Die Piazzetta in Capri

Leuchtturm an der Punta Carena bei Anacapri

glatt-glänzenden Spuren der hunderttausendfachen Zärtlichkeiten sind unübersehbar.

Auf der Piazza San Nicola in **Anacapri** steht das mittlerweile säkularisierte Kirchengebäude San Michele Arcangelo (April–Okt. tgl. 9–19 Uhr, 1 €) mit einem Majolika-Fliesenboden, der die Vertreibung Adams und Evas aus dem Paradies zeigt.

A. A.: Piazzetta Cerio 11, Tel. 08 18 37 04 24.

Quisisana: Via Camerelle 2, Capri, Tel. 08 18 37 07 88, www.quisi.it. Weltbekanntes Luxushotel. DZ ab 260 €.
San Michele: Via G. Orlandi 1, Anacapri, Tel. 08 18 37 14 27, www.sanmichele-capri.com. Außer dem größten Pool der Insel (25 x 10 m) 60 Zimmer mit Meer- oder Bergblick. ÜF 135–172 €.
Canasta: Via Campo di Teste 6, Capri, Tel. 08 18 37 05 61, www.venere.it/capri/canasta. Sympathisches Haus, kürzlich renoviert, 17 Zimmer. DZ ab 120 €.
Bellavista: Via G. Orlandi 10, Anacapri, Tel. 08 18 37 14 63, www.bellavistacapri.com. Kleines, solides Standardhotel mit schönem Ausblick aus den meisten Zimmern. DZ ab 108 €.
Belsito: Via Matermania 11, Capri, Tel. 08 18 37 09 69, www.hotelbelsito.com. Capresische Gastfreundschaft in der 14-Zimmer-Pension, exquisite Küche im Gasthaus aus der Zeit um 1900. DZ ab 64 €.
Alla Bussola di Hermes: Trav. La Vigna 14, Anacapri, Tel. 08 18 38 20 10. Zehn einfache Privatzimmer, die Rita Ferraro zu einem für Capri sehr günstigen Preis vermietet. DZ ab 60 €.

La Capannina: Via delle Botteghe 12–14, Capri, Tel. 08 18 37 07 32.

Vorwiegend ausländische Touristen probieren hier die berühmten *linguine allo scorfano*. Menü 45–60 €.

Da Gelsomina: Via Migliara 72, Anacapri Tel. 08 18 37 14 99, Di geschl., nur mittags, Juni–Sept. auch abends. Das Lokal von Michele Maresca ist bekannt für familiäre Atmosphäre und ebensolche Küche. Menü 30–35 €.

Da Tonino: Via Dentecala 12, Capri, Tel. 08 18 37 67 18. Freundlicher Gastgeber, einfaches Lokal, köstliche lokale Gerichte. Menü 25 €.

In Capri gibt es alles, was teuer ist. Hin und wieder wird ein historisches Geschäftchen von einem Laden der großen Luxusketten verdrängt, manche aber werden immer und ewig bestehen, wie La Parisienne, die älteste Boutique der Insel auf der Piazza Umberto I.

Das Nachtleben spielt sich in **Capri** ab. Wer VIPs sucht, findet sie in der **Disko Taverne Anema e Core:** Via Sella Orta 39e, Tel. 08 18 37 64 61. Ein nächtliches Zitroneneis bietet **Scialapopolo:** Via Vittorio Emanuele 53. Disko-Meile ist die Via G. Orlandi mit **New Planet,** Tel. 08 18 37 27 58, **Underground,** Tel. 08 18 37 25 23, und **Zeus,** Tel. 08 18 37 11 69.

Regatta von Capri: Mai.
Festa di Sant'Antonio: 13. Juni, Fest des Schutzheiligen von Anacapri.
Festa di Santa Maria a Cetrella: Anacapri, 7./8. Sept.

Verleih von Booten und anderen Wassergefährten in Capri an der Marina Piccola und der Marina Grande. Bei **Tauchgängen** hilft der Capri Diving Club, Tel. 08 18 37 34 87. Für eine Besichtigung der blauen Grotte mit Motorboottransport ab Marina Grande sollte man mit ca. 15 € rechnen.

Strände: Es gibt keine Sandstrände auf Capri und nur wenige öffentliche Zugänge zum Meer. Ein Tag Sonnenbaden und Baden kostet 10–20 €.

Anreise: Etwa stdl. Tragflächenboote und Fähren von Beverello, von Mergellina nur Tragflächenboote. Wer auch auf Capri **Auto** fahren will, kann sich ein **Taxi** bestellen, ansonsten sind die Reisenden gleich gestellt: auf die eigenen Füße.

Procida

Atlas: S. 237, E/F 1/2

Manche Reisende lernen Procida als erste Insel kennen, denn einige Fähren legen hier einen Zwischenstopp ein – Zeit für einen Blick auf den Inselwinzling im Golf mit den bunten Häuserfassaden im Hafen. Noch stehen hier Seefahrt und Fischfang vor dem Tourismus. Die Häuser im Hafenort **Sancio Cattolico** sind unverkennbar arabisch geprägt. In die Fassaden integrierte Balkone, Bögen, Außentreppen und geschwungene halbrunde Fenster wechseln sich ab. Streunende Hunde, magere Katzen und die riesigen, unzähligen Zitronen in den Gärten prägen das Bild.

Der Wegweiser ›Abbazia San Michele‹ führt hinauf zur *terra murata* (›gemauerte Erde‹), der mittelalterlichen Oberstadt mit Festungsanlage, Palast, Wohnhäusern und Kirche. Knapp 100 m über dem Meer wirkt der Komplex auf einem Felsvorsprung sehr abweisend – auch der Bevölkerung wird Verschlossenheit nachgesagt. Beim Panoramablick übers Meer

pfeift einem der Wind um die Ohren. Die Kirche San Michele Archangelo mit glanzvollem Innenraum und unheimlichen Katakomben passt zum düsteren Szenario.

Die Via San Rocco führt hinunter nach **Corricella** zu einem winzigen Fischerort. Das Schmuckstück mediterraner Architektur wirkt so authentisch, als sei es gefälscht und extra für Postkarten, Werbespots und Filmsets angefertigt. Mitte der 1990er Jahre wurde hier ein Teil des Films ›Il postino‹ (Der Postbote) abgedreht, mit Massimo Troisi in seiner letzten Rolle (s. S. 80).

Uffico Turistico: Via Marina, Tel. 08 18 10 19 68.

La Casa sul Mare: Salita Castello 13, Tel. 08 18 96 87 99, www.lacasasulmare.it. In der Altstadt mit romantischem Ausblick auf das Fischerviertel von Corricella, zehn komfortable,

Einmalige Filmkulisse: die Häuserfassaden von Corricella

mediterran eingerichtete Zimmer. DZ ab 88 €.

Albergo Residence Tirreno: Via Faro 34, Tel./Fax 08 18 96 83 41, www.venere.com/it/campania/procida/tirreno. Kleine Apartment-Anlage in einem 3000 m² großen Garten. DZ ab 44 €.

Camping:
Es gibt sechs (!) Campingplätze auf der Insel, drei davon in der Via Salette, zwei in der Via IV. Novembre, einen in der Via Serra. Info: www.procidaweb.it.

Gorgonia: Marina Corricella, Tel. 08 18 10 10 60. Elegantes Restaurant im Fischerviertel direkt am Meer. Menü 35 €.

Crescenzo: Marina Chiaiolella, Tel. 08 18 96 72 55. Eines der ersten Restaurants auf Procida, empfehlenswert sind die Spaghetti mit Seeigelsoße oder mit Meeresfrüchten und Gemüse. Menü 25 €.

Argia: Via M. S. Pagliara; vom seltenen Mandarinen- bis zum klassischen Zitronenlikör aus verschiedenen Sorten.

Karfreitagsprozession des Christo Velato – eine der bekanntesten in Süditalien.

Festa del limone: Aug.

Procida Film Festival: Sept.

Diving Procida Sub: Via Giovanni da Procida, Tel. 08 18 10 14 78, www.procidasub.it. Tauchkurse jeder Klasse, Ausflüge und Service.

Yachting Club: Marina Chiaiolella, Tel. 08 18 10 14 81. Vom Tagesaufenthalt bis zum Jahresabo alles, was der Segler braucht.

Strände: Procida hat vorwiegend sandige Strände, deren Körnung genauso variiert wie ihre Farbe: hell bei Chiaiolella, anthrazitfarben die *spiaggia* bei der Conca di Chiaia, die nur über 186 Stufen zu erreichen ist.

Anreise: Fähren und Tragflächenboote tgl. ab Neapel.

Außer den ausreichenden öffentlichen **Buslinien** finden sich **Taxen** am Hafen und unter Tel. 08 18 96 87 85.

Die Amalfiküste

Die Costiera bei Amalfi

Atlas S. 233

DIE COSTIERA AMALFITANA

Schroff und steil fällt die ›göttliche Küste‹ zwischen der Punta Campanella und Salerno ins Meer hinab. Das Lattari-Gebirge hat mit seinen vielen Flussläufen diesen einzigartigen Landstrich geschaffen, den die UNESCO zum Weltkulturerbe zählt. Die ›Amalfitana‹, eine der spektakulärsten Küstenstraßen Europas, begibt sich nur in Amalfi, Minori und Maiori hinunter ans Meer.

Positano

Atlas: S. 233, D 4
Die Marina ist mit den vielen Restaurants, Trattorien und Liegeplätzen für Boote der niedrigste Teil von Positano, das nicht in die Horizontale, sondern in die Vertikale gebaut wurde: Meistens steigt man Treppen hinauf oder hinab. In Sichtweite vom Strand steht die Kirche **Santa Maria Assunta** mit der Majolika-verzierten Kuppel. Die ursprünglich einschiffige Kirche wurde im 13. Jh. erbaut. Unter dem heutigen Fußboden liegen die Reste eines Mosaiks im byzantinischen Stil. Neben einer schwarzen Madonna mit Kind, die als byzantinische Ikone über dem Altar thront, verehren die Positani ihren Ortspatron San Vito. Laut Überlieferung bildete sich der Ort Positano um ein altes Benediktinerkloster, das dem Heiligen Vitus geweiht war. Hier suchten die Menschen aus Paestum nach einem neuen, sicheren Quartier, nachdem sie nur mit Mühe den Überfällen der Sarazenen entkommen waren.

Das Meer brachte abwechselnd Wohlstand und Verwüstung nach Positano. Seit dem 9. Jh. blühte der Handel zwischen der Seemacht Amalfi und dem Nahen Osten. Diese Beziehungen beeinflussten auch die Architektur an der Costiera. Die meist kubischen Häuser mit halbrunden Dächern und Loggia-ähnlichen Eingängen reihen sich in engen, gekrümmten Straßen aneinander. Nachdem Positano 1268 von der konkurrierenden Seemacht Pisa zerstört worden war, wurde noch enger, steiler und verschachtelter gebaut. Positano glich immer mehr einem Souk, und die heutigen Geschäfte erhalten dieses Ambiente weiterhin aufrecht.

Oberhalb der SS 163 liegt der alte Ortskern, das mittlerweile so gut wie verlassene erste Siedlungsgebiet. Noch höher hinauf geht es nach **Montepertuso** mit der Kirche Madonna delle Grazie und einem seltenen Naturspektakel, der *montagna forata,* einem durchlöcherten Felsblock, der dem Ortsteil seinen Namen gab. Diese

Art von Berg ist selten: Zwei weitere davon gibt es nur noch in Indien. Von April bis Juli scheinen zur richtigen Tageszeit Sonnen- und Mondstrahlen gleichzeitig durch den perforierten Stein.

450 m über dem Meer liegt der zweite bergige und winzige Ortsteil von Positano, **Nocelle,** ein fast paradiesisches und ausschließlich zu Fuß erreichbares Fleckchen. Eine Trattoria gibt es trotzdem. Von hier oben hat man einen schönen Blick auf **Li Galli,** die drei Felseninselchen im Meer vor Positano. Sie werden auch ›Le Sirenuse‹ genannt, denn laut Mythos lebten dort die drei homerischen Sirenen, die den Seeleuten den Kopf mit ihrem Gesang verdrehten.

Ihren Zauber haben die Inseln trotz Entmythologisierung bis heute nicht verloren. Der Tänzer Rudolph Nurejew gehörte zu ihren Besitzern. Sie lockten besonders in den 1960ern den touristischen Jetset an, der in Positano allmählich die Künstlerszene ablöste. Gleichzeitig entwickelte sich eine kleine Tourismusindustrie an der gesamten Costiera. In Positano spezialisierten sich die Frauen auf die *Moda di Positano,* Leinenkleider mit viel Häkelspitze, denn seit Jahrhunderten schon hatten sie gewebt, gehäkelt und genäht. Neue Modetrends wurden dabei gerne aufgenommen: 1959 eroberte der Bikini von Positano aus den Rest Italiens.

A. A.: Via del Saracino 4, Tel. 089 87 50 67, www.aziendaturismopositano.it.

Casa Albertina: Via della Tavolazza 3, Tel. 089 87 51 43, Fax 089 81 15 40, www.casalbertina.it. Sehr persönliche Atmosphäre in Lorenzo Cinques Haus, 20 elegante Zimmer mit Terrasse in einem historischen Palazzo, wo schon Luigi Pirandello seine Ferien verbrachte. HP ab 190 €.

Villa Rosa: Via C. Colombo 127, Tel. 089 81 19 55, Fax 089 81 21 12, www.villarosapositano.it. Helle, freundliche Zimmer in einer mediterranen Villa aus dem 18. Jh. Bed & Breakfast, persönliches Ambiente, auch in der Dependance **Villa La Tartana,** Via della Tartana 5, Tel. 089 87 56 45, www.villalatartana.it. ÜF ab 140 €.

La Fenice: Loc. Chetrara, Via G. Marconi 4, Tel. 089 87 55 13, Fax 089 81 13 09. Bed & Breakfast auf hohem Niveau. Panoramalage am Ortsrand, Pool und ganze Bucht als Privatstrand. Gute Meeresküche, Spezialität: Grillfisch. DZ ab 125 €.

Villa delle Palme: Viale Pasitea 252, Tel./Fax 089 87 51 62. Hausherr Domeni-

›Weg der Götter‹

Ein Netz uralter Wege durchzieht die Monti Lattari oberhalb der Küstenorte. Der bekannteste dieser heutigen Wanderwege ist der Sentiero degli Dei, von Positano-Nocelle bis Agerola (Dauer 4–5 Std.). Schon der Schriftsteller Italo Calvino konnte sich für ihn begeistern: »Der Sentiero degli Dei ist der geeignete Ausgangspunkt, um das Imaginäre wieder hervorzurufen auf dieser schwebenden Straße oberhalb des magischen Golfs der Sirenen, der noch heute von Erinnerung und vom Mythos durchzogen wird.«

co Milo, seit über 50 Jahren im Tourismusgeschäft, führt zwölf Zimmer und das Restaurant immer noch mit Engagement. ÜF ab 85 €.

Maria Luisa: Via Fornillo 40, Tel./Fax 089 87 50 23, www.pensionemarialuisa.com. Kleine Pension oberhalb des Fornillo-Strandes, alle zehn Zimmer mit Bad. DZ ab 65 €.

Jugendherberge: Hostel Brikette: Via G. Marconi 358, Tel. 089 87 58 57, Fax 08 98 12 28 14, www.brikette.com. Dez–Feb. geschl. Gepflegt, freundlich, zentral, Schlafsaal 22 €. DZ 65 €.

'O Capurale: Via Regina Giovanna 12, Tel. 089 81 11 88. Ehemalige Osteria; lokale Fischgerichte und Hausmannskost, auch Ausgefallenes. Menü 40 €.

Donna Rosa: Loc. Montepertuso, Via Montepertuso 97, Tel. 089 81 18 06, Di u. Mo abends geschl. Bekannt für hausge-

Positano

machte Pasta und abwechslungsreiche *primi,* luftig-grünes Ambiente. Menü 30 €.
Da Alfonso: Strand von Laurito, Tel. 089 87 50 22. Elementare, schlichte kampanische Küche, viel Fisch und ein Wirt reich an Geschichten. Menü ab 25 €.
Le Tre Sorelle: Via del Brigantino 23, Tel. 089 81 19 22, Di geschl. Exzellenter Fisch. Sehr bekannt, aber kaum Zugeständnisse an touristische Gaumen. Menü ab 35 €.
Taverna del Leone: Loc. Laurito, Via Laurito 43, Tel. 089 87 54 74, Di geschl. Gute Pizzeria an der kurvigen Küstenstraße. Große Auswahl an Gemüse, Pizza ab 10 €.

Café:
La Zagara: Via dei Mulini 10, Tel. 089 87 59 64. Ein Tempel edler Desserts und Süßspeisen, sehr gute *granita* (Fruchtsorbets), Terrasse mit Zitronenhain.

I Sapori di Positano: Via dei Mulini 6. Mehr als nur eine Enothek: Zitronen und was aus ihnen zubereitet werden kann.

Das Nachtleben Positanos spielt sich in den zahlreichen **Bars** ab, berühmt und extravagant ist die Diskothek **Music on the Rocks,** Via Grotte dell'Incanto, Tel. 089 87 58 74, ab 22 Uhr, April–Sept.; in einer Grotte direkt am Meer, mehrere DJs, Bar und Terrasse.

Festumzug für San Vito: 15. Juni.
Silvester: Vor der Kirche Madonna del Carmine feiern die 120 Einwohner ihren Abschied vom alten Jahr mit einem riesigen Feuer und üppiger Brotzeit bis zum Sonnenaufgang. Auch ungeladene Gäste sind herzlich willkommen.

Wanderung: Der Sentiero degli Dei (s. S. 143) ist über die Ortsteile Montepertuso oder Nocelle erreichbar und endet in Agerola, Loc. Bomerano.
Strände: Außer der zentralen Marina und der Spiaggia di Fornillo weitere kleine Sand- und Felsbuchten, die mit dem Boot am besten erreichbar sind.

Busse: SITA-Busse mind. stdl. nach Sorrent und Amalfi.
Schiffsverbindungen: Mehrfach tgl. nach Sorrent, Capri, Amalfi, Salerno.

BUSFAHREN AN DER AMALFIKÜSTE

Seit 1998 wird die Küstenstrecke der Costiera Amalfitana von der UNESCO zum Weltkulturerbe der Menschheit gezählt. Schöne Blicke hinunter in die Buchten bietet eine Fahrt mit einem Bus der öffentlichen Verkehrsbetriebe. Der Fahrer Rolf Dörr macht seit 25 Jahren Bustouren von Deutschland nach Amalfi, Antonio Paolillo fährt seit zehn Jahren für die italienischen Verkehrsbetriebe SITA:

A. P.: »Es gibt ja einige Beschränkungen, um den Busverkehr zu entspannen. Fahrzeuge, die länger als 12 m und höher als 4 m sind, dürfen nicht immer in alle Richtungen fahren. Ich persönlich finde, dass überhaupt nur noch kleinere Touristenbusse für diese Strecke zugelassen und ihnen auch Parkplätze zugewiesen werden sollten. Außerdem muss sich der Tourismus verändern. Bisher läuft's noch nach dem Motto ›friss und stirb‹ – eine Stunde Ravello und dann schnell weiter.«

R. D.: »Die Küste hat in den letzten zehn Jahren für deutsche Touristen an Bedeutung gewonnen, auch ein Grund dafür, dass der Verkehr bei Amalfi bestimmt um das Dreifache zugenommen hat. Außer in den Ortschaften ist viel ausgebaut worden. Und verglichen mit ihrem Zustand damals ist die Amalfitana heute eine Autobahn. Mit der Einbahnregelung aber können wir nur zu gewissen Zeiten zum Hotel zurückkommen. Das ist der Nachteil daran. Stattdessen sollten sie die Strecke lieber für viele Pkw und die Wohnmobile sperren. Was sollen die da unten, warum fahren Wohnmobile nach Amalfi? Die dürfen da sowieso nicht parken oder campieren.«

A. P.: »Grundsätzlich würde ich fremden Busfahrern raten, die Ruhe zu bewahren und immer sehr vorausschauend zu fahren. Zu Blockaden und Millimetermanövern kommt es recht häufig in der Altstadt von Minori, aber auch von Cetara. Wenn sie dann ein Hindernis sehen, sollten sie abwarten, bis das Hindernis auf sie zukommt, nicht umgekehrt. In der Zwischenzeit können sie Platz machen für die kleineren Fahrzeuge hinter sich. Das ist eine Frage der Cleverness, die nicht bei allen im Bus mitfährt.«

R. D.: »Ich würde sagen, die Italiener fahren rücksichtsvoller als die Deutschen. Sie pochen nicht so auf ihr Vorfahrtsrecht, sondern sagen auch mal, hier, bitte, fahr als Erster.«

A. P.: »Wir ärgern uns oft über solche Fahrer, die nur stur an ihren Bus denken und den wenigen Platz auf der Straße nicht richtig ausnutzen. Wir haben ja einen festen Fahrplan, an den wir uns im öffentlichen Nahverkehr halten müssen. Natürlich gilt Ähnliches auch für die Touristenbusse, die an einem Tag Positano, Amalfi und Ravello besuchen. Wenn die lange im Stau stehen, sehen sie vielleicht nur Positano, und das ist schade – für sie und für uns.«

R. D.: »Ich hatte mal zwischen Maiori und Amalfi einen Frankfurter mit einem Wohnanhänger vor mir und hab rund drei Stunden gebraucht für diese Strecke von 6 km. Aber in Amalfi ist er dann ausgestiegen, hat's Auto einfach stehen lassen und gesagt, jetzt will ich nicht mehr, jetzt flieg' ich heim.«

Praiano

Atlas: S. 233, D 4
4 km von Positano entfernt hat sich Praiano 120 m über dem Meeresspiegel auf den abschüssigen Hängen des Berges Sant'Angelo a tre Pizzi oberhalb des Capo Sottile eingenistet. In der Antike Plagianum genannt, kam der ehemalige Fischerort durch das Bündnis mit der Seerepublik Amalfi zu Reichtum. Praiano war Zentrum der Seidenfärberei und -spinnerei sowie der Korallenfischerei. Die felsige und steile Unterwasserlandschaft der Costiera war damals noch übersät mit Korallen. Die Frauen von Praiano übernahmen die Weiterverarbeitung des wertvollen Materials.

Im 13. Jh. entdeckten die amalfitanischen Dogen mit ihrem Hofstaat den kleinen Ort als ruhige, harmonische Sommerfrische und bauten sich ihre Villen. Diesem Beispiel folgte auch Karl von Anjou, der König Neapels.

Die ersten Siedler suchten sich das ›Herzstück‹ der Costiera aus, wo die Sonne ungewöhnlich spät untergeht – in den meisten Buchten an der amalfitanischen Küste frisst sich der Schatten schon ab dem frühen Nachmittag voran. Außerdem bleibt Praiano verschont vom Tagestourismus mit seinen Ausflugsscharen, denn es gibt keine bekannten Kulturdenkmäler.

Mittelpunkt von Praiano ist die 1589 errichtete Kirche **San Gennaro** (Via San Gennaro). Die Majolika-verzierte Kuppel gilt insgeheim als die schönste der Costiera. Der ebenfalls mit Majolika gestaltete Kirchenvorplatz dient den Bewohnern als Treffpunkt und den Kindern als Fußballplatz. Sehenswert ist auch die Pfarrkirche **San Luca** (Via G. Marconi) von 1562 mit einer Holzkanzel im Inneren und einem Fußboden aus Majolika. Der Kirchturm diente zeitweise auch als Verteidigungsturm.

Am östlichen Ortsende, direkt hinter dem Tunnel, zeigt sich Praiano wieder maritim. Tief unter der SS 163 im Tal von Praia liegt **Marina di Praia** mit Sandstrand, Fischerbooten und Restaurants, die den Fang frisch verwerten. Die Bucht bildet die Grenze zu Furore.

Info im Rathaus: Corso Umberto I., Tel. 089 87 40 26.

Alfonso a Mare: s. Restaurants.
Le Sirene: Via San Nicola 19, Tel./Fax 089 87 40 13, www.lesirene.com. Sehr freundlicher, ruhiger und persönlicher Familienbetrieb, unterhalb der Kirche von San Gennaro im alten Ortskern, Terrasse mit Meerblick. ÜF ab 90 €.
Il Gelsomino: Via Roma 3, Tel. 089 87 44 68, www.ilgelsominopraiano.com. Vier Zimmer und zwei Mini-Apartments (ab einwöchigem Aufenthalt), angenehm schlicht, hell und mit alten Möbeln eingerichtet, inkl. Kühlschrank und Kochplatte, nah bei Marina di Praia. DZ ab 60 €.

Camping:
Le Tranquillità: Via Roma 21, Tel. 089 87 40 84, Fax 089 87 47 79. Einziger Campingplatz an der Costiera.

Alfonso a Mare: Via Marina di Praia, Tel. 089 87 40 91, www.alfonsoamare.it. Klassiker, der zu den alten, in den 50er und 60er Jahren berühmt gewordenen Ristoranti zählt, die mal Filmsets waren. Meeresküche, Menü 30 €. DZ ab 90 €.

Pferdekoppel an der *Costa divina,* einem reizvollen Wandergebiet

La Brace: Via G. Capriglione 146, Loc. Vettica Maggiore, Tel. 089 87 42 26, Mi geschl. Rustikale Trattoria, gute maritime Küche, kombiniert mit Produkten vom Land, z. B. Calamares mit Kartoffeln, hausgemachte *dolci.* Menü ab 25 €.
San Gennaro: Corso Umberto I, Tel. 089 87 42 93, www.ilsangennaro.it. Großräumige Trattoria und Pizzeria im Ortskern am Kirchenvorplatz, regionale Küche. Auch Zimmervermietung und Mini-Apartments. ÜF ab 45 €. Menü 20 €.

La Boa: Via Marina di Praia, Tel. 089 81 30 34, mobil 335 34 57 39, www.laboa.com. Tauchcenter.
Wanderung nach Furore: Beginn in Vettica und Anstieg bis zur Grotte Santa Barbara, dort Abzweigung rechter Hand in Richtung Furore, der Abstieg beginnt in San Michele.
Strände: Felsbucht im Ort, ausgeschildert unterhalb der Kirche San Gennaro. Grober Sandstrand in Marina di Praia.

Busse: SITA stdl. nach Positano, Sorrent und Amalfi. **Schiffe:** Im Sommer Verbindung nach Positano.

Furore

Atlas: S. 233, D 4
Furore gibt es gleich zweimal. Eines in der Höhe und ein **Furore Marina** unten am Fjord, der an seiner höchsten Stelle 310 m misst und der einzige seiner Art in Südeuropa ist. In Furore sind die Monazzeri, die einfachen alten Fischerunterkünfte restauriert und renoviert worden. Der Einklang von Farben, Form und neu definierter Funktion beeindruckt. Ausstellungsräume,

ein Jazzlokal (nur im Sommer, freitags), ein Restaurant (Al Monazeno, Tel. 089 81 30 04) und ein Geschäft mit lokalen Spezialitäten haben Platz gefunden, ohne die Fischer und ihre Boote aus dem Fjord zu vertreiben.

Der Abstieg von der Küstenstraße führt etwa 200 Stufen hinunter zum Fjord und gleicht einem würzig duftenden Bad inmitten von mediterranen Pflanzen; darunter Kapernsträucher, wilde Karotten und wilder Blumenkohl. Noch heute fließt hier der Schiato ins Meer, der auf seinem steilen Weg von Agerola bis zum Meer die tiefe Schlucht ins Gestein gegraben hat. Der Fjord war sowohl Schauplatz der Novelle von Boccaccio über den Banditen Ruggieri di Agerola (Decamerone, 4. Tag, 4. Novelle), als auch von Federico Fellinis Film ›Il miracolo‹. Das Liebespaar Anna Magnani und Roberto Rosellini suchte hier Zuflucht, genauso wie die Wanderfalken, die tief hinten in der Schlucht nisten.

Das Furore in der Höhe versteckt sich oberhalb des Fjords zwischen Kurven und Weinbergen. Über 80 *murales* zieren die Hauswände, gemalt von italienischen und mexikanischen Künstlern.

Pro Loco: im Rathaus, Via Mola 29, Tel. 089 87 41 00, www.comunefurore.it.

Agriturismo Serafina: Loc. Vigna, Via Piccola 3, Tel. 089 83 03 47, www.agriturismoserafina.it. Zwei Zimmer vermietet Domenico Fusco in Terrassenhanglage oberhalb der Steilküste, Produkte aus eigener Herstellung, Trattoria, Pool. ÜF 60 €.
Hostaria da Bacco: s. Restaurants.

Gran Furor Divina

Vor über 20 Jahren begannen Marisa Cuomo und Andrea Ferraiuoli mit der Realisierung ihres Traums: Weinanbau in den extremen Steillagen der Costiera. Ihr renommierter Betrieb stellt aus Fenile-, Ginestra-, Piedirosso- oder Aglianicoreben hochwertige D.O.C.-Weine her, die teilweise, wie der ›Furore Rosso Riserva‹, im Fass reifen und eine außergewöhnliche Landschaft in einen einzigartigen Geschmack verwandeln (Via Lama 14, Tel. 089 83 03 48. www.granfuror.it, auf Anfrage auch Besichtigung).

Hostaria da Bacco: Via Lama 9, Tel. 089 83 03 60, www.baccofurore.it. Trattoria im hoch gelegenen Ortsteil, traditionsorientierte Küche, hohes Niveau, hausgemachte Nudeln und *dolci.* Für Übernachtungsgäste hält Familie Ferraiolo 19 Zimmer in Panoramalage bereit, freundlicher Service. DZ 70–80 €, Menü 30 €.

Fest der Kaktusfeige: 1. Sept.-Wochenende.

Busse: Stdl. SITA-Busse Furore–Conca dei Marini–Amalfi.

Conca dei Marini

Atlas: S. 233, D 4
Zwei Dinge haben die kleine Ortschaft bekannt gemacht: eine Grotte und die Sfogliatella di Santa Rosa, ein verfüh-

rerisches Gebäck. Conca ist ähnlich wie Furore von der SS 163 kaum zu erahnen, da es sich in mehrere Ortsteile zerstreut.

Der Fischer Buonocore entdeckte 1923 die berühmte **Grotta dello Smeraldo** unterhalb von Sant'Antonio bei km 24 an der SS 163. Zahlreiche Stalagmiten lassen vermuten, dass sich das grün schillernde Naturschauspiel noch vor Jahrtausenden unter dem Meeresspiegel befand. Ein Kuriosum ist die Krippe aus Keramikfiguren, die einige Fischer unter Wasser positionierten. Erreichbar ist die Grotte von der SS 163 aus mit einem Aufzug oder von der Marina im Fischerboot-Express (tgl. 9–16 Uhr, Eintritt 5 €).

Am Ende des Ortsteils San Pancrazio ragt oberhalb des Capo di Conca auf einem Felsvorsprung das ehemalige **Dominikanerinnenkloster der Santa Rosa** hervor. In der Ordensküche entwickelten die Nonnen im 18. Jh. aus dem Rezept der neapolitanischen *Sfogliatella* ihre eigene kokett-erotische Version (s. S. 41). Derzeit wird das Kloster renoviert und soll anschließend als Luxushotel genutzt werden. In der angrenzenden Kirche **Santa Maria a Grado** veranstaltet die Konzertgesellschaft von Ravello regelmäßig klassische Konzerte.

Die Bucht der **Marina di Conca** ist noch schmaler als die von Marina di Praia. Der Abstieg führt (beim Hotel Belvedere) über Stufen von der SS 163 hinunter. Nach einem Erdrutsch sind Bar und Trattoria mittlerweile wieder eröffnet. Dem Baden in der Fischerbucht steht nur der frühe Schatten ab 15 Uhr entgegen.

Pro Loco: im Rathaus, Via Maggio 4, Tel. 089 83 13 01.

Festa del Mare: 23. Juli.
Fest der Sfogliatella di Santa Rosa: 2. Aug.

Baden: Von der Bucht in Conca Taxi-Boote an den gegenüberliegenden Sandstrand beim Capo di Conca.

Busse: Stdl. SITA-Busse der Linie Amalfi–Positano–Sorrent oder Furore–Conca–Amalfi.

Amalfi und Atrani

Atlas: S. 233, D 4

In Amalfi leben 6000 Menschen auf nur 3 km^2. Jeweils zu Ostern sind zum ersten Mal im Jahr alle knapp 1400 Hotelbetten belegt, die Gäste der Ferienwohnungen kommen noch dazu. Dass die Stadt dennoch nicht aus allen Fugen quillt, liegt an der vertikalen Vervielfachung des so knapp bemessenen horizontalen Raumes. Die Häuser wachsen in die Höhe, genauso wie die Terrassengärten, die gerade genug Fläche hergeben für Wein-, Gemüse und Obstanbau.

Zwei ehemalige Klöster flankieren die zum Meer hin gewandte Häuserkulisse von Amalfi. San Pietro im Westen und San Francesco im Osten dienen heute weltlichen Reisenden als luxuriöse Unterkunft. Zwischen diesen beiden historischen Gebäuden scheint die Vergangenheit der alten Seehandelsmacht konserviert, ohne jedoch den Lauf der Zeit vergessen zu haben. Die Hauptstadt der Costiera hat

AMALFI, DIE ERSTE SEEREPUBLIK ITALIENS

Der Aufschwung der amalfitanischen Seerepublik begann 747 mit einem Verlust. Die nordafrikanischen Länder hatten mit der Schlacht um Zypern auch den Zugriff auf die bis dahin gesicherten Holzvorräte verloren. Diese Situation nutzten Händler aus Amalfi und lieferten Holz an afrikanische Häfen. Ihre Handelsstrategie beruhte auf dem *ciclo triangolare,* einem dreistufigen System des Warenaustauschs: Zuerst tauschten die Amalfitaner ihre Ware gegen arabisches Gold. Dieses tauschten sie auf den Märkten von Byzanz gegen Edelsteine und wertvolle Stoffe ein, die sie wiederum teuer in Italien verkauften.

Unaufhaltsam vergrößerte sich die amalfitanische Handelsflotte, als Amalfi 958 seine volle Unabhängigkeit erhielt. Die amalfitanische Handelsaristokratie mit dem Dogen als politischem Oberhaupt gründete im gesamten Mittelmeerraum wirtschaftliche Kolonien und Siedlungen und nahm stellenweise sogar Einfluss auf die Vergabe der Ankerplätze in den Häfen.

Während Amalfitaner sich einerseits wie selbstverständlich unter die Bewohner der Stadtviertel von Tripolis (Syrien), Beirut, Jaffa, Zypern und Alexandria mischten, ließen sich andererseits immer mehr jüdische, arabische und griechische Händler in Amalfi nieder. Der große Erfolg beruhte auch auf ihrer Organisations- und Verwaltungsstruktur. Amalfi war eine polyzentrische Republik mit beigeordneten Standorten in verschiedenen Städten.

Atrani war Sitz des herzöglichen Hofes. In Minori befanden sich die Schiffswerften, zuständig für den Bau und die Wartung der Flotte. In Ravello und Scala residierte die Händleraristokratie. In Maiori, Pogerola und Pontone war die Besatzung der Militärflotte stationiert – schlagkräftige Unterstützerin der Handelsflotte. Die amalfitanischen Werften konnten sich vor Aufträgen kaum retten. Englische und deutsche Reeder warteten jahrelang auf ihre Bestellungen und zahlten widerspruchslos hohe Summen.

Der Umschwung für die Seerepublik kam, als nach längerer Belagerung die pisanischen Rivalen 1137 Amalfi plünderten, sich die gut funktionierenden Handelsbeziehungen zu Nutze machten und kurz darauf die Normannen die Herrschaft in der Stadt übernahmen.

Viele amalfitanische Gebäude behielten auch im 13. Jh. noch die arabisch-byzantinischen Einflüsse bei. Der enge Kontakt zur arabischen Welt machte sich auch im wissenschaftlich-technischen Bereich bemerkbar. So habe der Amalfitaner Flavio Gioia angeblich den Kompass erfunden, erzählt die Stadtgeschichte. Sicher aber gaben die Händler Amalfis dem westlichen Mittelmeerraum weiter, was sie bei den Arabern entdeckt oder von ihnen gelernt hatten – wie den Zitronenanbau.

TRATTORIA
PIZZERIA
S.ANDREA

sich dem Tourismus-Markt zugewandt, edle Stoffe, Edelsteine und Elfenbein sind Teil der Stadtgeschichte, an die sich die Amalfitani allerdings gern erinnern.

Im 11. und 12. Jh., als die Handelsbeziehungen der freien amalfitanischen Seerepublik den gesamten Mittelmeerraum überzogen, zählte Amalfi mit den umliegenden Ortschaften 50 000 Menschen. Teile der Stadt versanken nach der Sturmflut von 1343 im Meer. Die reichhaltige Geschichte aus jener Zeit dokumentiert das **Museo Civico** (Palazzo Municipio, Corso Roma, Mo–Fr 8–14 Uhr) im Rathaus. Neben dem Handels- und Seefahrtskodex, der in Amalfi entwickelt wurde und für Jahrhunderte das grundlegende Regelwerk der Mittelmeernavigation darstellte, werden die *Tarì* ausgestellt, die mittelalterliche amalfitanische Währung aus der hauseigenen Prägewerkstatt.

Auch die Kostüme der *Regata storica* werden im Museum aufbewahrt. Der historische Kostümumzug, der *corteo storico,* ist fester Bestandteil der Regatta, mit der die alten vier Seerepubliken Genua, Venedig, Pisa und Amalfi an ihre Vergangenheit erinnern. Seit 1955 richtet jedes Jahr abwechselnd eine der vier Städte das Rennen in ihren Gewässern aus. Im Juni 2005 und 2009 wird Amalfi wieder Gastgeberin der Ruderregatta sein.

Weitere Einblicke in die Vergangenheit des Seehandels gewährt der **Arsenale della Repubblica** (Corso Roma, Mo–Fr 8–14 Uhr). Das ehemalige Werftgebäude der Stadt ist das einzige seiner Art in Süditalien. Ganz unbeschadet hat es jedoch die Jahrhunderte nicht überlebt. Die Sturmflut von 1343 zerstörte ungefähr die Hälfte der Werft aus dem 11. Jh. In den riesigen zweischiffigen Räumen mit Kreuzgewölben wurden im Mittelalter die 30 bis 40 m langen, kompakten Handelsgaleeren gebaut.

Der Ende des 10. Jh. errichtete Dom ist das Zentrum von Amalfi

Symbolisches und touristisches Zentrum Amalfis ist der **Dom** (Piazza Duomo, April–Okt. 8–19, Nov.–März 8–13, 14.30–18 Uhr, Eintritt 2,50 €). Am Ende der großen Freitreppe überragt er den Vorplatz aus dem 18. Jh. mit dem Brunnen und der Figur des hl. Andreas, dem der Dom geweiht ist. Der auch Kathedrale di Sant'Andrea genannte Bau, wurde 987 auf Wunsch des Duca Mansone neben der älteren, schon bestehenden frühchristlichen Basilica del Crocifisso aus dem 6. Jh. errichtet. Die Amalfitani verbanden die beiden Gotteshäuser mit einem Säulengang – ein Bauelement, das sie von nordafrikanischen Moscheen kopiert hatten.

Nach vielen baulichen Veränderungen am Dom sind die beiden Kirchen äußerlich zu einer verwachsen. Der Dom präsentiert sich barock; Eingangsbereich und Fassade mussten 1889–91 nach einem Einsturz wieder aufgebaut werden. Das byzantinische Bronzetor aus einer syrischen Kunstschmiede in Konstantinopel hatte das Erdbeben von 1881 unbeschadet überstanden. Es erzählt Szenen aus dem Leben des hl. Andreas.

Die Reste der frühchristlichen Basilika sind als die heute so genannte

Cappella del Crocifisso mit ihrem arabisch-normannischen Aussehen erhalten geblieben.

Mystisch wirkt die Atmosphäre in dem angrenzenden Kreuzgang aus dem 13. Jh., dem Chiostro del Paradiso. Die amalfitanische Aristokratie ließ sich hier zwischen arabisch-spanischen Säulen begraben – in der Hoffnung auf das Paradies.

Auch der Campanile des Doms, 1180 begonnen und 1276 fertig gestellt, vermischt arabische und normannische Baustile und passt hervorragend zum Kreuzgang. Das Gelb der Majolika-verzierten Kuppel steht symbolisch für die Zitronen, das Grün für die Farbe des Meeres.

Eine Besonderheit der amalfitanischen Stadtarchitektur ist der *supportico,* die überdachte, da von Häusern überbaute Straße. Der schmale, gebogene **Supportico Sant'Andrea** verbindet die Piazza Duomo mit der Piazza Municipio. Auch die **Piazzetta dei Dogi** ist sehenswert: Enge, Abgeschlossenheit und das Nebeneinander verschiedener Baustile verleihen ihr Charme. Parallel zur Via Capuano, der Verlängerung der Via Genova und mit dieser die Hauptachse durch den Ort, verläuft der **Supportico Rua Mercatorum.** Viele kleinere Seitenabzweigungen münden in diese Straße, die im Mittelalter die wichtigste städtische Ader bildete.

Ortsauswärts, hinter der **Piazza dello Spirito,** verengt sich das breite Tal, das der Canneto und der Chiarito geschaffen haben, und geht über in die **Valle dei Mulini.** In diesem ›Mühlental‹ waren im Mittelalter die Papier-Manufakturen ansässig. Die amalfitanischen Seehändler hatten auch die Kunst der Papierherstellung von ihren Reisen in arabische Städte mitgebracht. Als Erste in Italien schöpften die Papiermacher Amalfis bereits im 13. Jh. die wertvollen Blätter. Über 600 Jahre lang blühte die Produktion, dann schrumpfte die Zahl der *cartieri* von 16 auf nur noch zwei zusammen, die das traditionelle Handwerk auch bis heute fortsetzen (Cartiera Armatruda, Cartiera A. Cavaliere, beide Via Fiume).

Einblick in die Welt der Papiermacher gewährt das **Museo della Carta** (Via delle Cartiere, www.museodellacarta.it, tgl. 10–18 Uhr, Eintritt 3,50 €). In der authentischen Papierfabrik aus dem 15. Jh. sind neben den Arbeitsgeräten mehr als 3000 Bücher über die Geschichte von Amalfi und die Kunst der Papierherstellung archiviert.

Mit einer kleinen, familiären Privatsammlung nur wenige Meter entfernt dokumentiert Luigi Aceto im **Museo della Civiltà Contadina** (Via delle Cartiere 55, Mo–Sa 9–13, 15–19, So 9–13 Uhr, Eintritt frei) seine Familiengeschichte. Seit Generationen steht der Name Aceto für Zitronenanbau. Dementsprechende Gerätschaften sind ausgestellt, außerdem Handwerkszeug aus der bäuerlichen Welt. Neben dem Museum produziert Signor Aceto Likör.

Etwa 3 km nördlich des Ortsausgangs beginnt nach der Valle dei Mulini das **Naturreservat Valle delle Ferriere.** Der Naturpark erstreckt sich auf fast 500 ha entlang mehrerer Flussläufe zwischen Dolomit- und Kalkgestein. Viele Quellen sorgen in dem dicht bewaldeten Gebiet für ein feuchtes Mikroklima, in dem auch die seltene Farnart *Woodwardia radicans* wächst. Den Namen bekam das Naturreservat von den Ruinen ehemaliger Eisenhütten, die unter der üppigen Vegetation kaum noch zu erkennen sind.

Im oberen, hoch gelegenen Teil der Valle dei Mulini stehen die Reste alter Papierfabriken und eine Eisenhütte, heute Industriedenkmal, in der bis ins 19. Jh. das unbearbeitete Eisen aus den Erzminen Elbas für die Schmiedewerkstätten aufbereitet wurde. Naturnaher lässt sich das Erbe der Seemacht Amalfi – von Amerikanern ›Ämmelfai‹ gerufen – kaum erleben.

Nur wenige Kurven hinter Amalfi liegt **Atrani** in der Talmündung des Dragone. Der **Monte Aureo** mit dem mittelalterlichen Wachturm **Torre di Zirro** signalisiert den Ortswechsel. Die kleinste Ortschaft Italiens begnügt sich mit einer Fläche von nur 1 km². Wie pastellfarbene, barocke Sahnetörtchen kleben die Häuser und Kirchen an den Hängen des Dragone-Tals, miteinander verbunden durch enge, teils überdachte Gassen und steile Treppen.

Atrani war im Mittelalter ein Teil der amalfitanischen Seerepublik. Die Handelsaristokratie baute vorzugsweise hier ihre Residenzen. In der Kirche **San Salvatore de' Birecto** wählte und krönte sie ihre Dogen.

Mittelpunkt des Ortes ist die **Piazza Umberto I.,** die selbst in der Hochsaison keine Überfüllungserscheinungen zeigt. Von ihr zweigen die verwinkelten Straßen zu den Kirchen von Atrani ab. 300 Sakralbauten zählte der Ort im Mittelalter, als er aber auch noch um einiges größer war und sich nach Osten ausdehnte. Die Kirche **Santa Maria Maddalena** ist am Rand des Ortsplateaus ans Meer gebaut, was Walter Benjamin vorkam, als stiege hier Gott selbst ins Meer hinab.

Tal der Eisenhütten

Vom nördlichen Ortsende aus führt ein Wanderweg in die Valle delle Ferriere, eine der faszinierendsten Ecken der Costiera mit seltenen Farnarten, vielen Quellen und verlassenen Eisenhütten. Der Weg zieht sich über das Hochtal Valle dei Mulini bis nach Pontone (ca. 3 Std.). Von dort dauert der Abstieg nach Amalfi nochmals 1 Std. Im Buchhandel und am Kiosk ist ein Wanderführer für Amalfi und Umgebung erhältlich: Julian Tippet, Guida agli antichi sentieri, Eidos Centro di Cultura e Storia Amalfitana.

A. A.: Corso Roma 19, Tel. 089 87 11 07, www.amalfitouristoffice.it.

Villa Lara: Via delle Cartiere 3, Tel. 08 98 73 63 58, www.villalara.it. Die Villa aus dem 19. Jh., umgeben von Zitronenhainen, liegt in Terrassenlage am Ortsende. Elegante Zimmer mit Majolika-Schmuck und alten Möbeln. Frühstücksterrasse mit Panorama. ÜF ab 100 €, Suite ab 175 €.

Die Küste bei Amalfi ▷

La Conchiglia: Lungomare dei Cavalieri/Piazzale dei Protontini, Tel./Fax 089 87 18 56. Am Ende des Touristenhafens, elf Zimmer, freundlicher Familienbetrieb, Restaurant, Parkplatz und Strand. ÜF 120 €.
Amalfi: Vico dei Pastai 3, Tel. 089 87 24 40, Fax 089 87 22 50, www.hamalfi.it/mainpage.htm. In einer ruhigen Seitengasse und trotzdem nah an Amalfis Schlenderstraße. Veranda im Limonenhain und Dachterrasse. ÜF ab 80 €.
Locanda Costa d'Amalfi: Via Augustariccio 50, Tel. 089 83 19 59, www.locandacostadamalfi.it. Sechs Gästezimmer mit viel mediterranem Flair in Terrassenlage am Ortsausgang Richtung Positano. DZ 80 €.
Sole: Largo della Zecca 2, Tel. 089 87 11 47, Fax 089 87 19 26, www.starnet.it/hsole. Kleine Pension mit 13 Zimmern, nah bei der Kathedrale. DZ 50–120 €.
A Scalinatella: Piazza Umberto I. 12, Atrani, Tel. 089 87 14 92, www.hotelscalinatella.com. Freundliche Zimmer mit Hostelcharakter (Schlafsaal ab 10 €), über den Ort verteilt, auch Mini-Apartments. Spezialpreise im angeschlossenen Restaurant, viel junges Publikum. DZ ab 40 €.
Pesce d'Oro: s. Restaurants.

Eolo: Via P. Comite 3, Tel. 089 87 12 41. Gourmetverdächtig, Tradition kombiniert mit Innovation im passenden Ambiente: Terrasse mit Blick aufs Meer. Menü 40 € .
Al Pesce d'Oro: Via Augustaricco 56, Loc. Vettica Minore, Tel. 089 83 12 31. Sehr gute einfache Küche mit Schwerpunkt Fisch: Tintenfischgerichte, Sardinen; familiärer Service. Einfache, helle Zimmer ab 70 €, Menü 30 €.
La Perla: Via dei Pastai 5, Tel. 089 87 14 40, Di geschl. Regionale Fischspezialitäten und großes Pizzasortiment. Emilio achtet auf ein gutes Preis-Qualität-Verhältnis. Menü ab 25 €.

Il Teatro: Via E. Marini 19, Tel. 089 87 24 73. Großräumiger Familienbetrieb, beliebt bei Touristen dank der Schauspieleinlagen des Hausherrn, solider Amalfi-Standard. Menü 20 €.

Cartiera Armatruda: Via Fiume, Tel. 089 87 13 15. Handgeschöpftes Papier aus dem Traditionsbetrieb. Interessant ist die Besichtigung der Anlage mit kleiner Privatausstellung.
Cooperativa Amalfitana Trasformazione Agrumi: Via Salita Chiaro 9. Liköre, Marmelade und weitere Produkte aus Zitrusfrüchten.
Pasticceria Pansa: Piazza Duomo 40, Tel. 089 87 10 65. Süße Köstlichkeiten aus Zitronen und Mandeln, besonders gefragt sind kandierte Zitronenschalen.

Torre Sarracena: Via Augustariccio 33, Tel. 081 83 11 48. Disko-Bar im alten Verteidigungsturm gegenüber dem gleichnamigen Hotel.

Fest des Stadtpatrons Sant'Andrea: Amalfi, 27. Juni und 30. Nov., mit Prozession, Kirmes und Feuerwerk.
Santa Maria Maddalena: Atrani, 22. Juli.

Zur **Grotta Smeralda in Conca dei Marini:** Mit dem Boot ab Molo Pennello direkt zur Grotte. Oder mit dem Bus (SITA) bis SS 163, km 24 in Conca. Ein Aufzug fährt zur Grotte hinab.
Strände: Neben der sandigen Marina direkt am Ort kleine Felsenbuchten. In Atrani dunkler Sandstrand, von der Piazza Umberto erreichbar.

Busse: Stdl. Verbindungen (SITA) nach Salerno, Sorrent und zu den Ortschaften der Costiera.
Schiffe: Tgl. Tragflächenboote nach Neapel, Capri, Sorrent, Positano, Salerno.

Ravello und Scala

Atlas: S. 233, D 4
Elegant und nobel residiert Ravello auf einem Bergausläufer 350 m über dem Meer, nur 5 km von Amalfi entfernt. Vor ca. 1500 Jahren, so die Legende, suchten einige römische Patrizierfamilien auf der Anhöhe zwischen den Tälern Dragone und Reginna Zuflucht vor plündernden ›Barbaren‹. 500 Jahre später erhielt Ravello von den Normannen seine Unabhängigkeit. Papst Viktor III. wollte es als Bischofssitz sehen, denn der Handel mit dem Mittelmeerraum blühte, die Bevölkerungsdichte war hoch und die Stadt prosperierte. Dies ist den prunkvollen Palazzi, majestätischen Kirchen und einladenden Gärten heute noch anzusehen.

In der Ortsmitte ließ der erste Bischof von Ravello 1086 den **Dom** errichten (Piazza Duomo, tgl. 9–13, 16–19 Uhr), der 100 Jahre später umgestaltet wurde. Erhalten geblieben ist das monumentale Bronzeportal, das Barisano da Trani 1179 im Auftrag des Ravellesen Muscettola anfertigte. Das Innere der ursprünglich dreischiffigen romanischen Basilika wurde vor einigen Jahren teilweise restauriert. Barocke Baumeister hatten die Kirche nach akuter Einsturzgefahr verändert.

Blickfang im Inneren ist die Kanzel von Niccolò Bartolomeo aus Foggia. Sechs Löwen tragen die arabisch anmutenden, mit Mosaiken verzierten Marmorsäulen, die die Kanzel von 1272 stützen. Den Arbeitsauftrag gab Nicola Rufolo (der Jüngere). Das geheimnisvolle Lächeln seiner Frau Sigilgaita blieb der Nachwelt mit der Marmorbüste der Edeldame erhalten. Ausgestellt ist sie in der Krypta des Doms im **Dommuseum** (tgl. 9–19, im Winter 9–18 Uhr, Eintritt 2 €) neben weiteren Kunstwerken, die mit der Barockisierung der Basilika entfernt wurden.

Ravello, von Familien der Aristokratie erbaut, wurde im 19. Jh. von Adeligen und von Millionären neu entdeckt. Francis Nevile Reid erwarb 1881 die **Villa Rufolo** und ließ sie renovieren. Erbaut hatte sie die Adelsfamilie Rufolo im 12. Jh., als Sinnbild ihres sozialen Status und ihres fürstlichen Reichtums. Heute ist die Villa Rufolo ein Gesamtkunstwerk aus arabischer, byzantinischer und sizilianischer Architektur mit maurischem Kreuzgang, exotischem Garten und Terrassen über dem Meer (Piazza Duomo, tgl. 9–20, im Winter 9–18 Uhr, Eintritt 4 €). Von dort oben scheint der Golf von Salerno die ideale Weiterführung des Gartens zu sein. Richard Wagner fand hier die Inspiration zum zweiten Akt des ›Parzifal‹. Alljährlich im Sommer finden die Musikfestspiele mit Blick aufs Meer statt.

Ravello hat es nach seiner Wiederentdeckung durch nordeuropäische Romantiker verstanden, das Beste der verschiedenen Kulturen zu bewahren, von denen es bewohnt oder aufgesucht wurde: auf der einen Seite die römische Stadtanlage und die arabisch-geschwungene Architektur mit versteckten Gärten, auf der anderen Seite die romanischen Skulpturen und die fantasievolle Botanik der Briten.

Ein weiteres Beispiel ist die **Villa Cimbrone** (Via Santa Chiara 26, tgl. 9 Uhr bis 1 Std. vor Sonnenuntergang, Eintritt 5 €). Zum Dank dafür, dass er

sich in Ravello von seinen Depressionen befreien konnte, erwarb Ernest William Beckett, der spätere Lord Grimthorpe, die Villa aus dem 12. Jh. mit den antiken Grundmauern, restaurierte sie und verwandelte sie in einen Treffpunkt des Theaterlebens sowie der politischen und kulturellen Berühmtheiten.

Nur 1 km entfernt von Ravello liegt **Scala,** der älteste Ort der Costiera und das historische Gedächtnis von Amalfi. Eine Delegation römischer Patrizier auf dem Weg nach Konstantinopel soll das antike Cama 330 n. Chr. gegründet haben – ohne je in Konstantinopel angekommen zu sein. Scala war im Mittelalter ein wichtiger Teil der amalfitanischen Republik.

Hier residierte mit Vorliebe der Handelsadel, von den Verteidigungsmauern und den Wachtürmen war die Seerepublik gegen Angreifer aus den Monti Lattari geschützt. Mittelpunkt des Ortes ist der **Dom San Lorenzo.** Scala eignet sich als Ausgangspunkt für Spaziergänge durch die **Valle del-**

le **Ferriere** und in das mittelalterliche **Pontone.**

A. A.: Ravello, Piazza Duomo, Tel. 089 85 70 96, www.ravellotime.it.
Pro Loco: Scala, Piazza Municipio, Tel. 089 85 73 25.

Palazzo Sasso: Via S. Giovanni del Toro 28, Tel. 089 81 81 81, Fax 089 85 89 00, www.palazzosasso.com. Lieblingshotel des internationalen Jetsets, der auch gern das dazugehörige Gourmet-Restaurant Rosselini besucht. ÜF ab 300 €.

Ravello: Logenplatz an der Amalfiküste

Scarpariello: SS 163, Loc. Castiglione (am Meer), Tel./Fax 089 87 23 73, www.amalfi.it/scarpariello. Schöner B & B im exklusiven, historischen Ambiente, Pool und Zugang zum Meer. Zimmer und Mini-Apartments sind großzügig verteilt. ÜF ab 140 €.
Toro: Viale Wagner 3, Tel./Fax 089 85 72 11, www.hoteltoro.it. Zentrale Lage am Dom, gepflegter, kleiner Familienbetrieb mit Trattoria, in den 1920er Jahren war M. C. Escher zu Gast. ÜF 107 €.
Villa S. Michele: Via Carosiello 2, Loc. Castiglione, Tel./Fax 089 87 22 37, www.hotel-villasanmichele.it. Privates, kleines Haus mit Terrassengarten und eigener Treppe zum Meer. Besitzer Nicola legt Wert auf Abgeschiedenheit. DZ ab 100 €.
Salvatore: s. Restaurants.

Palazzo della Marra: Via della Marra 7, Tel. 089 85 83 02, Di geschl. Fantasievoll verfeinerte Rezepte auf der alten, regionalen Kochkunst basierend, in einem alten Adelspalast, viel Gemüse, viel Fisch. Menü 40–50 €.
Cumpà Cosimo: Via Roma 42–44, Tel. 089 85 71 56, Mo geschl. Hausgemachte Nudeln, Gemüse der Saison und gutes Fleisch, da eigene Metzgerei. Menü 30–40 €.
Salvatore: Via della Repubblica, Tel. 089 85 72 27, Mo geschl. Lokale Küche, *scialatielli* (typische Costiera-Pasta), Grillfisch, Ausblick inklusive. Salvatore vermietet sechs Zimmer mit Bad, Balkon, Panoramablick. DZ ab 75 €, Menü ab 20 €.

Ceramù: Via Roma 66. Kunstvolle Keramik mit arabischen Einflüssen.
Episcopio: Via S. Giovanni del Toro 16. D.O.C.-Weine aus den Monti Lattari.

Regelmäßig **klassische Konzerte** in der Villa Rufolo.

Wagnerfestspiele: Juni–Aug., Infos bei der A. A. oder bei der Ravello Concert Society, Tel. 089 85 81 49, www.ravellofestival.com und www.ravello.info.
San Pantaleone: 27. Juli, Fest des Stadtpatrons mit Blutwunder.

Strände: Castiglione ist Ravellos Ortsteil am Meer, dort Bademöglichkeiten.

Busse: Mindestens stdl. SITA-Busse der Linie Scala–Ravello–Amalfi.

Von Minori nach Vietri sul Mare

Atlas: S. 233, D/E 4
Ein endlos erscheinender Kurvenslalom führt durch die Ortschaften Minori, Maiori, Cetara, Erchie bis nach Vietri sul Mare kurz vor Salerno.

Minori

Atlas: S. 233, D 4
Das kleine Minori produzierte in seiner Geschichte, die eng mit jener von Amalfi verbunden ist, alles, was an der Costiera gehandelt werden konnte: Schiffe, Papier, Zitronen, Pasta. Bereits in der Antike wurde es als Ort des Müßiggangs geschätzt, damals unter dem Namen Reginna Minor. Ein römischer Patrizier ließ sich hier seine Seevilla erbauen, die heute zu den bedeutendsten römischen Funden in der Provinz von Salerno zählt, da sonst kaum Beispiele einer **Villa Marittima** vorhanden sind (Villa Romana, Via Gatto/Via Amato, tgl. 9 Uhr bis 1 Std. vor Sonnenuntergang, Eintritt frei). Von der Villa aus dem 1. Jh. n. Chr. sind das untere Stockwerk mit einem langen Korridor, das Schwimmbad, die Thermen und das Triclinium, das am Meeresufer lag, noch gut erhalten.

Pro Loco: Via Roma 32, Tel. 089 87 70 87, www.proloco.minori.sa.it.

Giardiniello: Corso V. Emmanuele 17, Tel. 089 87 70 50, Mi geschl. Alteingesessenes Costiera-Restaurant mit Garten, sehr gute saisonabhängige Meeresküche, Spezialität: Pfeilcalamare *(totani)*. Menü 35 €.
Arsenale: Via S. Giovanni a Mare 20, Tel. 089 85 14 18, Do geschl. Unter den Rundbögen des alten Arsenals werden Menüs auf Fischbasis bis spätabends serviert, kreative Küche. Menü 30 €.

Internationales Jazzfestival: Juli/Aug.
Enogastronomische Messe: 2. Sept.-Woche.

Strand: Für Costiera-Verhältnisse relativ großer Sandstrand, der sich den Ort entlangzieht.

Busse: Stdl. SITA-Busse der Linie Amalfi–Salerno über Maiori, Cetara und Vietri. Im Sommer Fähren nach Amalfi, Positano, Capri, Salerno

Maiori

Atlas: S. 233, E 4
Im Mittelalter schätzten Klerus und Adel das alte Reginna Maior, heute Maiori, besonders wegen seiner Ruhe. Mit antiker Gelassenheit werden auch heute in Maiori noch Holzschiffe für die Fischer gebaut, der Strand war schon

immer auch ökonomisches Zentrum, und heute lebt Maiori hauptsächlich vom Badetourismus, weshalb sich dort wohl die größte Ansammlung von modernem Zement an der Costiera findet. Die mittelalterlichen Palazzi verlieren sich zwischen den Bauten neueren Datums.

Die Landschaft in der Umgebung von Maiori prägen dagegen mittelalterliche Kloster- und Schlossruinen sowie Verteidigungstürme. Zwischen Maiori und dem Capo d'Orso verbergen sich die **Katakomben** von **Santa Maria Olearia,** die Ruhestätte von Benediktinermönchen, die hier im Mittelalter lebten und mit gottergebener Mühsal drei Kirchen ineinander verschachtelt in den Fels bauten (Santa Maria di Olearia SS 163 1,5 km westlich des Capo d'Orso, Besichtigung nach Anmeldung unter Tel. 089 87 74 52, www.aziendaturismo-maiori.it). Vom nahen **Capo d'Orso,** das mit seinen Felsvorsprüngen das Tramonti-Tal von der Stadt Cava dei Tirreni trennt, reicht der Blick zurück über die Costiera Amalfitana bis nach Capri.

Nur wenige Kilometer hinter dem Kap führt eine Straße nach **Erchie,** einer winzigen Fischerbucht mit Sandstrand und Verteidigungsturm.

A. A.: Corso Reginna 73, Tel. 089 87 74 52.

Casa Raffaele Conforti: Via Casa Mannini 10, Tel. 089 85 35 47, Fax 089 85 20 48, www.casaraffaeleconforti.it/. Kleines, persönliches Haus mit acht unterschiedlich eingerichteten Zimmern, antike Möbel, Majolika-Böden. DZ ab 88 €.

Vela: Lungomare Amendola 7, Tel. 089 85 28 74. Fisch dominiert das Menü, die Vorspeisen werden aus über 40 verschiedenen Sorten hergestellt. Menü 40–60 €.

Im Mai und Oktober **Filmfestival** zu Ehren von Roberto Rossellini, der von 1945–53 in Maiori und Umgebung einige Filme drehte. Im Oktober Preisverleihung für Kurzfilme.

Busse: Stdl. SITA-Busse der Linie Amalfi–Salerno über Minori, Maiori, Cetara und Vietri.

Cetara

Atlas: S. 233, E 4
Der Fischfang bestimmt seit Jahrhunderten das Leben in Cetara, dem Borgo Marino par excellence und dem wichtigsten Fischerhafen der Costiera. Der Ortsname verewigt die maritimen Aktivitäten der Bewohner: *cetus* ist der lateinische Begriff für Thunfisch, *cetarius* der Seefischhändler. Noch heute leben viele Menschen vom Thunfischfang und dem *pesce azzuro,* der in der Umgangsprache neben Thunfisch auch die Sardinen-, Sardellen- und Makrelenarten umfasst.

Die Fischer und Fischhändler aus Cetara verarbeiten einen Teil ihres Fanges noch selbst. Ein delikates Relikt aus antiken Zeiten ist die *colatura di alici,* die in der Gastronomie des Fischerortes Verwendung findet. Die konzentrierte Sardinensoße geht zurück auf das römische *Garum,* ein Würzkonzentrat aus vergorenem Fisch.

Der Fischerort Cetara ▷

Mönche nutzten im Mittelalter dieses Konzentrat, das bei der Einlagerung der Sardinen in Salz entstand und durch die Ritzen der Lagerfässer rann, als Würzmittel für Gemüse. Vor allem *vermicelli* verfeinert die *colatura* mit ihrem zarten Aroma und verbindet sich mit Kapern, Oliven, Knoblauch, Peperoncino, Nüssen und einem Spritzer Zitrone zu einer homogenen Pastasoße. Am Vorabend des 8. Dezember, dem Feiertag der Immacolata, verzichten die Bewohner Cetaras nur ungern auf dieses Gericht. Im mittelalterlichen Fischer-Borgo sind Majolika-Verzierungen fester Bestandteil der Architektur und kündigen, wie der Brunnen auf der Piazza Martiri d'Ungheria, schon das nahe Vietri sul Mare an.

Pro Loco: Via San Francesco 15, Tel. 089 26 14 74.

Cetus: Corso Umberto I. 1, Tel./Fax 089 26 13 88, www.hotelcetus.com. Eines von zwei Hotels in Cetara, 40 komfortable Zimmer, mit eigenem Strand. DZ ab 65 €.

San Pietro: Piazzetta San Francesco 2, Tel. 089 26 10 91, Di geschl. Ungewöhnliche, von der Tradition vergessene Fischgerichte, ausgefallene Suppen mit *colatura di alici*, freundlicher Service. Menü 25 €.
Acqua Pazza: Corso Garibaldi 36, Tel. 089 26 16 06, Mo geschl. Kleines Lokal, in dem traditionelle Thunfischspezialitäten neu belebt werden. Menü ab 22 €.

Pescheria Battista Delfino: Corso Umberto I. 78. Lokale Fischprodukte wie gesalzene Sardellen und Thunfisch in Öl, genuin konserviert.

San Pietro: 29. Juni, Bootsprozession der Fischer.
Tutto Tonno: Anfang–Mitte Juli, Cetara feiert den Thunfisch, mariniert, geschmort und in Öl.

Der **Sandstrand** ist meistens voller Fischerboote.

Vietri sul Mare

Atlas: S. 233, E 4
Vietri ist ein Freiluftmuseum für die Keramikkunst. Das Töpferhandwerk brachten schon die etruskischen Städtegründer mit in den Ort an die Costeria. Griechen und Römer setzten die Töpferkunst fort. Im Mittelalter blühte sie erneut auf, und im 18. Jh. waren 50 Brennöfen über die Stadt verteilt, die nie Mitglied der amalfitanischen Seerepublik war.

Im Ortskern zieren Majolika-Kacheln Brunnen, Laden- und Hauseingänge. Aus dem farbenfrohen Konglomerat ragt die Majolika-Kuppel der Kirche **San Giovanni Battista** mit passendem Glockenturm aus dem 17. Jh. hervor. Nicht zu übersehen ist die **Keramikfabrik Solimene** (Via Madonna degli Angeli 7). Den futuristischen Bau entwarf Paolo Soleri, ein Schüler von Frank Lloyd Wright.

Das **Museo della Ceramica** (Villa Guariglia, Mo–Fr 9–13 Uhr) liegt im Stadtteil Raito, 4 km vom Zentrum entfernt. Die Exponate in der Torretta Belvedere der Villa Guariglia dokumentieren die Geschichte der Keramikkunst vom 17. Jh. bis heute. Ein Raum widmet sich der Künstlerkolonie um den Deutschen Richard Dölker, der den Töpferstil Vietris nachhaltig beeinflusste.

Centro turistico: im Rathaus, Piazza Matteotti, Tel. 089 21 12 85, www.comune.vietri-sul-mare.sa.it/cta/.

Vietri: Via O. Costabile 31, Tel./Fax 089 21 04 00. Zwischen Zentrum und Marina, kleiner Familienbetrieb mit zehn Zimmern, alle bieten Blick auf's Meer, eigenes Restaurant. DZ 95–105 €.
Colle Maiano: Frazione Dragonea, Via Case Sparse 14, Tel. 089 21 16 59. Agriturismo mit drei Zimmern und Trattoria, etwa 2 km vom Ort entfernt. ÜF ab 45 €, HP pro Person 52 €.
...in Cava de' Tirreni: Victoria: Corso Mazzini 4, Tel. 089 46 53 27, www.victoria-hotel.it. Traditionsreiches Haus, seit 1886 im Besitz der Familie Maiorino, wenige Meter vom Borgo Schiacciaventi entfernt. Komfortable Zimmer, mediterraner Garten, Restaurant. ÜF 100 €.

Sapore di Mare: Via G. Pellegrino 104, Tel. 089 21 00 41, So abends u. Do geschl. Frische Meeresküche, auch aufwändigere Gerichte. Menü 30 €.
La Sosta: Via Costiera 6, Tel. 089 21 17 90, Mi geschl. Schnörkellose traditionelle Fischgerichte, fangfrisch und mit Sorgfalt zubereitet in einer ehemaligen Poststation zum Pferdewechseln. Menü 25–30 €.

Ceramiche Artistiche Pinto: Corso Umberto I. 27. Weniger Kitsch, mehr Kunstkeramik. Die **Solimene-Keramikfabrik** (s. S. 164) hat eine Verkaufsabteilung.

Sandstrände mit vielen Strandbädern in Vietri Marina, das nicht mehr den Badecharme der Steilküste hat.

Busse: Stdl. SITA-Busse der Linie Amalfi–Salerno über Minori, Maiori, Cetara und Vietri. Ebenfalls stdl. Atacs-Bus der Linie Cava de' Tirreni–Vietri–Salerno.

Cava de' Tirreni

Wie ein offenes Museum wirkt der mittelalterliche Borgo von Cava de' Tirreni, nördlich von Vietri. Schiacciaventi, ›Windzerschläger‹, heißt der alte Ortskern umgangssprachlich. Etwas außerhalb liegt die Badia della Trinità (Trinitätsabtei). Der große Klosterkomplex mit Museum und Katakomben war im Mittelalter ein wichtiges Studienzentrum (Via Morcaldi 4, Mo–Sa 9–12 Uhr, Tel. u. Infos unter 089 46 39 22, Eintritt Kloster, Museum, Katakomben, 2,60 €, Bus zur Badia ab Cava, Viale Crispi).

Salerno

Atlas: S. 233, E 3/4
Selbstbewusst spielt Salerno seine wiederentdeckte Rolle als Hafenmetropole und gleichzeitiges Tor zur Costiera und zum Cilento.

Die Universitäts- und Provinzhauptstadt hat verschiedene Facetten, die auf den ersten Blick nicht recht zusammenpassen wollen. Jahrzehntelang litt sie unter der Bauspekulation, der historische Stadtkern wurde vernachlässigt und zerfiel. Zu Beginn der 1990er kam die Wende. Die Stadtplanung kooperiert seitdem mit dem katalanischen Urbanisten Oriol Bohigas: Die Altstadt wurde wiederbelebt, Handwerk und Kunstgewerbe kamen zurück in sanierte Palazzi.

Alte und zeitgenössische, avantgardistische Architektur stehen in Salerno

nebeneinander und wollen der Stadt neuen Charme und neue wirtschaftliche Impulse geben. Der Hafen expandiert und hat mittlerweile den neapolitanischen Containerverkehr überholt. Er ist der wichtigste Wirtschaftsfaktor Salernos, wo Hafen und Altstadt nur durch eine lange begrünte Uferpromenade getrennt sind.

Salerno ist eine antike Stadt, deren Ursprünge auf Griechen und Etrusker zurückgehen. Als römische Kolonie – ab 194 v. Chr. – übte Salernum beachtlichen politischen und wirtschaftlichen Einfluss aus, der mit dem Niedergang Paestums noch größer wurde. Den Höhepunkt an Glanz und Ruhm erreichte die Stadt unter den Langobarden und Normannen. Deren Herrschaft hinterließ deutliche Spuren im historischen Zentrum, das sich vom Meer aus den Hügel hinaufwindet.

Der **Dom** 1 dominiert das Gewirr von Gassen, kleinen Plätzen, herrschaftlichen Palazzi mit Innenhöfen und Portiken. San Matteo (Via Duomo, tgl. 7.30–12, 16–19 Uhr), erbaut 1076–1085 vom Normannen Robert il Guiscard, der Salerno zur Hauptstadt seines Reichs gemacht hatte, wurde von Papst Gregor VII. höchstpersönlich geweiht. Das Grab der Heiligen Eminenz

Sehenswürdigkeiten
1 Dom mit Museo Diocesano
2 Museo Archeologico Provinciale
3 San Gregori mit Museo della Scuola Medica Salernitana
4 Giardini della Minerva
5 Castello Arechi
6 Area archeologica di Fratte
7 Museo Città Creativa

Übernachten
8 Montestella
9 Santa Lucia
10 Salerno
11 Ave Gratia Plena

Essen und Trinken
12 Al Cenacolo
13 Antica Pizzeria Vicolo della Neve
14 Hostaria il Brigante
15 Trianon

befindet sich in der Kreuzfahrerkapelle von San Matteo.

Vorbild für den Dom war die Abtei von Montecassino mit ihrem Basilikagrundriss, der Einteilung in drei Schiffe und dem rechteckigen Portikus. Seine 28 Säulen sind allesamt Spolien und erinnern an islamische Architektur. Das Bronzeportal stammt – wie die Tore der Kathedralen in Amalfi und Atrani – aus einer byzantinischen Werkstatt. Im Mittelschiff der Basilika stehen zwei marmorne Kanzeln mit prachtvoller Mosaikdekoration aus dem späten 12. Jh. Die Krypta unterhalb des Querschiffs und des Chorraums wurde bereits 1081 fertig gestellt: als Grabstätte für die Reliquien des Heiligen Matthäus und der salernitanischen Märtyrer.

Im Komplex von San Matteo befindet sich auch das **Museo Diocesano** (Largo Plebiscito 12, Mo–Sa 9–18.30 Uhr, Eintritt frei), das salernitanische Kirchenkunstgeschichte zugänglich macht und wertvolle Elfenbeintafeln und Pergamente ausstellt. Wenige hundert Meter vom Dom entfernt sind in der Via Arce die Reste des mittelalterlichen Aquädukts gut erhalten geblieben.

Die Spuren des antiken Salerno zeigt das **Museo Archeologico Provinciale** 2 (Via S. Benedetto 28, tgl. 9–20 Uhr, Eintritt frei). Dessen Sammlung reicht von der Frühgeschichte bis zur Spätantike und umfasst Funde aus der gesamten Provinz. Auf zwei Etagen veranschaulichen die Exponate Kultur und Handel der verschiedenen Ethnien, die sich das kampanische Land und die Häfen teilten. Besondere Aufmerksamkeit erwecken die über 40 Fundstücke aus dem Grab der Prinzessin von Roscigno (5./4. Jh. v. Chr.). Ein weiteres Grab aus derselben Zeit wird komplett rekonstruiert mitsamt Skelett ausgestellt.

Nur wenige Meter weiter an der **Piazza Portanova** markierte bis ins frühe 18. Jh. das Stadttor die Grenzen von Salerno. So lange war die Stadt innerhalb ihrer alten Mauern eingeschlossen. Heute entspricht genau dieses Gebiet dem historischen Zentrum. Die Piazza Portanova bildet zusammen mit der **Piazza Flavio Gioia** eine zusammenhängende freie Fläche vor dem Stadttor, wo der bekannte San

EXPERIMENTALWERKSTATT SALERNO ODER DIE STADT DER ZUKUNFT

Nach 1945 war nichts geblieben vom Charme der kleinen Provinzhauptstadt mit der langobardisch-normannischen Altstadt, dem Strandbad an der Uferpromenade, den festtäglichen Eisverkäufern, den Pferdekutschen, die am Bahnhof warteten und dem Duft von Orangen und Gemüse – bemerkte bitter Alfonso Gatto, einer der bekanntesten Dichter von Salerno. Am 8. September 1943 landeten nach tagelangen Bombardements die Alliierten.

Auf die Zerstörung durch die Militärs folgten die Naturkatastrophen. Zwei verheerende Überschwemmungen zerstörten unzählige Häuser (allein 1956 wurden 20 000 Menschen obdachlos), und schließlich wütete 1980 das große Erdbeben. Gleichzeitig forderten Industrialisierung und Landflucht ihren Tribut. Ein skrupelloser, wilder Bauboom befriedigte die große Nachfrage nach Wohnraum. Die Risse, die das Erdbeben den Gebäuden der Altstadt zugefügt hatte, vergrößerten sich. Trotz ständiger Bemühungen seitens Bürgerinitiativen und Vereinigungen, den Zerfall der Altstadt sowie das illegale Bauen aufzuhalten und die sozialen Strukturen zu verbessern, schien ein Ausweg aus der Krise kaum vorstellbar.

Bis zum Wendepunkt 1990. Die amtierende Stadtverwaltung hatte die Neuregelung des Städtebauplans beschlossen und sich auf Anregung des Ingenieurs Ercole di Filippo entschieden, einige international bekannte Stadtplaner zu Rate zu ziehen. Schließlich bekam der Katalane Oriol Bohigas den Auftrag, den Umbau Salernos zu gestalten und zu leiten. Borghias war bereits anlässlich der Olympischen Spiele 1992 der städtearchitektonische Neuentwurf von Barcelona gelungen.

1993 konnte nach politischen Querelen mit der Sanierung der Altstadt die Metamorphose Salernos beginnen. Mehr als 200 Lokale, Geschäfte, Restaurants und Handwerksbetriebe eröffneten. Freiluftrolltreppen wie in der Via de Sanctis überbrücken die großen Höhenunterschiede. Bohigas folgte einer genauen Strategie, die die Ungeordnetheit mit gezielten Eingriffen in neue Bahnen lenkt: Ein Denkmal wird restauriert, eine Straße, ein Platz oder ein wichtiges Gebäude neu gestaltet und aufgewertet. Diese punktuellen Veränderungen wirken wie Multiplikatoren und rufen weitere, auch private Initiativen hervor.

So ist die neu gestaltete Uferpromenade des Irno nur der Anfang einer insgesamt 7 km langen städtischen Arterie, die das Zentrum von Salerno mit dem Irno-Tal verbindet. Brücken, Unterführungen und breite, begrünte Bürgersteige lockern den Flusslauf auf und erinnern an die Ramblas von Barcelona. Die Stadt hat mehrere internationale Architekturwettbewerbe ausgeschrieben; zu den Gewinnern zählen David Chipperfield, der das neue Gerichtsgebäude plante – die Realisierung beginnt im Sommer 2002 – und Zaha Hadid, die ein traumhaftes Hafengebäude entwarf.

Matteo-Jahrmarkt stattfand, aber auch die Todesstrafen vollstreckt wurden.

An der **Piazza Portanova** beginnt die **Via dei Mercanti,** die Hauptader durch die Altstadt. Beim Larghetto Carrara beherbergt die ehemalige **Kirche San Gregorio** das **Museo della Scuola Medica Salernitana** 3 (Via dei Mercanti, Fr und So 9–13 Uhr, Eintritt frei). Die im Mittelalter in ganz Europa berühmte salernitanische Ärzteschule war vermutlich bereits im 7. Jh. von vier Ärzten jüdischer, griechischer, arabischer und lateinischer Herkunft gegründet worden. Die Schule folgte in ihrer zentralen Idee der Lehre des griechischen Arztes Hypokrates, der die Natur als den Mittelpunkt der Welt sah. Wichtigste Aufgabe war es, das Gleichgewicht eines kranken Organismus wieder herzustellen, denn die Krankheit definierte man als Ungleichgewicht innerhalb des Körpers.

Die Gartenanlage, in der die Scuola Medica seltene Pflanzen und Kräuter anbaute und studierte, wurde von der Stadt Salerno im Sommer 2000 wieder eröffnet. Die **Giardini della Minerva** 4 liegen am westlichen Ende der Altstadt, die zum Meer hin von der Villa Comunale, dem städtischen Park mit Rathaus und Theater, abgeschlossen wird (Giardini della Minerva, Vicolo Ferrante San Severino, Di–So 10–16 Uhr, Eintritt frei). Hinter der mittelalterlichen Stadtmauer befanden sich die Giardini auf mehreren Ebenen, mit Wasserbecken, Panoramaterrasse und Springbrunnen, vermutlich der erste botanische Garten Europas.

Über der Stadt thront 300 m höher der mittelalterliche **Castello Arechi** 5 (Via Croce, tgl. 9 Uhr bis 1 Std. vor Sonnenuntergang, Eintritt frei) auf dem Hügel Bonadies. Viele Herrscherhäuser residierten hinter den dicken Schutzmauern der Burg. Die erste Befestigung legten wahrscheinlich die Byzantiner im 6. Jh. an, Normannen, Anjou und Aragonesen folgten. Während der Renovierungsarbeiten, die in den 70er Jahren des 20. Jh. begannen, wurden mittelalterliche Münzen und Keramik gefunden, die heute im Kastell ausgestellt werden.

Am Ende des nördlichen Stadtteils Fratte, der wahrscheinlich in der frühen Antike eine bedeutende Hafenstadt namens Irnthi am Irno war, liegt ein archäologischer Park, die **Area archeologica di Fratte** 6 (tgl. 9 Uhr bis 1 Std. vor Sonnenuntergang). Von der etruskisch-samnitischen Siedlung blieben vor allem die Nekropolen mit den entsprechenden Gräbern erhalten.

Wer sich noch weiter in den Norden vorwagt, stößt nach dem Stadtteil Ogliara auf **Rufoli.** Das Keramikhandwerk hat in Rufoli eine jahrhundertealte Tradition, die allerdings in den letzten Jahrzehnten immer mehr ins Abseits geriet und zur reinen Souvenir- und Zierratproduktion verkam. Vor wenigen Jahren hat die Stadt dort eine Museumsprojektwerkstatt eingerichtet, das **Museo Città Creativa** 7 (Loc. Rufoli, Via S. Angelo di Ogliara 127–143, Tel. 089 28 21 59, Mo–Fr 9–12 Uhr). Die Einrichtung entwickelt zusammen mit Künstlern und Architekten moderne Terrakottakacheln und -fliesen.

A. A.: Via Roma 258, Tel. 089 22 47 44, www.aziendaturismo.sa.it und

www.comune.salerno.it/la_salerno_turistica/default.asp
EPT: Via Vella 15, Tel. 089 23 04 11.
Infobüro am Bahnhof: Tel. 089 23 14 32.

Montestella 8: Corso V. Emmanuele 156, Tel. 089 22 51 22, Fax 089 22 91 67, reception@hotelmontestella.it. Freundlicher Service im Haus der gehobenen Mittelklasse, Zimmer mit TV und Telefon, zentrale Lage. ÜF 80 €.
Santa Lucia 9: Via Roma 184, Tel./Fax 089 22 58 28. Das einzige Hotel in der Altstadt, kleines, einfaches Haus. DZ 52 €.
Salerno 10: Via G. Vincinanza, Tel. 089 22 42 11, Fax 089 22 44 32, www.albergo.salerno.com. Familienbetrieb mit 27 Zimmern mit oder ohne Bad, 1995 renoviert, freundlicher Service. DZ ab 40 €.

Jugendherberge:
Ave Gratia Plena 11: Via Canali, Tel. 089 23 47 76, Fax 08 92 58 18 74. Neu und komfortabel im einem früheren Konservatorium, ÜF ab 14 €, Menü 8 €.

Al Cenacolo 12: Piazza Alfano 1, Tel. 089 23 88 18, So abends, Mo geschl. Renommierte traditionelle Küche, mit viel Fantasie verfeinert. Menü ab 25 €.
Antica Pizzeria Vicolo della Neve 13: Vicolo della Neve 24, Tel. 089 22 57 05, nur abends, Mi geschl. Älteste Trattoria der Stadt, einfache lokale Küche, wie *pasta e fagioli* und *baccalà,* sehr gute Pizza. Menü ab 15 €.
Hostaria il Brigante 14: Via Fratelli Linguiti 4, Tel. 089 22 65 92, Mo geschl. Kleine Trattoria wie aus den 1950er Jahren, regionale, urspüngliche Küche. Menü 15 €.
Trianon 15: Piazza Flavio Gioia 22, Tel. 089 25 25 30. Ableger des neapolitanischen Lokals, große Auswahl. Pizza ab 7 €.

Cinema-Teatro Augusteo: Via Roma, Tel. 089 66 22 31. Architektonisch eindrucksvolles Kino im ›Stadtpalast‹, dem Rathaus. Im November findet dort das Festival Internazionale del Cinema di Salerno statt, ein Filmfestival mit internationalem Programm.
Teatro Verdi: Piazza M. Luciani, Tel. 089 66 21 41. Städtisches Schauspielhaus, Oper und architektonisches Juwel. Kartenverkauf tgl. 10–13 und 17–20 Uhr.

Fiera del Crocifisso: jeden Fr im März Markttag für alle Lebenslagen: Kleidung, Möbel, Haustiere, Lebensmittel.
Salerno Porte Aperte: Mai, Führungen und Spaziergänge zu vergessenen und geschlossenen Palazzi und Kulturdenkmälern an jedem Maiwochenende. Musik- und Theaterprogramm.
Festa di San Matteo: 21. Sept., Prozession, Jahrmarkt, zum Abschluss Feuerwerk.

Stadt der Zukunft: Salerno

Baden: Die Stadtverwaltung hat den klassischen Arenile di Santa Teresa auf der Höhe der Altstadt wieder zum Leben erweckt – Baden ist möglich. Die meisten Strände in östlicher Richtung.

Züge: Hbf, Piazza V. Veneto, ständig Verbindungen nach Neapel und Rom, Regional- und Lokalzüge in den Cilento, Tel. 089 25 20 20.
Busse: Gute innerstädtische Busverbindungen der CSTP, zusätzlich Busse nach Pompeji und Battipaglia, außerdem Überlandverbindungen in den Cilento, Terminal am Hbf, Piazza V. Veneto, Tel. 089 48 72 85. Piazza della Concordia, Bus-Terminal der SITA, stdl. Verbindungen mit der Costiera Amalfitana, Tel. 089 22 66 04.
Tragflächenboote/Fähren: Porto Turistico an der Piazza della Concordia, mehrmals tgl. nach Amalfi, Positano und Minori, 1–2 x tgl. nach Capri.
Taxi-Ruf: 089 71 26 96.

Pantaleone

Die bekannte Konditorei hat Geschichte geschrieben. Seit 1868 werden in der ehemaligen Kapelle, die vom Napoleon-treuen Murat entweiht wurde, die Traditionen des Zuckerbäckerhandwerks und der Klosterrezepte gepflegt. Der ehemalige Lieferant des Königshauses bietet heute allen Schichten seine süßen Spezialitäten an. Im Frühsommer sollte man die *scazzetta* probieren: glasierte Erdbeertörtchen mit Biskuit und *crema* (Via dei Mercanti 75, Di geschl.).

Der Cilento

Bootstour am
Capo Palinuro

Atlas S. 234/235

ENTLANG DER KÜSTE

Mit dem Besuch von Paestum im Süden Kampaniens enden viele Italienreisen. Doch Paestum kann auch am Anfang einer Fahrt noch weiter in den Süden stehen. Denn dort beginnt der Cilento, eine der schönsten Regionen Italiens mit Bergen, Wäldern, weißen Stränden und einem immer sauberen Meer.

Paestum

Atlas: S. 234, B 2

Die dorischen Tempel von Paestum sind schon von weitem sichtbar – drei herausragende Beispiele der antiken griechischen Architektur. Das antike Paestum war eine Kolonie der Kolonie. Achäische Griechen, die an der kalabrischen Küste schon die Stadt Sybaris gegründet hatten, besiedelten im 7. Jh. v. Chr. auch die Ebene des Sele-Flusses. An diesem strategisch günstig gelegenen Ort, der gute Handelsbedingungen versprach, gründeten sie Posidonia, eine Stadt zu Ehren des Gottes Poseidon. Die guten geschäftlichen Kontakte zum florierenden Sybaris und die regen wirtschaftlichen Beziehungen zu den Etruskern machten auch Posidonia bald zu einer blühenden Stadt. Ihr Wohlstand nahm noch zu, als Sybaris 510 v. Chr. zerstört wurde und die Überlebenden ihre Reichtümer und ihre Handelsbeziehungen mitbrachten. Aus jener Zeit stammen die Sakralbauten.

400 v. Chr. fiel die Stadt in die Hände der Lukanier, die sie Paistom oder Paistos nannten. Nach einigem Hin und Her und verschiedenen Herrschern wurde Paestum – so der neue Name – schließlich 273 v. Chr. zur römischen Kolonie. Gemäß ihrer Siedlungspolitik gestalteten die Römer auch hier das städtische Erscheinungsbild neu. Sie überbauten den griechischen Marktplatz, die Agora, mit dem Forum und den dazugehörigen öffentlichen Gebäuden, dem Kapitolstempel, den Thermen und dem Amphitheater.

In der Spätantike verarmte die Stadt, im frühen Mittelalter verkam sie zum Dorf und später verließen die Bewohner sie wegen der ständigen Sarazenenüberfälle und der sich im versumpfenden Sele ausbreitenden Malaria. Das Ausgrabungsgelände wird von den gut erhaltenen, rechteckig angelegten Befestigungsmauern umrahmt, mit einem Stadttor auf jeder Seite. Der **Haupteingang** liegt an der Hauptstraße (Via Magna Grecia, tgl. 9 Uhr bis 2 Std. vor Sonnenuntergang, Eintritt 4 €, Kombiticket mit Museum 6,50 €).

In der damaligen griechischen Stadt waren die drei dorischen Tempel Orte der Religion genauso wie Prestigeobjekte der gesamten Gemeinschaft. Die Polis versinnbildlichte mit den Bauwerken ihren Wohlstand und ihre architektonische Kunstfertigkeit und setzte der griechischen Kultur ein ›Denkmal‹, das sich perfekt in die Landschaft einfügt.

Der älteste Tempel, die von Archäologen des 18. Jh. irrtümlicherweise so genannte **Basilika,** ist eigentlich ein **Heraion,** ein Tempel zu Ehren der Göttin Hera. Er wurde um 550 v. Chr. auf der Südseite der Stadt gebaut und war damals einer der größten Tempel aus Stein. Lange hatten die Griechen ihre Heiligtümer aus Holz gebaut. Neben dem ersten Heratempel entstand 100 Jahre später der so genannte **Poseidontempel**. Dieser Kultbau verkörpert exemplarisch das ›klassische‹ griechische Baukonzept, wie es auch im kurz zuvor entstandenen Zeustempel in Olympia verwirklicht wurde. Der Tempel wirkt puristisch, kein Schnörkel ist zu viel, stattdessen sind die Proportionen perfekt und ergeben ein harmonisches Ganzes. Er gilt als einer der schönsten erhaltenen dorischen Tempel der Magna Graecia.

Auf einer Anhöhe im Norden steht der **Athenatempel,** der um 500 v. Chr. erbaut wurde und auch als Cerestempel bekannt ist. Wahrscheinlich war er aber der Athena gewidmet. Anders als bei dem älteren Heratempel stehen die Säulen schon in einem regelmäßigen Abstand nebeneinander. Teile des hoch aufragenden Giebels sind erhalten.

Weitere Einblicke in das Leben der Magna Graecia in Süditalien bietet das **Museum von Paestum** (Museo Archeologico Nazionale, Via Magna Grecia, tgl. 8.45–19 Uhr, 1. und 3. Mo im Monat geschl., Eintritt 4 €, Kombiticket 6,50 €). Auf zwei Etagen wird die Geschichte Paestums und der Region von der Frühzeit bis zur Spätantike dokumentiert. Zahlreiche Funde wie Vasen, Schmuckstücke oder Waffen stammen aus griechischen und etruskischen Gräbern der Umgebung.

Die Tomba del Tuffatore (ca. 480 v. Chr.), das ›Grab des Tauchers‹, ist das bekannteste Fundstück des Museums. Es kam 1968 bei Grabungen in einer lukanischen Nekropole nah beim antiken Paestum ans Tageslicht. Die Deckenplatte des Grabes zeigt den ›Taucher‹, der von einem Sprungbrett ins Wasser springt, Symbol für den Übergang vom Leben in das Reich des Todes.

Viel etruskische Archäologie präsentiert das **Museo Nazionale dell'Agro Picentino** in **Pontegagnano** bei Salerno (Piazza Risorgimento 24, tgl. 9.30–18 Uhr, Eintritt frei). Die Funde, vorwiegend aus Nekropolen, dokumentieren gut verständlich und realitätsnah Leben und Bestattungsrituale im Norden der Ebene des Sele von ca. 900–300 v. Chr.

A. A.: Via Magna Grecia 151, Tel. 08 28 81 10 16, www.infopaestum.it.

Villa Rita: Via Nettuno, Tel. 08 28 81 10 81, Fax 08 28 72 25 55, www.hotelvillarita.it. Ruhiger Familienbetrieb, persönliches Ambiente im renovierten Bauernhaus, zwölf Zimmer, Pool und Garten, in Tempelnähe. ÜF ab 73 €.

Tenuta Seliano: Via Seliano, Tel. 08 28 72 36 34, 08 28 72 45 44, www.agriturismoseliano.it. Komfortabler Agriturismo im

ehemaligen Adelsgut des Barons Bellelli, dessen Familie der französische Maler Edgar Degas ein Gemälde widmete. 15 Zimmer mit antiken Möbeln. Pool, Restaurant,1 km zum Meer. ÜF ab 70 €.

Maida: Loc. Paestum Tempa di Lepre, Tel./Fax 08 28 72 29 53, www.agrimaida.it. Hübscher Agriturismo mit sechs Zimmern, Pool, Restaurant, Obst und Gemüse aus biologischem Anbau. ÜF ab 60 €.

Calypso: Via Mantegna 63, Tel. 08 28 81 10 31, www.calypsohotel.it. Geschmackvoll renovierter alter Palazzo, 30 Zimmer, nach Feng-Shui-Prinzipien mit viel Holz eingerichtet. Gute regionale und makrobiotische Küche (auch für externe Gäste), biologische Produkte aus den Monti Alburni, strandnah, 1 km zu den Ausgrabungen. DZ 54–130 €.

Camping:

Giara: Loc. Torre, Tel. 08 28 81 10 77, Fax 08 28 81 10 30, ganzj. geöffnet. Komfortabler, schattiger Platz mit Sandstrand.

Schon die Bildungsreisenden des 18. Jh. bewunderten die Tempel von Paestum

Enoteca Tavernelle: Via Tavernelle, Tel. 08 28 72 24 40. Restaurant mit Gourmetambitionen. Regionale Küche mit internationalen Einflüssen, sorgfältig ausgesuchte Produkte. Gutes Weinsortiment, darunter viele kampanische Weine. Menü ab 35 €.

La Pergola: Loc. Capaccio-Scalo, Via Nazionale 1, Tel. 08 28 72 33 77, Mo geschl. Meeres- und Landprodukte harmonieren miteinander, ausgefallene *dolci,* auch Pizza. Menü 25 €.

Tenuta Vannulo: Loc. Capaccio-Scalo, Tel. 08 28 72 47 65, Via G. Galilei 10. Mozzarella, Eis und Yoghurt aus biologischer Büffelmilch (s. S. 180).

Frühlings- und Artischockenfest: 25. April/1. Mai.

Fest der Madonna del Granato: 2. Mai, mit Wallfahrt zur Kirche in Capaccio Vecchia.

Weitläufige, flache **Sandstrände,** die sich von Salerno bis fast nach Agròpoli ziehen, einladend sind sie vor allem ab Paestum.

Züge: Bhf Paestum bei den Ausgrabungen. Häufiger bedient wird der Bhf Capaccio–Scalo (Strecke Neapel–Reggio di Calabria).

Busse: CSTP und SCAT bedienen ca. alle 30 Min. die Strecke Paestum–Capaccio–Salerno, 2–3 x tgl. bis Neapel. Ca. stdl. nach Agropoli–Acciaroli, 2–3 x tgl. nach Vallo della Lucania.

Verkehr im Cilento allgemein

Züge: Die Eisenbahnlinie Napoli–Salerno–Reggio di Calabria passiert die Küste des Cilento, die Linie Battipaglia–Lagonegro streift den nördlichen Bereich der Monti Alburni. Eine gezielte Ankunft kann aber meist besser von Salerno aus mit den Buslinien geplant werden, deren aktuelle Fahrpläne tgl. in der Zeitung ›Il Mattino‹ abgedruckt werden.

Busse: CSTP, Salerno, Piazza Matteo Luciani 33, Tel. 089 48 71 11; Linie Napoli–Pompeji–Salerno und dort von 7.30 bis 19.30 Uhr stdl. weiter nach Battipaglia, Capaccio Scalo, Paestum, Agròpoli, Santa Maria di Castellabate, Acciaroli, Pollica, Vallo della Lucania und zurück.

MOZZARELLA – HANDGERUPFT AUS ECHTER BÜFFELMILCH

Die ›Tenuta Vannulo – Azienda Agricola Biologica‹ des Antonio Palmieri ist ein Musterbetrieb der Mozzarella-Produktion. Seit einigen Jahren werden hier auf komplett ökologischer Basis Erzeugnisse aus Büffelmilch hergestellt und im Direktverkauf vertrieben. Dazu werden Führungen angeboten, um zu zeigen, dass hier die Mozzarella wie in alten Zeiten entsteht, vielleicht mit noch mehr Bewusstsein hinsichtlich artgerechter Haltung und Hygiene, ›biologisch‹ eben. Antonio Palmieri hatte die Zeichen der Zeit früh erkannt, als er seinen Betrieb ›ökologisierte‹. Nur so, mit konsequenter Qualität, glaubte er, sich zukünftig im globalisierten Konkurrenzkampf zwischen Großproduzenten und Einzelbetrieben behaupten zu können.

Der große Teil der in Deutschland verkauften Mozzarella entspricht nicht der traditionellen Definition, sondern ist ein anderes Produkt. In ganz Italien heißt es ›Fior di Latte‹ und hat denselben Herstellungsprozess hinter sich, wird aber aus Kuhmilch und nicht aus Büffelmilch gewonnen – die ›Mozzarella di Bufala Campana‹ aber kann nur von hierher kommen, aus den kampanischen Provinzen Caserta und Salerno und aus drei Kommunen im südlichen Latium.

Täglich um vier Uhr morgens und um drei Uhr nachmittags werden die mehr als 200 Kühe gemolken. Ihnen werden Füße und Euter mit warmem Wasser gewaschen, danach gibt jede Büffelkuh etwa 8 l Milch. Auf der Tenuta Vannulo steckt hinter dieser Milch mit 9 % Fettgehalt vor allem viel Feldarbeit für das biologisch angebaute Büffelfutter. Weil darin so gut wie kein Karotin enthalten ist, lässt sich die Büffelmozzarella vom etwas gelblicheren und gummiartigeren ›Fior di Latte‹ schon farblich unterscheiden. Der geschmackliche Unterschied ist für Antonio Palmieri leicht zu erkennen: Fior di Latte schmecke »letztlich nach nichts, die Mozzarella aber hat einen nussigen, unverwechselbaren Charakter«.

Palmieris Ware ist nur im Direktverkauf erhältlich, der bereits fünf Stunden nach dem ersten Melken beginnt. Jährlich kommen mehr als 4000 Kunden, um Mozzarella und andere Büffelmilchprodukte wie Joghurt, Eis oder Ricotta zu kaufen. Ein Blick in die Käseküche der Tenuta Vannulo bestätigt die qualitativen Ansprüche des Wasserbüffelbauern. Handarbeit und höchste Sauberkeit sind die Basis seines Unternehmens. Qualifizierte Käsemacher, die *casari,* bringen die erhitzte Milch zum Gerinnen und vermischen die bröselige Masse erneut mit kochendem und lauwarmem Wasser. Wenn die Konsistenz stimmt, reißt der *casaro* vom so entstandenen teigigen Band einzelne, etwa faustgroße Teile ab. Er ist dabei schnell und präzise, es ist weniger ein Abreißen als ein Rupfen, was das Wort *mozzare* in diesem Fall bedeutet. Und *la mozzarella* ist ›die Abgezupfelte‹.

Herstellung von Büffelmozzarella in der Tenuta Vannulo

SITA, Salerno, Corso Garibaldi 117, Tel. 089 22 66 04; Linie Salerno–Battipaglia–Capaccio Scalo–Ogliastro Cilento–Agròpoli und zurück.
SCAT, Agròpoli, Contrada Matine, Tel. 09 74 83 84 15; Linie Battipaglia–Capaccio Scalo–Ogliastro Cilento–Agròpoli und zurück.

Private Buslinien:
Curcio, Polla, Via Fornace, Tel. 09 75 39 13 21; nach Sicignano, Polla, Padula, Sapri, Scario, Roccagloriosa.
La Manna, Sala Consilina, Via Godelemo, Tel. 09 75 52 04 26; nach Padula, Polla, Sala Consilina.
Mansi, Petina, Via Nuova 4, Tel. 08 28 97 60 40; nach Eboli, Polla, Postiglione, Serre, Sicignano.
Giuliano, Sessa Cilento, Via Nuova Lavinia Chiesa 1, Tel. 09 74 83 61 85; nach Battipaglia, Capaccio Scalo, Roccadaspide, Paestum, Ogliastro Cilento, Agròpoli, Vallo della Lucania, Pioppi, Casalvelino.
Pecori, Roscigno, Via Pecori 6, Tel. 08 28 96 30 09; nach Battipaglia Eboli, Castelcivita, Laurino, Piaggine, Roscigno.

Straßennetz: Am nördlichen und östlichen Rand des Cilento verläuft die A3 Salerno–Reggio di Calabria. Empfehlenswerte Ausfahrten zum Nationalpark: Battipaglia mit dem Küstenziel zwischen Agròpoli und Palinuro; Campagna, Sicignano und Petina für die Monti Alburni und Sala Consilina oder Padula für den südlichen Teil des Cilento und die Küste zwischen Policastro und Marina di Camerota.

Von Agròpoli bis Velia

Agròpoli

Atlas: S. 234, B 2
Wie in allen gut erhaltenen historischen Stadtkernen scheint auch in dem von Agròpoli die Zeit stehen geblieben zu sein, aber fast möchte man überprüfen,

ob die Sekunden hier nicht doch langsamer ticken als außerhalb. Es ist ruhig im Ort, und die Gassen und Treppenwege sind selbst für kleine Autos viel zu schmal. Agròpoli, im 5. Jh. von den Byzantinern zunächst als Akropolis errichtet, vergrößerte sich erst im 19. Jh. über die mittelalterlichen Stadtmauern hinaus, heute bestehen noch Teile der Mauer, das große Eingangstor aus dem 17. Jh., zu dem eine lange und breite Treppe führt, die dahinter gelegene **Kirche Santa Maria di Costantinopoli** und – alles überragend – das **Kastell.**

Eine kulturelle Initiative bemüht sich darum, wieder ziviles Leben auf das Kastell zu holen, was im Sommer mit verschiedenen Veranstaltungen auch gelingt. Von oben lässt sich die Umgebung von Agròpoli im vollständigen Rundblick erfassen: Auf der einen Seite das Meer, der Hafen und der Golf mit Paestum, Salerno und im dunstigen Horizont Capri, auf der anderen Seite das hügelige Landesinnere und die moderne Stadt.

Von Agròpoli aus sind verschiedene kleine Abstecher möglich – etwa an die **Bucht von Trentova** mitten durch die mediterrane Vegetation aus Macchia, Olivenbäumen und Eichen bis nach **Sauco** mit Resten römischer Gräber, oder zur **Punta Tresino,** ehemals griechische Kolonie namens Trezene, und dem seit dem 19. Jh. verlassenen **Dorf San Giovanni** mit der gleichnamigen, verfallenden Kirche aus dem 17. Jh.

Die Punta Tresino wurde schon von byzantinischen Schriftstellern erwähnt. Ihr Name geht auf die lateinischen Begriffe *tres sinus* zurück, entsprechend den drei geografischen Einbuchtungen, in denen sich die antiken Häfen von Pastina im Norden, Staino im Westen und Lago im Süden befanden. Bei Pastina sind große Mauerblöcke der Anlage aus dem 3. Jh. v. Chr. zu sehen, mit der sich die Römer gegen die Karthager verteidigten.

Im ganzen Küstenbereich findet die Aleppopinie noch die Voraussetzungen, um sich im natürlichen Kreislauf immer wieder zu reproduzieren, ohne dabei von Aufforstungsprogrammen unterstützt werden zu müssen. Allerdings wurde dieser Kreislauf auch hier schon von sommerlichen und nicht ganz natürlichen Feuern aus dem Gleichgewicht gebracht.

Pro Loco: Corso Garibaldi 38, Tel. 09 74 82 82 61, www.prolocoagropoli.it.

Carola: Via Carlo Pisacane 1, Tel. 09 74 82 64 22, Fax 09 74 82 64 25, www.hotelcarola.it. Hotel-Restaurant mit 40 Zimmern, eigener Strandbereich. DZ ab 70 €.
Il Ceppo: s. Restaurant.
Dolce Basilico: Loc. Campanina, Tel./Fax 09 74 82 66 43. Schlichter Agriturismo mit acht Zimmern und drei Apartments, hausgemachte Nudeln, biologischer Gemüseanbau, Weinanbau: Malvasia und Barbera. DZ ab 40 €.
Le Terrazze: Colline San Marco, Tel. 09 74 83 84 84. Gut ausgestattete Anlage mit 54 Mini-Apartments, reichlich Service: von der Animation bis zum Babysitter, Mindestaufenthalt drei Tage. Apartment ab 200 € pro Woche. Auch Zeltplatz.

Jugendherberge:
La Lanterna: Loc. San Marco, Via della Lanterna 8, Tel. 09 74 83 83 64, www.

cilento.it/lanterna, Nov.–Mitte März geschl. Übernachtung im Schlafsaal ab 11 €, Doppelzimmer und Bungalows, Restaurant, Bar, Garten, 5 Min. Fußweg zum Strand. Bislang die einzige Jugendherberge im Cilento.

Camping:
Arco delle Rose: Contrada Isca-Solofrone, litoranea Paestum–Agròpoli, Tel. 09 74 83 82 27. Solider Standard-Platz.

Il Ceppo: Via Madonna del Carmine 31, Tel. 09 74 84 30 36, www.hotelristoranteilceppo.com. Mo geschl. Regionale Küche, die maritime und ländliche Traditionen kombiniert, Olivenöl, frische Produkte, Nudeln und Desserts hausgemacht. Im Hotel (Tel. 09 74 84 30 44) vier Zimmer und zehn Apartments in mediterranem Stil. ÜF ab 70 €. Menü 35 €.
La Veranda: Via Piave 38, Tel. 09 74 82 22 72, Juli–Aug. nur abends, Mo geschl. Neu belebte, traditionelle Rezepte im alten Palazzo, klassische Cilento-Küche, sehr gute Pizza. Menü 25 €.
Barbanera: Piazza Umberto I., Tel. 09 74 82 31 64, Mo geschl. Einfaches Lokal fast auf der Spitze der Akropolis, *cucina casareccia* aus dem Cilento, viel Fisch, abends Pizza. Menü 15 €.

Azienda Agricola Marino: Contrada Moia 9, Via Fontana Saracena, Tel. 09 72 82 17 19, www.vinimarino.com/ita/index.htm. Engagierter Winzerbetrieb, D.O.C.-Weine, Olivenöl und angeschlossene Zimmervermietung.

New Carrubo: Agròpoli Vecchia, Tel. 09 74 82 41 49, Spätfrühling und Sommer. Bestens ausgestattete Maxi-Disko mit Latino- und Hitprogramm.

Spaziergang von der Loc. Trentova über Küstenweg (Beginn bei Tennisplätzen) bis nach Santa Maria di Castellabate. In der Gegend zwischen Vallone und der Torre Diroccata antike, zugewachsene Gräber, ca. 5 km.
Trekking Agropoli: Via Cannetiello 6, Tel. 09 74 84 33 45. Pietro Faniglione leitet Trekking-Touren und Wanderungen im Gebiet von Agròpoli und Castellabate (Monte Tresino) und ist behilflich bei der Organisation von Touren im gesamten Cilento.
Strände: Zwischen Punta Tresino und Punta Licosa wechseln im Norden lange Sandstrände mit Felsküsten ab. Das südlich gelegene Ogliastro Marina ist für seine endlosen, flachen Sandstrände bekannt. Sehr schöne Sand-, Kies- und Felsenstrände bei Marina di Ascea, Palinuro und Marina di Camerota.

Verkehrsverbindungen: s. unter Paestum, S. 179 f.

Santa Maria di Castellabate

Atlas: S. 234, A/B 3
Der Küstenort Santa Maria di Castellabate mit seiner kleinen Bucht war einer der ersten im Cilento, die den Tourismus für sich entdeckten. Zusammen mit San Marco, Lago und Ogliastro Marina ist er in den letzten fünf Jahrzehnten touristisch immer mehr mit Castellabate verwachsen.

In Santa Maria sind **Altstadt** und **Fischerhafen** sehenswert, außerdem die kürzlich restaurierte Kirche **Santa Maria Assunta** aus dem 13. Jh. Die am Meer gelegene Kirche **Santa Maria a Mare** ist in ihrem Inneren hingebungsvoll ausgeschmückt und voller Ex-Voti – Hoffnungs- oder Dankeszeichen von den Angehörigen der Seefahrer. Hier beginnt jährlich am 15. August die Prozession der Santa Maria a mare. An

Palazzo in Santa Maria di Castellabate

den Ortseingängen stehen je zwei bemerkenswerte Villen: die **Villa del Principe di Belmonte** und die **Villa Matarazzo,** hinter deren Mauern sich jahrhundertealte Bäume und seltene Pflanzen verbergen. Zwischen der Punta dell'inferno und der Spiaggia Pozzillo wechseln sich Häuser der Fischer mit noblen Palästen ab, der Palazzo Perrotti etwa, der um einen normannisch-aragonesischen Verteidigungsturm herum gebaut wurde.

Das **Antiquarium Comunale** (Via Naso, Juli/Aug. 9–12, 15–20.30 Uhr oder auf Anfrage) am Meer zeigt Amphoren, Anker und andere Fundstücke untergegangener römischer Schiffe aus dem 1. Jh. In Santa Maria leben noch Fischer vom Thun- oder Schwertfischfang, und es gibt auch noch einige traditionelle Schiffsbaumeister, die *maestri d'ascia,* die in kleinen Werkstätten oder im Freien bis zu 15 m lange Boote bauen.

Zwischen der Punta Tresino und der Punta Licosa befindet sich der **Parco Marino Subacqueo.** Der geschützte Unterwasserpark ist mit seinen Wiesen, Höhlen und Felsen der ideale Lebensraum für Fische, Schwämme, Gräser, Muscheln oder die *Posidonia oceanica,* die auf Verschmutzungen höchst empfindlich reagierende Wasserweide. Es werden geführte Unterwasserausflüge angeboten.

Castellabate

Atlas: S. 234, B 3

Von Santa Maria führt eine Serpentinenstraße nur wenige Kilometer hinauf nach Castellabate 280 m über dem Meer. Der Ort liegt strategisch herausragend und landschaftlich wunderschön, hat eine lange Geschichte und eines der besterhaltenen historischen Zentren im Cilento. Im mittelalterlichen Ortsteil findet man zwischen seinen Gässchen, Treppen und Rundbögen immer wieder neue, bislang unentdeckte Ecken, die kaum beschadet die Jahrhunderte überdauert haben.

Das Kastell des Abtes hat dem Ort seinen Namen gegeben, aus *il castello dell'abate* wurde Castellabate. Gebaut wurde es 1123 im Auftrag des Abts von Cava de' Tirreni, San Costabile Gentilcore, und der Reichtum der Stadt geht auf den jahrhundertelangen sozialen und wirtschaftlichen Einfluss der Benediktinermönche zurück. Auch die Struktur des historischen Stadtkerns mit seinen kleinen Gärten, den zusammenhängenden Häusern und den engen Gassen ist nicht zufällig: Sie wurde von den Mönchen im Kastell und in der **Basilica Romanica di Santa Maria de Gulia** mit ihrem noch gut erhaltenen Glockenturm aus dem 12. Jh. geplant – ebenso wie der sich bald entwickelnde Handel, der den Mönchen Reichtum und ferneren Gegenden Wein, Öl und Getreide bringen sollte.

Entlang der Straße, die den Ortsteil San Marco durchquert, finden sich **Gräber** im Tuffstein, die wahrscheinlich aus lukanischer Zeit stammen. San Marco kann als Badeort von der schönen **Spiaggia Pozzillo** profitieren und ist außerdem bekannt für die Reste eines griechisch-römischen Hafens, der einst in den Felsen bei der **Punta Licosa** angelegt war. Dieser Ort ist von San Marco in einem 45-minütigen Spaziergang zu erreichen (s. u.).

Wie meist an solchen Punkten steht hier ein Leuchtturm. Dieser baut auf den Resten eines alten Wachturms auf. Ihren Namen hat die Punta Licosa von der Sirene Leucosia, die sich hier ins Meer geworfen haben soll, weil sie Ulysses nicht zum Kentern bringen konnte, genauso wie Partenope in Neapel.

Die Küste verläuft mit den hübschen Orten Agnone, Acciaroli, Pioppi weiter bis nach Marina di Casal Velino. In **Ortodonico** bei Agnone sammelt das Museo della Civiltà Contadina (Piazza Torre, Tel. 09 74 82 41 59, Juni–Sept. tgl. 9–12, 16–20 Uhr, Okt.–Mai nur Sa u. So) seit mehr als 25 Jahren Dokumente und Objekte aus der Geschichte der Cilentaner Bauern zwischen Ar-

Punta Licosa

Ein Spaziergang durch intakte Natur führt von Santa Maria di Castellabate die Spiaggia Pozzillo entlang zum Hafen von San Marco. Von dort geht es über den alten Vaddunauto-Weg *(Vallone alto)* hinter dem Hotel L'Approdo durch Pinienwäldchen vorbei an kleinen Felsenbuchten bis zur Spitze der Landzunge Punta Licosa mit dem gleichnamigen Inselchen, worauf ein alter Leuchtturm steht (rund 4 km). Weiter die Küste entlang erreicht man nach ca. 4 km Ogliastro Marina.

mut und Ausbeutung, und in **Acciaroli** lernte auch Hemingway das Meer ohne atlantische Wellen und Haifischfang lieben.

Ein Meeresmuseum bietet **Pioppi** (Via Caracciolo, Tel. 09 74 90 50 95, 1. Juni–15. Sept. 9.30–12.30, 18–22, 16. Sept.–30. Mai 9.30–12.30, 15–19 Uhr) im Palazzo Vinciprova mit Bibliothek, Lese- und Konferenzsaal und verschiedenen Abteilungen vom Fischfang bis zum Meeresschutz.

Pro Loco: Via G. B. Forzati 40, Tel. 09 74 96 74 11.
In Santa Maria di Castellabate: Via Starza, Tel. 09 74 96 80 71.

Palazzo Belmonte: Loc. Santa Maria, Via Flavio Gioia 25, Tel. 09 74 96 02 11, www.belmontepalace.com. Raffiniert-elegante Zimmer im ehemaligen Adelspalazzo mit Garten. DZ ab 170 €.
Giacaranda: Loc. San Marco, Contrada Cenito, Tel. 09 74 96 61 30, Fax 09 74 96 68 00, www.giacaranda.it. *Maison de charme* im ehemaligen Palazzo mit stilechten Zimmern, viel Komfort und Hifi-Anlage, persönliches Ambiente, Gartenanlage, Seminare, vor allem für Frauen. DZ ab 94 €.
I Moresani: Loc. Moresani, Casal Velino, Tel. 09 74 90 20 86, www.agriturismoimoresani.com. Agriturismo in zwei alten, renovierten Bauernhäusern, viele Obst- und Olivenbäume, Kleinviehzucht und Restaurant, Pool, 3 km zur Küste. ÜF ab 70 €, Apartment pro Woche ab 450 €.
Antonietta: Loc. San Marco, Via Marina 2, Tel. 09 74 96 60 19, Fax 09 74 96 60 38, www.hotelantonietta.it. Familiäres Haus an der Piazzetta von San Marco, 30 Zimmer, 300 m zum Fischerhafen, gutes Restaurant. DZ ab 65 €.
Raggio di Sole: Via Terrate Impise-Casale, Tel. 09 74 96 73 56. Agriturismo in Panoramalage, acht spartanische Zimmer, umfangreiche eigene Produktion von Wein bis Feigen, Restaurant. ÜF ab 50 €.
Il Castello: Via Amendola, Tel./Fax 09 74 96 71 69, www.hotelcastello.co.uk. Charmantes Hotel in der Altstadt von Castellabate, zwölf gepflegte Zimmer mit Balkon/Terrasse, Bar, Garten. ÜF ab 60 €.
'A Crapa Mangia: Loc. Il Canito Tel./Fax 09 74 96 75 07, www.crapa.de. Zwei Gästezimmer und acht komfortable Apartments für zwei bis acht Personen auf einem großzügigen Landgut, originalgetreu renovierte Gebäude aus dem 17. Jh., Panoramalage. Tagesmietpreis ab 54 €, Zimmer ab 35 €.

Camping:
Trezene: Loc. Lago, Via B. Simeone, Tel. 09 74 96 50 27, Fax 09 74 96 50 13, www.trezene.com. Familienfreundlicher, schattiger Platz mit Bar, Restaurant, Privatstrand. Auch Vermietung von Apartments.

Taverna del Pescatore: Via Lamia, Tel. 09 74 96 82 93, Mo geschl. Regionale Meeresküche; *insalata di scongigli* aus lokalen Meeresfrüchten, hausgemachte *dolci*. Menü 30 €.
I due Fratelli: Via S. Andrea, Tel. 09 74 96 80 04, Mi geschl. Abwechslungsreiche regionale Küche. Menü 25–30 €.

Haupteinkaufsstraße ist der Corso Matarazzo.
Azienda Agricola Luigi Maffini: Loc. San Marco/Cenito, Tel. 09 74 96 63 45. Weine aus Aglianico-, Piedirosso- und Fiaiano-Trauben.

Fest der Gässchen: 12.–13. Aug., in Castellabate.
San Marco di Castellabate: 25. April, Fest des Schutzpatrons mit Bootsprozession.
Santa Maria a Mare: 15. Aug., Prozession und Volksfest.

Tauchen/Wassersport: Die Bucht von Castellabate ist ein *Parco Marino,* ein geschütztes Wassergebiet, und damit interessant für Taucher und Segler.

Verkehrsverbindungen: s. unter Paestum, S. 179f.

Elea/Velia

Atlas: S. 234, C 3/4
Die Ausgrabungen, die heute bei Elea/Velia zu sehen sind, zeigen wahrscheinlich nur 15 % der insgesamt noch ans Tageslicht zu befördernden Fundstücke früherer Kulturen. Erste Spuren hinterließen die Phochäer vor mehr als 2500 Jahren, als sie auf der Flucht vor den Persern das Gebiet nach zwei Jahrzehnten eher nomadischen Lebens im gesamten Mittelmeerraum als griechische Kolonie besiedelten. Zunächst siedelten sie in der Nähe einer Quelle, die sie der Nymphe Yele weihten, daher der Name Elea.

Die Phochäer waren sehr freiheitsliebende Fischer und Händler. Sie schützten und befestigten ihre Stadt, bauten zwei Häfen, aber Krieg führten sie nie. Auch zu Rom pflegten sie wirtschaftliche, politische und kulturelle Beziehungen, blieben dabei aber selbstständig. Nur der Name der Siedlung veränderte sich zu Velia. Brutus, Cicero und Horaz hielten sich in Velia auf; berühmt unter den Philosophen und bekannt bei Bildungsreisenden ist der Ort wegen der Philosophenschule, gegründet von Parmenides und von Zenon fortgeführt. Die berühmte Medizinschule von Salerno wurde in den Kreisen der Velianer Intellektuellen vorbereitet.

Im recht weitläufigen Ausgrabungsgebiet von Elea/Velia (Tel. 09 74 97 23 96, 9 Uhr bis 1 Std. vor Sonnenuntergang, 2 €) wurden auf einer Akropolis die Reste eines ionischen **Tempels** gefunden, der später zum Fundament und Baumaterial für den mittelalterlichen Wehrturm wurde. Zum Gelände gehören weiterhin Teile des römischen Straßensystems, des Hafens und der Thermen mit Delfinmosaik, außerdem Mauern und Treppen eines griechisch-römischen Theaters und der Platz, auf dem sich einst die Agora befand.

Von Marina di Ascea zum Golfo di Policastro und zum Monte Bulgheria

Ascea und Marina di Ascea

Atlas: S. 234, C 4
Zur Zeit der griechischen Kolonisation sah es in der Umgebung von **Ascea** noch ganz anders aus. Zwar hatte die Polis ihren Bewohnern vor allem Sonnenschein zu bieten, weswegen sie den Beinamen *alpha skia* bekam, ›ohne Schatten‹, umgeben war sie allerdings von dichten Wäldern. An *alpha skia* erinnert noch der Ort Ascea auf den grünen Hügeln im Hintergrund. Viele Einwohner sind mittlerweile von dort in den neuzeitlichen Badeort **Ascea Marina** gezogen. Es mag ein anderes Meer gewesen sein, in welches Horaz oder Cicero zu ihrer Zeit eintauchten – kristallklar ist das Wasser immer noch, und am

5 km langen, grobkörnigen Sandstrand wird es nur in der Hauptzeit der Hochsaison annähernd so voll wie in anderen Badegegenden Italiens.

Pro Loco: Marina di Ascea, Piazza Stazione, Tel. 09 74 97 22 30.

Aurella: Loc. Magnocavallo, Via delle Erbe 1, Tel./Fax 09 74 97 75 88, www.agriturismoaurella.it, Okt.–März geschl. Agriturismo mit Meerespanorama und sieben Zimmern. Gute Wassersportmöglichkeiten in der Nähe. Cilento-Küche und eigene Wein- und Ölproduktion. DZ ab 50 €.
La Focazza: Via Montegrappa, Loc. Focazza, Tel./Fax 09 74 97 79 56, Nov.–März geschl. Kleiner Agriturismo mit vier Zimmern im renovierten Landhaus, gute Sportmöglichkeiten, traditionelle cilentanische Küche, Oliven und Obst aus eigener Herstellung. ÜF ab 48 €.

Azienda Agricola Le Favate: Acea, Loc. Terradura, Tel. 09 74 97 70 45. Olivenöl.

Verkehrsverbindungen: s. unter Paestum, S. 179 f.

Pisciotta

Atlas: S. 234, C 4
Weitläufige Olivenhaine umgeben den Ort, der vor allem bekannt ist für die hervorragende Qualität dieser ältesten Südfrüchte überhaupt. Schon vor mehr als vier Jahrtausenden erließ Hammurabi VII., König von Babylonien, Vorschriften zur Züchtung, zum Handel und zur Produktionskontrolle der Oliven. In den Cilento kamen sie – wie so vieles – mit den Griechen acht Jahrhunderte vor unserer Zeitrechnung und fanden dort ideale Bedingungen.

Die Olivenbäume von Pisciotta sind sehr groß, sie werden bis zu 18 m hoch, bei einem Durchmesser von bis zu 12 m. Inzwischen wachsen sie überall im Cilento. Das geschützte Herkunftsgebiet für Olivenöl aus dem Cilento liegt aber nur hier, in der Gegend von Pisciotta, einem der schönsten und besterhaltenen Orte im Nationalpark und wahrscheinlich 915 entstanden, nachdem die Einwohner aus Bussento von den Sarazenen hierher vertrieben wurden. Pisciotta drängt sich auf 196 m Höhe um den **Palazzo Ciaccio,** das ehemalige Kastell der Barone, die sich auch hier bis zum Ende der Feudalherrschaft die Ländereien gegenseitig vererbten oder streitig machten. Im historischen Zentrum gibt es einige interessante Kirchen, etwa die **Chiesa del Carmine** oder die **Chiesa del SS. Pietro e Paolo** aus dem 19. Jh. auf mittelalterlichem Fundament.

Das 5 km vom Hauptort entfernte **Marina di Pisciotta** ist mit Pisciotta über eine Straße durch Olivenhaine verbunden. Der frühere Fischerort ist inzwischen für viele Italiener zum Urlaubsort geworden. Auch im weiter Richtung Palinuro liegenden **Caprioli,** einem vormals reinen Wohnviertel von Pisciotta, hat der Tourismus Fuß gefasst.

Principe di Vallescura: Loc. Vallescura, Via Marina Campagna, Tel. 09 74 97 30 87, Fax 09 74 97 30 31, www.principedivallescura.com. Komfortabler Agriturismo im Landhausstil, zwölf Zimmer, ein Apartment. DZ ab 75 €.

Pisciotta ist bekannt für hochwertiges Olivenöl

San Carlo: Via Noce 8, Fraz. Caprioli, Tel./Fax 09 74 97 61 77, www.pisciotta.net/sancarlo. Agriturismo mit sechs Doppelzimmern mit Bad in saniertem alten Herrenhaus, umgeben von 5000 Obst- und Olivenbäumen, Parkplatz, Privatstrand, eigenes Restaurant. DZ ab 60 €.

A' Tartana: Pisciotta Marina, Via Lungomare 31, Tel. 09 74 97 30 24. Sehr gutes Fischrestaurant mit Tischen an der Meerespromenade. Zu den Spezialitäten gehören die Alici di Menaica, nach alter Pisciottaner Tradition gefangene und eingesalzene Sardellen, die Donatella selbst einlegt. Menü ab 20 €.

Perbacco: Contrada Marina Campagna 5, Tel. 09 74 97 38 89, Okt.–Juni geschl., ab Ostern Sa u. So. Enothek (vor allem kampanische und sizilianische Weine) und Trattoria mit ausgezeichneter Cilento-Küche, Fischspezialitäten aus Sardinen, Tintenfisch, sehr gute Mozzarella und Ricotta. Menü ab 20 €.

Verkehrsverbindungen: s. unter Paestum, S. 179 f.

Palinuro

Atlas: S. 234, C 4

Zu Beginn der 70er Jahre des 20. Jh. baute eine französische Cluburlaubs-Kette in Palinuro ihr erstes Schilfhüttendorf auf europäischem Boden. Der Club ist mittlerweile weggezogen, der Grund, weshalb er hierher kam, besteht noch immer: Palinuro ist paradiesisch schön. Zwei Geschichten erklären den Namen des Ortes, eine wissenschaftliche und eine fabulöse:

Der die lang gestreckte Küste zwischen Pioppi und Palinuro abschließende Bergvorsprung Capo Palinuro war schon immer schwer zu umschiffen. In seiner ›Aeneis‹ erzählt Vergil im siebten Gesang vom Steuermann Palinuro, der erst in den Schlaf und dann in das Meer gefallen war. Doch er hatte Glück und überlebte gestrandet. Bis ihn die wilden wie brutalen Ureinwohner am Kap erst fanden und dann meuchelten. Seitdem trägt es den Namen des verunglückten Navigators.

Weniger antike Action und mehr griechische Seefahrersprache bietet die zweite Erklärung: *Palin ouros* ist der Berg, der sich entgegenneigt, besonders dem, der ihn bezwingen will. Zwei Erklärungen, ein Sachverhalt – für die Radare heutiger Schiffe zwar keine Herausforderung mehr, den größten Teil seiner Vergangenheit aber war das Kap von Palinuro für Seeleute ein sehr unangenehmes Hindernis.

Bis in die 1970er Jahre bestand Palinuro nur aus einigen Fischerhäusern, deren Bewohnern es vorbehalten blieb, die Schönheit dieser Gegend zu erleben. Vom Meer aus zeigt Palinuro beeindruckende Geologiegeschichte mit der **Silbernen und Blauen Grotte,** die an Leuchtkraft ihrer großen Schwester bei Capri nicht nachstehen. Die **Grotte des Blutes** ist rötlich an den Wänden, als Resultat einer Mikroalge, und in der **Grotte der Mönche** haben Stalaktiten deren Gestalt angenommen. Die **Grotta delle osse** wirkt wie eine Symbolgrotte für das Werden und Vergehen des Lebens: prähistorische Knochenfunde, 50 000 Jahre alt, zusammen mit weißen Muscheln und steingetropften Stalaktiten.

Ein Spaziergang auf dem Hügelkap führt durch Olivenhaine an Myrthen und Ginster vorbei, und mit viel Glück sieht man die seltene *Pimula palinuro*.

Hier ist Relaxen angesagt:
Die Traumbucht von Palinuro

Karibische Gefühle weckt die kleine und feine **Baia del Buondormire,** die nur über den Seeweg zu erreichen ist.

Die streckenweise durch Tunnel führende Küstenstraße überquert den Mingardo, der aus den Monti Cervati kommend hier ins Meer mündet, ganz in der Nähe des *arco naturale,* eines ausgehöhlten natürlichen Steinbogens mit romantischem Strandabschnitt. Von hier bis Marina di Camerota hat der Badeurlauber eine freie und vielfältige Auswahl verschiedener, besonders bis Juni und ab September wenig besuchter Strände.

Pro Loco: Via Parrocchia 1, Tel. 09 74 93 81 44.

La Conchiglia: Via Indipendenza 52, Tel. 09 74 93 10 18, Fax 09 74 93 10 30, www.hotellaconchiglia.it. 2001 renovierter Stadtpalazzo im Ortszentrum. 30 komfortable Zimmer, teils mit Balkon und Blick auf Kap Palinuro. Restaurant, Lounge-Bar, Wellness, Strand-Service, Radverleih. DZ ab 74 €.

Da Carmelo

Kaum 13-jährig, begrub Maria ihre frommen Pläne. Sie verzichtete darauf, ins Kloster zu gehen, nachdem sie sich in Carmelo, den Bäckerjungen des Ortes, verliebt hatte. Die beiden heirateten und eröffneten ein Restaurant. Die Kinder von Maria und Carmelo halten die alten Rezepte ihrer Eltern in Ehren und servieren Tagliatelle in schwarzer Seppiasoße oder *spaghetti alla Carmelo* – mit *gamberi* und *peperoncino.* Empfehlenswert sind auch die hausgemachten Liköre. Loc. Isca, Tel. 09 74 93 11 38, Mi geschl. Menü 25 €.

Ulisse: Via Saline, Tel. 09 74 93 11 30, im Winter 09 74 93 82 87, www.hotelulisse.palinuro.it. Sehr freundlicher Familienbetrieb, 30 helle Zimmer, Strandservice, authentische Küche mit Produkten aus eigenem Anbau oder Fischfang, empfehlenswert die Halbpension, als gutes Restaurant bekannt. Im Angebot Pescaturismo. ÜF 66–76 €, HP pro Person ab 40 €.

Camping:
Arco Naturale: Loc. Mingardo-Molpa, Tel. 09 74 93 11 57. Romantischer Platz am Natursteinbogen am Strand, großes Ausflugsangebot.

Sant'Agata: Contrada Sant'Agata, Tel. 09 74 93 17 16, nur abends. Agrituristische Trattoria in einem alten Gutshof, unverfälschte Landküche, ausgezeichnete gefüllte Gemüse (eigener Anbau und Viehzucht), Spezialität *alici in tortiera* (Sardinenauflauf). Menü 20 €.

O Guarracino: Loc. Porto, Tel. 09 74 93 83 09. Das kleine Lokal in romantischer Lage am Beginn des Hafens, fernab des Restaurant-Gewimmels auf der Via Indipendenza, ist eine der besten Adressen für Fisch- und Meeresspezialitäten im Ort, Menü ab 30 €.
La Baita: Cuccaro Vetere, zwischen Palinuro und Vallo, Tel. 09 74 95 36 50. Beliebtes, uriges Ausflugslokal, einfache Cilento-Speisen, abends Pizza. Menü 15 €.

Dialoghi Mediterranei e d'altri Mari: Mitte Juli, einwöchiges Festival mediterraner Jazz- und Ethno-Musik mit internationalen Musikern im Hafen von Palinuro, tgl. um 22 Uhr, Eintritt frei, www.festivalpalinuro.com.
Fronleichnam: Prozession mit Kerzen und Booten auf dem Meer.
Festa di San Antonio: Ende Sept., mit Bootsprozession.

Cooperativa Palinuro Porto: Via Porto 19, Tel. 09 74 93 82 94. Vermittlung von Bootsausflügen.
Centro Pesciolino Sub: Tauchcenter, Juni–Sept. Basis im Hafen. Tauchkurse, Verleih von Ausrüstung und Zubehör, Tauchgänge zu den Grotten am Kap und der Baia degli Infreschi.

Verkehrsverbindungen: s. unter Paestum, S. 179 f.

Camerota und Marina di Camerota

Atlas: S. 235, D 4
Camerota liegt über 300 m hoch im Hinterland zwischen Pinien und Olivenbäumen und bietet außer dem frühmittelalterlichen Castello ein Kapuzinerkloster von 1602 und eine Handwerkstradition, die es so kaum

noch gibt. Einige Töpfer pflegen noch die Arbeitsweise aus der Zeit der Magna Graecia, doch wegen Mangels an Proselyt droht diesem Verfahren das Ende. **Marina di Camerota** ist ein touristisch ›erwachsener‹ und immer noch netter Ort, dessen Fischer schon seit längerem die Touristenausflüge zum Neben- oder Hauptverdienst gemacht haben. Man sollte die nächsten 13 Küstenkilometer weiter nach Süden auch einmal vom Meer aus gesehen haben. Vom Land sind die oft feinsandigen Strändchen nur selten zu finden – manch ein viel versprechender Pfad führt zwar nach unten, endet jedoch im Wildwuchs. Beim Bootsausflug bekommt man einen besseren Eindruck vom Küstenverlauf. Immer wieder öffnen sich Grotten wie die **Grotta della Cala** oder **della Serratura,** in denen Knochen von Neanderthalerverwandten gefunden wurden, und aus dem Meer ragen Felsformationen empor, die der Volksmund etwas augenzwinkernd *faraglioni* oder drastisch deutlich *cacata del Marchese* nennt.

Das nächste Highlight an der Küste ist der **Porto degli Infreschi,** ein natürliches Hafenrund, auf dem sich die San Lazzaro-Kapelle und der Frontoneturm gegenüberstehen, einer der unzähligen, die vor den Sarazenenüberfällen schützen oder sie mindestens rechtzeitig bemerken helfen sollten. Die Grotte hier im Felsen besitzt eine

Felsentor bei Camerota

San Severino

Wie ein Geisterdorf liegt der winzige verlassene Borgo fast unsichtbar auf einem steilen Felsausläufer des Monte Chiancone. Erhalten sind neben den Wohnhäusern die Reste des Kastells und der Kirche Santa Maria degli Angeli. Langobarden und Normannen kontrollierten vom Kastell aus einst den Handelsweg im Tal des Mingardo. Zu erreichen ist der mittelalterliche Ort über das moderne San Severino (Zugang über nördlichen Ortsausgang, ausgeschildert).

Frischwasserquelle und wurde früher als natürlicher Kühlschrank für den gerade erlegten Thunfisch genutzt.

Pro Loco: Marina di Camerota, Via Porto, Tel. 09 74 93 29 00.

Calanca: Via L. Mazzeno 60, Tel. 09 74 93 21 28, Fax 09 74 93 91 06, www.hotelcalanca.com. Kleines Haus, 20 Zimmer und Privatstrände. DZ ab 44 €.
America: Via Bolivar 84, Marina di Camerota, Tel. 09 74 93 21 31, Fax 09 74 93 21 77, www.americahotel.it. Komfortklasse mit Schwimmbad, Garten und Privatstrand. ÜF ab 78 €.
Angela: Contrada Sant'Antonio, Loc. Licusati, Tel. 09 74 93 75 40, Fax 096 72 34 22. Agriturismo, sieben rustikale Zimmer, ein Apartment, cilentanische Landküche, biologischer Gemüseanbau, 8 km zum Meer. ÜF 50–60 €.
Bolivar: Via Bolivar 34, Tel./Fax 09 74 93 20 36, www.albergobolivar.it. Freundlicher Familienbetrieb mit 14 Zimmern und Restaurant, Haustiere willkommen. HP pro Pers. ab 38 €.

Camping:
Black Marlin Club: Loc. Torre Mingardo, Marina di C., Tel. 09 74 93 11 08. Für gehobene Ansprüche, Zelte sind selten.

Pepè: Via delle Sirene 41, Tel. 09 74 93 24 61. Das Meer bestimmt das Menü, regionale Fischgerichte wie Linguine mit Languste. Menü 30 €.
Cantina del Marchese: Via del Marchese 15, Marina di Camerota, Tel. 09 74 93 25 70, Mai–Okt. durchgehend. Tagsüber Delikatessenladen, abends ein Lokal mit außergewöhnlichen Speisen wie der *maracucciata,* einer Polenta aus Getreide und Gemüse. Menü ab 20 €.

Pompeo Cammarano: Via San Vita 25, Tel. 09 74 93 50 62. Seit sieben Generationen stellen die Cammarani Töpferwaren her.

Posidonia: Via S. Vito 28, Tel. 09 74 93 50 23, posidoniaonlus@libero.it. Der pflanzenkundige Wanderführer Salvatore Calicchio und seine Freunde leiten Wanderungen durch die Küstenlandschaft rund um Camerota und im Gebirgsmassiv des Monte Bulgheria.

Il Ciclope: Via Mingardo km 5, Marina di Camerota, Tel. 09 74 93 03 18, nur im Frühling und Sommer. *Die* Cilento-Disko schlechthin, fantasievoll in eine natürliche Grotte hineingebaut.

Fest des hl. Domenico: 1.–4. Aug. **Salamifest:** Caselle in Pittari, 7.–9. Aug. **Wildschweinfest:** Caselle in Pittari, 13.–14. Aug.

Verkehrsverbindungen: s. unter Paestum, S. 179 f.

Lentiscosa und San Giovanni a Piro

Atlas: S. 235, D 4

Lentiscosa mit seinen freundlichen weißen Häusern klebt am östlichen Hang des Monte Croce del Calvario. Das Kloster und der Bosco Sant'Iconio liegen an einem alten Pfad, der sich über Terrassen schlängelt, schöne Ausblicke liefert, durch Aleppopinienwäldchen führt und früher der einzige Weg von Palinuro nach Camerota war.

An den Hängen des Monte Bulgheria führt die Straße weiter nach **San Giovanni a Piro** mit der Abbazia di San Giovanni Battista, die von italo-griechischen Mönchen aus dem calabresischen Rossano Ende des 10. Jh. gegründet wurde. Die dreischiffige Chiesa San Pietro hat einen Altar von 1596 und einen Turm mit drei Glocken, eine davon ist mehr als 100 Jahre alt. Gläubige stifteten im Jahr 1660 die Chiesa San Gaetano, zunächst zu Ehren der Santa Rosalia, später wurde sie nach dem Gründer des Teatinerordens umbenannt. Ihr Glockenturm endet in maurischer Form. Der alte Teil des Ortes zeigt noch viele mittelalterliche Elemente: Steinportale, Bögen, Treppchen und schmiedeeiserne Balkone. Dominant liegt auf einem Felsblock das Heiligtum der Madonna di Pietrasanta aus dem 15. Jh. mit einer Quelle so genannten Wunderwassers.

Blick auf Lentiscosa

Scario

Atlas: S. 235, D 4
Die erste Ortschaft im **Golfo di Policastro** inmitten einer sehr üppigen Vegetation ist ein angenehmes, leicht verschlafenes Seefahrerdorf, das sich schon in griechischer Zeit Scariòs nannte, was soviel hieß wie ›kleine Werft‹. Hier kauften die römischen Großhändler das teure Garum ein, jene Fischwürzsoße, die als Maggi der Antike bei keinem Essen fehlen durfte. Im 19. Jh. wurde Scario auch ›Schweineohr‹ genannt, analog zur Form der Bucht, in der es liegt, die ihm wiederum den Ruf eines sicheren Ankerplatzes eingebracht hat. Mit seiner romantischen Meerespromenade, seinen Palmen, Oleandern und Begonien sowie den gemütlichen Lokalen ist Scario zu einem kleinen Geheimtipp des südlichen Cilento geworden.

Ausgedehnte Lavendelfelder verstecken sich in der kargen Landschaft des **Monte Bulgheria.** Buchenwälder wie in den weiter nördlich gelegenen Bergen im Cilento finden sich hier nicht. Der Monte Bulgheria ist ein Kalkmassiv, das sich vor 125–150 Mio. Jahren aus dem Meer gehoben hat. Seine Felsformationen bilden manchmal merkwürdige Figuren inmitten der Natur, und er selbst sieht aus wie ein ruhender Löwe, der nach Osten blickt. Verschiedene Wege und kaum noch sichtbare Pfade führen auf 1225 m Höhe, bester Ausgangspunkt ist der *campo sportivo* bei San Giovanni a Piro.

Verkehrsverbindungen: s. unter Paestum, S. 179 f.

Ein besonderes Vergnügen: ein Ritt entlang der Cilento-Küste

DAS BERGIGE HINTERLAND

Wer die Hitze Süditaliens schon im Frühsommer allzu deutlich spürt, ist im inneren Cilento gut aufgehoben. Vom Frühling bis zum Herbst gibt es hier ideale Wanderreviere mit erfrischenden Flüssen und kühlenden Wäldern. Die noch sehr urprüngliche Natur verspricht den Reisenden Ruhe, bietet ihnen aber auch eine überwältigende Umgebung für sportliche Aktivitäten im Rahmen eines ›sanften‹ Tourismus.

Von der Calore-Schlucht zur Schwarzen Madonna auf dem Monte Sacro

Atlas: S. 234, C 2/3
Nun hat die Moderne auch den kleinen Ort **Felitto** erreicht: Im Jahr 2000 bekam er eine Tankstelle. Sie wurde mit dem Segen des Priesters und einer feierlichen Prozession eingeweiht. Felitto ist kein außergewöhnliches Dorf im Cilento: Es liegt hübsch auf einem Karstmassiv, hat ein Kastell und die typischen mittelalterlichen Urspünge. Sehenswert sind die übrig gebliebenen Wehrtürme der Stadtumfassung und die Chiesa di Santa Maria dell'Assunta aus dem 13. Jh. Dazu ist Felitto umgeben von einer Natur, die aus dieser Region des Cilento eine der schönsten ganz Italiens macht. Erleben lässt sie sich auf sehr erfrischende Weise auch im Sommer in der Schlucht des Calore, die am besten von Felitto aus (in ca. 1 Std.) zu erreichen ist.

Der Calore entpringt am Abhang des **Monte Cervati,** schlängelt sich Richtung Norden und mündet nach 63 km außerhalb des Cilento in den Sele. Bis Roccadaspide verläuft er manchmal sehr spektakulär, und vom dichten Kastanienwald über mediterrane Macchia bis zum Schilfrohr im Mündungsgebiet begegnet ihm die komplette Vegetation des Cilento.

Von Laurino aus kommend führt nach den ersten Häusern von Felitto die erste Straße links an den Fluss. Auf dem Weg am westlichen Ufer des Calore wurden früher die Kastanien nach der Ernte abtransportiert. Er bleibt für etwa 30 Min. recht nah am Ufer, dann entfernt er sich, steigt an und geht wieder hinunter und weiter am Fluss entlang nach **Magliano Nuovo.**

Die Schlucht des Calore mit ihren steilen, überhängenden Kalkwänden ist noch immer ein paradiesisches Biotop. Hier wachsen Erlen, Weiden, Steinbuchen-, Eschen- und Ahornwälder, große Lorbeer- und Myrthensträucher, Mastixbäume, wilde Erdbeeren und Ginster, und besonders gut gedeihen verschiedene Farnsorten, die diesem Ort in grauer Vorzeit den Namen gegeben haben.

Südlich der Calore-Schlucht liegen die beiden Dörfer Stio und Gioi. **Stio** ist wahrscheinlich griechischen Ursprungs und hat als Sehenswürdigkeiten außer der eigenen Lage auf einer Anhöhe zwischen Alento und Calore die hervorragend erhaltene Kirche Apostoli San Pietro e Paolo von 1750 sowie die Kirchen San Gennaro und Santa Maria degli Angeli aus dem 16. und 17. Jh. zu bieten.

Gioi war früher einmal nur ein Kastell, umgeben von einer Mauer mit Türmen und vier Toren, von denen nur noch eines erhalten geblieben ist, das Tor der Löwen. Außerdem interessant ist der Kreuzgang im Convento di San Francesco aus dem 15. Jh. mit seinen Fresken und Säulen, die, so will es die Überlieferung, einst aus Velia hierher gebracht wurden.

Nah liegt **Vallo della Lucania,** die ›Hauptstadt‹ und der Verwaltungssitz des Cilento-Nationalparks. Vallo ist auf einem Ableger des Monte Gelbison errichtet worden und zählte bis zum 15. Jh. nur knapp 300 Einwohner. Heute ist es der ›Marktplatz‹ des Cilento, außerdem findet sich hier das Diözesanmuseum, das im Jahr 1965 als Diözesanpinakothek des Cilento eröffnet wurde (Besuch Do nach Anfrage, Tel. 09 74 41 42). Neben christlichem Kunsthandwerk zeigt es vor allem Gemälde, die von weiteren in der Kirche Santa Maria delle Grazie (1480) ergänzt werden.

Vallo della Lucania bietet sich als Ausgangspunkt für eine Wanderung auf den Monte Gelbison an, der wegen des **Santuario della Madonna di Novi Velia** (geöffnet Ende Mai–Ende Okt.) auch Monte Sacro (Heiliger Berg) genannt wird. Auf seinem Gipfel steht eine der meistbesuchten Pilgerstätten Kampaniens. Die ›Schwarze Madonna‹ in dem von Basilianermönchen in der zweiten Hälfte des 10. Jh. gegründeten Sanktuarium ist vermutlich afrikanischen Ursprungs.

Auf den Gipfel des Gelbison kommt man sowohl mit dem Auto wie auch zu Fuß. Am Ortseingang von **Novi Velia** befindet sich ein Hinweisschild, das den Weg zunächst am Flüsschen Torna entlang anzeigt. Die Wanderung zu Fuß dauert etwa 5 Std. und ist an den zwei jährlichen Pilgerterminen im Mai und September ein besonderes Erlebnis. Hunderte Gläubige kommen hierher, um den offenen Schrein mit der Schwarzen Madonna zu sehen. Vorher wird auf dem Parkplatz ein Picknick abgehalten, untermalt von Liedern für die Madonna, die hier auch auf Musikkassetten für 3 € verkauft werden. Der Weg hinauf zum Heiligtum ist nicht ganz unbeschwerlich, zumal die strengen Traditionalisten ihn barfuß hinter sich bringen – oder zumindest das letzte Stück, den Kreuzweg bis zum Sanktuarium. Etwa auf halber Höhe können die Durstigen sich an der Quelle des Fiumefreddo erfrischen, beobachtet von einer Marienstatue in einer Nische. Weiter oben trifft dieser Pfad, der von den ›Küstencilentanern‹ benutzt wird, auf die Straße und auf den anderen Pfad, der die Gläubigen aus dem inneren Cilento auf den Gipfel bringt. Nach einem letzten Anstieg über einen Treppenweg steht man auf 1705 m Höhe und hat einen Ausblick, der an klaren Tagen vom Vulkan Stromboli auf den Liparen im Süden bis zum Vesuv im Norden reicht.

Pro Loco Felitto: im Rathaus, Piazza Mercato, Tel. 08 28 94 50 28. In **Novi Velia:** Associazione Ulisse pro Cilento, Via Porta S. Giorgio, Tel. 097 40 50 31. In **Vallo della Luciana**: Verwaltung des Nationalparks Cilento, Palazzo Mainenti, Via F. Palumbo, Tel. 09 74 71 99 11, www.pncvd.it.

Mimì: Via O. de Marsilio 1, Vallo della Lucania, Tel. 09 74 43 02, Fax 097 47 28 79, ganzjährig geöffnet. Unspektakulärer Neubau mit 27 Zimmern, behindertengerechte Ausstattung, mit Garten, Schwimmbad und Restaurant. ÜF ab 65 €.

Oleoficio Conti Emilio: Via Nazionale 11, Vallo della Lucania, Tel. 097 47 58 26. Olivenöl.

Fest des Emigranten: Magliano Nuovo, 10. Aug.
Fest der einfachen Küche des Cilento: Stio, 17.–23. Aug.

Wanderungen und Ausflüge in die Calore-Schlucht vermittelt der Pro Loco in Magliano Vetere, Via Spina, Tel. 09 74 99 20 53. **Kanu-Touren** auf dem Calore vermittelt Vienna Cammarota (Pro Loco Felitto s. o. oder mobil erreichbar unter Tel. 33 84 48 12 37.

Busse verkehren auf der Strecke Salerno–Vallo della Lucania, s. S. 179 f.

Parco Nazionale del Cilento e Vallo di Diano

Atlas: S. 234/235, C 1–E 4
Die Provinz Salerno besteht zu mehr als einem Drittel aus dem zweitgrößten Nationalpark Italiens. Seit 1998 gehört der Nationalpark des Cilento als einzige Landschaft aus dem Mittelmeerraum nach den Kriterien der UNESCO zum Weltkulturerbe der Menschheit. Bereits ein Jahr vorher war das Gebiet als schützenswertes Reservat ins UNESCO-Programm ›Mensch und Biosphäre‹ aufgenommen worden. Die Begründung in ihrer kürzesten Version: das Gleichgewicht.

Auf der 181 048 ha großen Fläche des Cilento gibt es das erwiesenermaßen noch: die seltene und für Kampanien einzigartige Balance zwischen Mensch und Natur, so zerbrechlich sie hier auch sein mag. In der Antike wurde das Gebiet südlich der Flussmündung des Alento *cis alentum* genannt, ›diesseits des Alento‹. Die heutige Fläche des Cilento reicht im Norden über die Mündung hinaus bis nach Agròpoli. In den vergangenen Jahren kamen vor allen Dingen viele junge italienische Familien hierher, wenn sie günstig und in landschaftlicher Vielfalt Urlaub machen wollten.

Der Cilento zeigt das andere Gesicht Kampaniens. Kleine Flüsse wie der Calore oder der Tanagro schlängeln sich in ihrem von den Menschen nicht veränderten Verlauf durchs Land und sind mit ihren Wasserfällen und natürlichen Aufstauungen ein sauber gebliebener Lebensraum für die größte Fischotterpopulation Italiens – das Tier ist das

Symbol des Nationalparks, in dem noch weitere gefährdete Arten leben. Der Königsadler wurde schon öfter gesehen, ebenso Wanderfalke, Buntspecht, Rabe und Uhu, außerdem Wildschweine und Wildkatzen, Dachs und Iltis sowie etwa ein Dutzend Wölfe, um nur die prominentesten der Wald- und Wildtiere zu nennen.

Auf den karstigen und kalkhellen, bis zu 1900 m hohen Bergen gibt es oberhalb von 1000 m große Buchen- und Silbertannenwälder, es wachsen Birken, Eichen, Ahorne und in den Flusstälern seltene Farne, während bei Palinuro die höchst seltenen Palinuroprimeln und im nordöstlichen Cilento auch wilde Orchideen zu finden sind.

Den besonderen Reiz und gleichzeitig den Grund für die Berücksichtigung durch die UNESCO liefert aber die Geschichte des Cilento als Kulturlandschaft. Schon in prähistorischer Zeit besiedelt, war er bis zum Mittelalter ein ›interaktives‹ Gebiet politischer und kultureller Weiterentwicklung. Auf seinen Bergkämmen verlief ein Teil der Transport- und Handelsstraße als kürzeste Verbindung zwischen Ionischem und Tyrrhenischem Meer.

Für die Menschen im Cilento waren das 17. und 18. Jh. sehr grausame Zeiten. In dieser Epoche waren die Briganten die Antwort auf die gnadenlose Ausbeutung der Bauern durch die feudalen Barone. Diese ›Robin Hoods‹ des Cilento wurden als Freiheitskämpfer verehrt und haben ihre Spuren nicht nur in der heutigen Camorra, sondern auch im Denken der immer noch hauptsächlich von Land- und Forstwirtschaft lebenden Cilentaner hinterlassen: Unbeugsam und unabhängig wollen sie ihr Leben leben, das gar nicht luxuriös sein muss. Denn ihr Luxus ist die Landschaft.

Die Monti Alburni und Umgebung

Atlas: S. 234, C 1
Die **Monti Alburni** nehmen den nördlichsten Teil des Cilento ein und erheben sich auf einer Fläche von etwa 44 000 ha. Ihr Name leitet sich vom lateinischen Wort *albus* ab, welches die weiße Reinheit ihrer kalkigen Bergwände bezeichnet. Das halbrunde Karstmassiv sieht aus wie ein erodierter Kiefer mit grünem Zahnfleisch, in dem kräftige, helle Backenzähne sitzen: der **Monte Panormo** (1742 m), **Monte La Nuda** (1704 m), **Monte Spina dell'Ausino** (1445 m), **Monte Maria** (1303 m) und der **Monte Figliuolo** (1337 m). In den Monti Alburni gibt es viele Quellen und Flüsse – die größten sind der Tanagro, der Calore und der Sele. Andere typische Erscheinungen eines Karstgebirges sind Grotten mit unterirdischen Wasserläufen. Die bekanntesten sind die **Grotta di Castelcivita** und die **Grotta di San Michele Arcangelo** bei Sant'Angelo a Fasanella.

Zur Pflanzenwelt der Monti Alburni gehören Erle, Linde und Buche, in deren Unterholz Walderdbeeren und Pilze wachsen. Außerdem findet man in manchen Gegenden auch winzige wilde Orchideen. Die kleinen Bergdörfer sind durch meist hügelige und serpentinenreiche Straßen miteinander verbunden. Oft finden sich Felsenkirchen,

CARLO LEVI – ›CHRISTUS KAM NUR BIS EBOLI‹

»Wir, wir sind keine Christen – Christus kam nur bis Eboli«. So beschrieben die Menschen aus Gagliano im tiefen Innern Lukaniens, der heutigen Basilikata, ihre Lebenssituation. Unverständlich und beinahe sarkastisch klingt dieser Spruch aus einer fremden Welt, die jahrhundertelang unerhört blieb. Carlo Levi gab den Menschen aus Gagliano mit seinem poetischen Roman eine Stimme. ›Christus kam nur bis Eboli‹ wurde nach seinem Erscheinen 1945 ein Welterfolg.

Ganz freiwillig war Levi Ende der 1930er Jahre jedoch nicht in das Dorf Gagliano gekommen. Wegen antifaschistischer Aktivitäten hatte ihn die Regierung Mussolini nach Lukanien in die Verbannung geschickt. Das Exil in Süditalien war damals eine häufig verhängte Strafe für Regimekritiker.

Gagliano war die zweite Station in Levis Exil; zuvor hatte er schon eine Zeit lang in Grassano, ebenfalls in Lukanien, gelebt. Dennoch trifft der gebildete Turiner auf eine ihm völlig fremde Welt, die durchdrungen ist von Armut, Ausbeutung, Mühsal und Malaria. Seit ewigen Zeiten scheint sich in Gagliano nichts verändert zu haben. Die Menschen bestellen die Felder im immer gleichen Ablauf der Jahreszeiten. Statt Hoffnung sah Levi resignierende Duldung, statt Trost nur Leid und Schmerz.

Die Bauern von Gagliano fühlen sich nicht als Christen, weil sie sich nicht als Menschen mit eigener Geschichte und eigener Freiheit verstehen – ›Christ‹ bedeutet ›Mensch‹ in vielen süditalienischen Dialekten. Sie sehen sich als Vieh, weil der Staat sie als solches behandelt. Rom hat sie vergessen oder noch nie wahrgenommen. Das bäuerliche Süditalien taucht in der Herrschaftsvorstellung der Regierenden und in der offiziellen Geschichtsscheibung nicht auf.

Carlo Levi warnt in seinem Buch davor, das Elend der Bauern nur als wirtschaftliche Misere zu verstehen. Er beobachtet zwei verschiedene Kulturen, die sich einander völlig fremd sind. Die städtische, ›nachchristliche‹ oder ›postmoderne‹ Kultur einerseits und die ländliche vorchristliche Kultur andererseits: Rom und Gagliano. Auch die katholische Kirche ist in den Augen der Menschen von Gagliano ein Fremdherrscher, der wenig Verständnis hat für ihre an Jahreszeiten gebundenen Riten, ihren Glauben an Geister und magische Wesen oder für ihre Ehrfurcht vor den unberechenbaren Kräften der Natur. Der skurrile und verbitterte, weil zwangsversetzte Dorfpriester beschimpft während einer Messfeier die Menschen sogar als unrettbare Dummköpfe, Bestien und dämonische Heiden.

Einen Ausweg für den geschundenen Süden, für die unterdrückte ländliche Kultur sah Levi in einer kommunalen Autonomie. Nur in der Selbstverwaltung und der Selbstverantwortung könnte seiner Vorstellung nach die ländliche Kultur ihre Freiheit finden.

deren Entstehung zwischen Geschichte und Legende verschwimmt. Die Gastronomie verzichtet auf die Früchte des Meeres und bietet einfache Land- und Waldgerichte aus Pilzen, Trüffeln, Gemüse, Olivenöl, Wildschweinfleisch, Kastanien und Walderdbeeren an.

Castelcivita

Atlas: S. 234, C 2
Castelcivita ist mit 3000 Einwohnern der Hauptort in den Monti Alburni und liegt 587 m hoch auf einem ihrer südlichen Ausläufer. Der Versuch aus dem 14. Jh., den Maschio Angioino von Neapel zu imitieren, prägt das Ortsbild von Castelcivita: die Torre Angioina, ein wehrhafter Turm, von dem aus über 17 km Entfernung das Meer zu sehen ist. Im *centro antico* sind die Kirche **San Cono** aus dem 15. Jh., das **Kloster San Gertrude** und die Kirche **San Nicola** aus dem 17. Jh. mit ihrer großen Orgel aus dem 19. Jh. beachtenswert. Die Menschen leben vorwiegend von der Landwirtschaft und produzieren Öl, Wein, Getreide und Käse. Probieren sollte man hier die lokalen Spezialitäten aus Forelle und Aal.

Haupattraktion von Castelcivita ist aber die **Höhle im Calore-Tal** (Tel. 08 28 97 55 24, ausgeschildert, außer Weihnachten und Silvester durchgehend geöffnet, Führungen ab 10 Uhr bis 1 Std. vor Sonnenuntergang etwa zweistündlich, 6,70 €), die hier 100 m unterhalb des Meeresspiegels liegt. Auf einem 4 km langen Rundweg eröffnen sich immer wieder skurrile Formen der Stalagtiten und Stalagmiten, und manchmal bilden sie Räume wie im Fantasy-Roman: der ›Krokodilssaal‹, das ›Limonenzimmerchen‹, der ›Gemüsesaal‹ oder die ›Kathedrale‹. Der Legende nach soll sich Spartakus 71 v. Chr. in der Höhle versteckt haben, weshalb die nahe gelegene **Paestum-Brücke,** die über den Calore führt, auch Spartakus-Brücke genannt wird. Das im Krieg zerstörte Original dieser Rekonstruktion verband in römischer Zeit Paestum und Velia mit der Straße von Capua nach Reggio.

In den Orten der Monti Alburni sind noch viele Häuser fast so erhalten geblieben, wie sie im Mittelalter gebaut wurden, und oft fallen die Paläste der Barone auf, die als Feudalherren die Region kontrollierten.

Verkehrsverbindungen: s. unter Paestum, S. 179 f.

Postiglione

Atlas: S. 234, C 1
Auch in Postiglione steht an höchster Stelle ein typisch mittelalterliches **Kastell.** Das darin untergebrachte kleine Museum (tgl. 8–14 Uhr, außer an Feiertagen) zeigt Gegenstände aus dem bäuerlichen Leben unter den Feudalherren. In der Umgebung gibt es viele recht gut erhaltene Wassermühlen, die interessantesten stehen bei Moliniello, Acquara und Canneto.

Nordwestlich von Postiglione liegt die ›Oasi di WWF di Persano‹ (1. Feb.–15. Mai u. 1. Okt.– 31. Dez. Mi, Sa, So 10–15 Uhr, Anmeldung Tel. 08 28 97 46 84), ein sumpfiges Natur-

Lohnendes Wandergebiet: die Monti Alburni mit ihren Wäldern und Flussläufen

schutzgebiet und Schwemmfläche des Flusses Sele mit einer Fläche von 4000 ha, 300 davon werden vom World Wildlife Found gepflegt. Im Röhricht direkt am Flussufer, zwischen Erlen und Weiden, leben und nisten viele seltene Vogelarten wie Reiher oder Kormorane, in der weiteren Umgebung aus Wiesen, mediterraner Macchia und Zedernwäldern leben Stinktiere, Wiesel und Wildschweine. Das Symbol der Naturoase ist der Fischotter, der sowohl hier wie auch an wenigen anderen Flussufern im Cilento noch seinen natürlichen Lebensraum findet.

Sicignano degli Alburni ist ein guter Ausgangspunkt für Wanderungen auf den Monte Tirone oder den Monte Panormo, dessen Steilhänge für Bergsteiger allerdings unbezwingbar sind. Der Ort hat etwa 3800 Einwohner und liegt auf 670 m Höhe am nordöstlichen Rand der Alburni. Diese Seite der Monti Alburni bietet immer wieder Schwindel erregende Bergblicke auf karstige Felsmassive, die störrisch aus der bewaldeten Landschaft ragen.

WWF in Sicignano degli Alburni: im Rathaus, Tel. 08 28 97 38 20.

Sicinius: Contrada Piedi la Serra, Loc. Scorzo, Tel./Fax 08 28 97 37 63, www.siscinius.com. Komfortabler Agriturismo mit rustikalen Zimmern, Restaurant, Spezialität: historische Menüs, Oliven, Gemüse, Heilkräuter aus biologischem Anbau, Aromatherapie und Wellness-Programm. DZ ab 47 €.

Park Hotel: Autobahnabfahrt Potenza-Sicignano (SA-RC), Tel. 08 28 97 81 45,

CERTOSA DI SAN LORENZO IN PADULA – DIE GRÖSSTE KARTAUSE ITALIENS

Seit 1995 rechnet die UNESCO auch die Kartause von Padula zum Weltkulturerbe der Menschheit. Italienisches Nationaldenkmal ist das überaus sehenswerte Bauwerk seit über 120 Jahren – und an seiner Sanierung wird schon mehr als zwei Jahrzehnte gearbeitet. Ein Grund für die lang andauernde Renovierung liegt in der unübertroffenen Größe der Anlage: Die Kartause nimmt eine Fläche von 5 ha ein, und zu ihr gehört ein 20 ha großes Gelände. Zu renovieren waren und sind 320 Säle und Zimmer, 13 Höfe, 52 Treppen, mehr als 1000 Türen und Fenster, 41 Brunnen, 2,5 km Flure, 100 Kamine und außerdem Galerien, Durchgänge, Loggien und Säulenhallen mit mehr als 300 Säulen – damit steht in Padula die größte Kartause Italiens (tgl. 9–20 Uhr, 4 €).

Gegründet wurde die Certosa di San Lorenzo 1306 von Tommaso Sanseverino, dem Grafen von Marsico und Feudalherrscher über den ‚Vallo di Diano'. Die Kartause zeigt noch deutliche Spuren eines Reichtums, der während ihrer jahrhundertelangen Bauzeit bis zur Mitte des 18.Jh. nicht nachließ. Architektonisches Prunkstück ist der marmorne Treppenaufgang zur Bibliothek, den Ferdinando Sanfelice in seinem typischen Stil (s. S. 34) entwarf. Viele Kunstwerke aus der Bibliothek gehören heute in die globale Abteilung der Beutekunst und sind mittlerweile im Louvre zu sehen. Im Inneren der Certosa vermitteln Küche, Weinkeller mit Kelterei, Aufenthaltsräume, Betsäle, Studierzimmer etc. eine gute Vorstellung vom Leben der Kartäusermönche, das mit dem der Bettelmönche nichts gemein hatte. Jeder Mönch in der Certosa di Padula konnte sich in zweieinhalb Zimmern ausbreiten, brauchte nur einen Schritt vor die Tür zu machen und stand im Klostergarten.

Eine der Geschichten, die heute noch gerne über den Reichtum Padulas erzählt wird, berichtet von einem Omelett, das beim Abendessen zu Ehren des Königs Karl III. aus 1000 Eiern gebraten worden sein soll. Das Fest der Frittata der 1000 Eier in Padula erinnert heute noch alljährlich in der zweiten Augustwoche daran.

Unterkünfte: Aia Antica, Via Fusara 4, Tel./Fax 097 57 45 50, Mobil 32 92 24 00 25, www.agriturismoaiaantica.it; Agriturismo in großem alten Herrensitz, wo früher Tabak getrocknet wurde. Zwölf Zimmer, drei Apartments, cilentanische und lukanische Küche, biologischer Gemüseanbau, guter Service, DZ ab 50 €. I Tre Santi, Loc. Vascella, Padula, Tel. 09 75 77 84 35, 1. Nov.–31. April geschl. Restaurierter Hof aus dem 14./15. Jh., 200 m von der Certosa entfernt, mit Mini-Apartments und Mitbenutzung der nahe gelegenen Sportanlagen, DZ ab 45 €.

Restaurant: Do' Giulino, Viale Certosa 43, Tel. 097 47 73 35, Fr geschl. In der schlichten Trattoria schräg gegenüber des Eingangs zur Kartause wird die schmackhafte lokale Kochkunst gepflegt. Menü 15 €.

Weitere Infos: Pro Loco Teggiano: Largo Duomo 5, Tel. 097 57 96 00.

Fax 08 28 97 80 91. Akzeptables Mittelklassehotel. DZ ab 40 €.

La Taverna: Fraz. Scorzo, Via Nazionale 105, Tel. 08 28 97 80 50, Mi und im Aug. geschl. Kräftige Kost aus den Alburni-Bergen, hausgemachte Nudeln, Käse, Fleisch am Kamin in der ehemaligen Pferdepoststation. Menü 20 €.

Verkehrsverbindungen: s. unter Paestum, S. 179 f.

Petina und Pertosa

Atlas: S. 235, D 1
Die Koniferen haben **Petina** den Namen gegeben (*abetina*, ›Tannenwald‹). Bemerkenswert im Ort sind die Steingravierungen an den Häusern und die Kirche **San Nicola** mit ihren Renaissance-Kunstwerken. In der Nähe liegen eine **römische Nekropole** und das **Tal Sant'Onofrio** mit dem gleichnamigen verlassenen **Kloster** aus dem 13. Jh.; dem Gebäude gegenüber liegt eine alte Ölmühle, die dazu gehörte.

Zur etwa 8 km entfernten **Grotte von Pertosa** führt die SS 19 am Tanagro entlang. Die Höhle gehört zu den weitläufigsten und wichtigsten in Süditalien und wurde schon im Neolithikum bewohnt. Sie wird auch ›Grotta di San Michele‹ oder ›Grotta dell'Angelo‹ genannt, einem wahrscheinlich langobardischen Kult aus dem 12. Jh. zufolge, in dem sie als Sanktuarium genutzt

Grotte von Pertosa

wurde. Am Ostermontag pilgern Gläubige aus den umliegenden Ortschaften hierher, um die Statue des Erzengels San Michele im geöffneten Tabernakel zu betrachten.

Die Grotte ist mehr als 2 km lang und liegt auf 264 m Höhe am Monte Intagliata. Man betritt sie nicht, sondern fährt auf Flößen über einen kleinen See durch einen bogenförmigen Eingang ein Stückchen auf einem unterirdischen Fluss hinein und geht dann zu Fuß weiter (März–Okt. 9–19 Uhr, Nov.–Febr. 9–16 Uhr, Führungen jede volle Stunde, Dauer ca. 90 Min. Infos im Pro Loco, s. u. oder www.grottedellangelo.sa.it, Eintritt 10 €, erm. 8 €, langer Rundgang 15 €). Im ersten Höhlenraum empfängt die Besucher ein Wasserfall, dann öffnen sich verschiedene Arme des unterirdischen Flusses: der ›Fledermausarm‹, der ›Arm der Wunder‹, oder der ›Jungfrauensaal‹ und das ›Paradies‹.

Der Arzt und Archäologe Paolo Carucci entdeckte 1906 in einer Grottenausbuchtung die Reste eines Pfahldorfs aus dem Neolithikum. In den Schichten aus Holz und Eichenrinde fand er Terrakotten, außerdem Bronzen und Münzen aus der Antike.

Pro Loco Pertosa: Via Muraglione 33, Tel. 097 53 22 98.

Hotel Grotte: Via Muragliona, Pertosa, Tel./Fax 09 75 39 70 45. Einfaches, rustikales Haus, Familienbetrieb, im Grünen gelegen. DZ ab 35 €.

Festa di San Benedetto: Pertosa, 21. März.
Festa di San Vittorio: Pertosa, 14. Mai.

Verkehrsverbindungen: s. unter Paestum, S. 179 f.

Corleto Monforte

Atlas: S. 235, D 2
Auch Corleto Monforte ist ein mittelalterliches Örtchen im Cilento, in dem Spuren aus noch älterer Zeit gefunden wurden. Wahrscheinlich im 5.–4. Jh. v. Chr. wurde hier von den Lucaniern die erste Felsenfestung angelegt, um das Fasanella-Tal kontrollieren zu können. Corleto leitet sich vom lateinischen coryletum ab, was einen Ort bezeichnete, an dem Nüsse versteckt gehalten wurden.

Die **Chiesa di Santa Barbara** ist die Hauptkirche. In vorchristlicher Zeit wurde hier die Göttin Diana verehrt – die Wälder der Alburni sind ein gutes Jagdrevier. Die **Chiesa di San Giovanni** wurde nicht 1797 gebaut, wie es auf dem Eingangsportal steht, sondern schon 1568. Die Statue des San Giovanni Battista haben die Kirchenväter von Corleto 1719 in Neapel gekauft und dann mit einem Maultier zurückgebracht. Gratis zu besichtigen sind die beiden kleinen Ausgrabungsareale **Piano del bue** und **Timpa degli antichi** mit Resten römischer und lukanischer Siedlungen.

Fasanella-Tal

Atlas: S. 234/235, C/D 2
Gleich mehrere Grotten liegen im Fasanella-Tal: die **Grotten dell'Auso** und **Fra Gentile** bei Terre Larghe und die **Grotta del Fumo** in Sicchitiello. Seit dem frühen Christentum sind die Grot-

ten ein Ort der Madonnenverehrung. Besonders beeindruckend ist die **Grotta di San Michele Arcangelo** (sollte sie nicht geöffnet sein, in der Bar degli Alburni im Ort fragen oder Silvana Verrone anrufen, Tel. 08 28 96 10 82, 33 97 00 53 47). Das Innere aus zwei großen Höhlen ist eingerichtet wie eine Kapelle. Im Zentrum steht ein großer Barockaltar, hinter dem ein Nischengang zu zwei in Stein gehauenen Abbildern der ›Madonna mit dem Kind‹ aus dem 15. und 16. Jh. führt. Das ältere zeigt die Madonna mit einem Granatapfel in der Hand, wie ihn die griechische Göttin Hera trägt.

Außerhalb der Höhle sind noch die Reste einer **Benediktinerabtei** zu sehen, die an den Felsabhang gebaut war. In dieser Grotte fanden sich Spuren vorchristlicher religiöser Riten, die darauf schließen lassen, dass hier schon im Paläolithikum Menschen gelebt haben.

Ein bislang nicht aufklärbares Zeichen aus lange vergangenen Lebensumständen befindet sich auf dem höchsten nordöstlichen Punkt des Monti Alburni-Plateaus. In der Bronzezeit stand hier ein befestigtes Dorf – zu sehen ist heute nur noch ein mysteriöses Steinrelief. Es bildet eine **Guerrierio dell'Antece** genannte Figur ab, die eine Schaufel und eine Spitzhacke in den Händen hält. Zu ihr führt ein Pfad, hinaus aus dem Tal von Sant'Angelo a Fasanella und zur Costa Palomba. Der Blick des menschlichen Wesens in Stein geht gegen Sonnenuntergang, ob aber ein Krieger oder eine Gottheit das letzte Licht über der Landschaft betrachtet, ist ungewiss.

Roscigno Vecchia

Atlas: S. 234, C 2

Roscigno Vecchia hilft bei der Vorstellung, wie es im Cilento gewesen sein mag, bevor es Automobile gab. Seit 100 Jahren ist der Ort verlassen, evakuiert von 1902–08 in Ausführung einiger Sondergesetze über erdrutschgefährdete Siedlungen. Das so entstandene neue Roscigno befindet sich wenige Kilometer oberhalb des verlassenen Dorfes, das den Besucher empfängt wie eine Kulisse aus Bertoluccis ›1900‹. Nur der Zahn der Zeit hat das Dorf ein wenig verändert, das bis Mitte des 20. Jh. noch als Speicherstätte verwendet wurde. Eine letzte Bewohnerin wollte ihr Haus nicht verlassen, lebte Jahrzehnte allein in Roscigno Vecchia und konnte auch den Übergang ins neue Jahrtausend im alten Roscigno erleben.

Faszinierend ist der gut erhaltene halbrunde Dorfplatz mit seinem runden Steinbrunnen und einer schneewittchenhaften Leblosigkeit. Wer die Bar Roma besucht oder das **Museo etnografico** (Piazza Roscigno Vecchia, Tel. 08 28 96 33 77), wünscht sich zurückversetzt in die Zeit und das Leben von damals, und sei es nur für einige Minuten.

Cristal: Via Pepe Luciano 4, Roscigno, Tel. 08 28 96 32 98, Okt.–Mai Mo geschl. Die nächste Gelegenheit für den Appetit nach dem Besuch von Roscigno Vecchia, einfache regionale Küche, Menü ab 15 €.

Verkehrsverbindungen: s. unter Paestum, S. 179 f.

REISEINFOS VON A BIS Z

Alle wichtigen Informationen rund ums Reisen auf einen Blick – von A wie Anreise bis Z wie Zeitungen

Extra: Ein Sprachführer mit wichtigen Redewendungen, den Zahlen, Wochentagen und einem Überblick über die Speisekarte

Der Fischerort Atrani

INHALT

Anreise

... mit dem Flugzeug

Der internationale Flughafen Napoli-Capodichino wird von Linien- und Chartermaschinen angesteuert: Alitalia mehrmals täglich über Mailand oder Rom, Lufthansa über München oder Bologna. Charterflüge landen in der Regel zwischen März und November. Ein Direktflug dauert 2 Std. 30 Min., ein Flug mit Umsteigen 4–5 Std. Auskunft: Napoli Capodichino, Tel. 08 17 89 61 11. Alternative: Ryan-Air fliegt von Frankfurt/M.-Hahn bis Rom oder Pescara, von dort dreimal tgl. Überlandbusse (Satam, Tel. 08 54 21 07 33) nach Neapel. HLX fliegt von Berlin-Tegel, Köln/Bonn, Hannover und Stuttgart nach Neapel.

Anbindung Flughafen–Neapel-Zentrum–Küsten/Inseln:

– **Taxi:** Vom Flughafen in die Innenstadt ca. 20 €.

– **Buslinie 3S** fährt im 10-Min.-Takt vom Flughafen über Hauptbahnhof und via Marina zum Hafen und zurück (6–23 Uhr), Fahrtdauer ca. 25 Min. Fahrkarte (›GiraNapoli‹) am Kiosk.

– **Alibus:** Abfahrt alle 30 Min. (6–24 Uhr), Flughafen–Hbf Piazza Garibaldi–Piazza Municipio, ohne Zwischenstopp. Fahrkarte im Bus, 3 €.

– **Metro:** Abfahrt Linie 2 imTiefbahnhof (Hbf Piazza Garibaldi), über Mergellina nach Pozzuoli.

– **Circumvesuviana:** Die Haltestelle der Circumvesuviana befindet sich ebenfalls im Tiefbahnhof. Sie verbindet Neapel mit den Ortschaften am Vesuv, 30-Min.-Takt (touristisch interessant sind die Linien Napoli–Pompeji–Sorrent und Napoli–Poggiomarino).

– **Busse der SITA:** mehrmals tgl. nach Salerno, Sorrent, an die Costiera Amalfitana, nach Paestum und in den nördlichen Cilento, Abfahrt am Molo Immacolatella beim Molo Beverello im Hafen, Infos unter 199 73 07 49 oder im Internet unter www.sita-online.it.

– **Fähren/Boote:** Gegenüber der Piazza Municipio liegt der Molo Beverello, dort legen stündlich Fähren und Tragflächenboote nach Sorrent, Capri, Ischia und Procida ab.

... mit dem Zug

Gute Zugverbindung über Mailand. Dort Anschluss an den Eurostar (reservierungspflichtig). Reisezeit: z. B. Köln–Neapel ca. 18 Std.

Autoreisezüge: Fahrplanauskunft vor Ort von 7–21 Uhr unter Tel. 89 20 21, www.trenitalia.com.

... mit dem Auto

Aus dem Norden kommend bieten sich drei Routen an: durch die Schweiz über den großen St. Bernhard oder durch den Gotthard-Tunnel, durch Österreich über die Brenner- Autobahn. Italiens Autobahn ist gebührenpflichtig. Die Strecke Chiasso–Neapel kostet ca. 40 €. Alternative zur Barzahlung ist die ›Viacard‹ (erhältlich beim ADAC) oder die Kreditkarte (am Schalter ›Free Pay‹ möglich). Neben der Gurtpflicht gilt eine Promillegrenze von 0,8. Die zulässige Höchstgeschwindigkeit in Ortschaften beträgt 50 km/h, auf Landstraßen 90 km/h, auf Autobahnen 130 km/h. Auf Autobahnen und Schnellstraßen müssen alle PKW auch tagsüber mit Abblendlicht fahren. Zudem muss in jedem Fahrzeug eine gut sichtbare Leuchtweste (z. B. beim ADAC) für Notfälle bereit liegen.

Apotheken

Eine *farmacia* ist an dem grünen Kreuz über der Tür erkennbar. Nachtapotheke in Neapel: Alma Salus, Piazza Dante 71, Tel. 08 15 49 93 36.

Ärztliche Versorgung

Die Notfall-Behandlung im Krankenhaus ist kostenlos. Arztbesuche müssen in der Regel direkt bezahlt werden. Der gesetzlich geregelte Satz wird von der Kasse gegen Quittung rückerstattet. Eine private Auslandskrankenversicherung übernimmt gewöhnlich auch die Kosten für einen notwendigen Rücktransport.

Autofahren

In Neapel ist die Autobahntangente *(tangenziale)* gebührenpflichtig (65 €). Der Verkehr im Zentrum ist chaotisch. Parkplätze sind rar und kostenpflichtig. Gleiches gilt für die Amalfiküste. Autofähren nach Ischia und Procida legen am Molo Beverello in Neapel oder in Pozzuoli ab. Capri ist für PKW vom Festland gesperrt.

Im Cilento: Zügiges Vorankommen ermöglicht die SS 18: Nord-Süd-Achse von Agròpoli bis Futani und von Centola/San Severino bis Bussentino Policastro. Auf kleinen Nebenstraße ist die Beschilderung teils unübersichtlich. Als Faustregel gilt: Wenn kein Wegweiser kommt, geht es geradeaus weiter – irgendwann wird die Beschilderung fortgesetzt.

Behinderte

Die örtlichen Fremdenverkehrsbüros (Aziende Autonome) geben Hotelverzeichnisse heraus, die auch die behindertengerechte Ausstattung der Häuser berücksichtigt. Öffentliche Gebäude , Museen und Verkehrsmittel sind in der Regel mit Rampen und Aufzügen ausgestattet. Die Metrobahnhöfe verfügen über ein modernes Leitsystem für Nicht-Sehende.

Diplomatische Vertretungen in Neapel

Deutsches Generalkonsulat,
Via Crispi 69,
80121 Napoli,
Tel. 08 17 61 33 93,
Fax 08 17 61 46 87.

Österreichisches Konsulat,
Corso Umberto I. 275,
80121 Napoli,
Tel./Fax 081 28 77 24.

Schweizerisches Konsulat,
Via Pergolesi 1,
80121 Napoli,
Tel. 08 17 61 43 90,
Fax 08 17 61 17 50

Einreise- und Zollbestimmungen

Bürger der EU sowie der Schweiz benötigen einen gültigen Ausweis oder

Pass, beim Aufenthalt über drei Monate ist ein Reisepass nötig. Wer mit dem Auto unterwegs ist, braucht Führer- und Kfz-Schein.

Zoll: Mengenbegrenzungen bei ein- oder ausgeführten Waren für den Eigenbedarf gibt es innerhalb der EU nicht. Bei zollfrei *(duty free)* eingekauften Waren gelten für Bürger der EU die alten Beschränkungen: 200 Zigaretten, 2 l Wein oder 1 l Spirituosen. Dies sind zugleich die Richtlinien für die Bürger der Schweiz.

Elektrizität

Die Netzspannung beträgt 220 Volt. Für einige Stecker benötigt man einen Adapter *(adattore).* Bei Bedarf für ca. 1 € im Elektro- oder Eisenwarenladen *(ferramenta)* erhältlich.

Feiertage

1. Januar: Capodanno (Neujahr)
6. Januar: Epifania (Dreikönigstag)
25. April: Giorno della Liberazione (Nationalfeiertag)
1. Mai: Giorno del Lavoro (Tag der Arbeit)
2. Juni: Festa della Repubblica (Nationalfeiertag)
15. August: Ferragosta (Maria Himmelfahrt)
1. November: Tutti Santi (Allerheiligen)
8. Dezember: Immacolata (Unbefleckte Empfängnis Mariens)
25./26. Dezember: Natale (Weihnachten)

Regionale Festtage werden in der Regel durch Plakate in den Ortschaften angekündigt. Weit verbreitet sind die *fiere* oder *sagre.* Sie feiern landwirtschaftliche oder kulinarische Produkte wie Zitronen, Kastanien, Honig.

Fotografieren

Fotografieren mit Blitz ist in den meisten Kirchen und Museen verboten! Filmmaterial, gleich ob Negativ- oder Diafilme, ist in Italien und besonders in den Badeorten meistens teurer als nördlich der Alpen.

Frauen unterwegs

Allein reisende Frauen sind keinen größeren Gefahren und Belästigungen ausgesetzt als in anderen Großstädten oder Regionen Europas. Verbale Belästigungen ignoriert man am besten.

Geld

Zahlungsmittel ist seit dem 1.1.2002 der Euro. Die meisten Hotels, Restaurants, Geschäfte und Tankstellen akzeptieren die gängigen Kreditkarten oder die bargeldlose Zahlung mit der EC-Karte. Mit EC- oder Kreditkarte lässt sich auch problemlos Bargeld am Geldautomaten *(bancomat)* abheben.

Gesundheitsvorsorge

Die Mitnahme des europäischen Auslandskrankenscheins ist empfehlenswert. Im Krankheitsfall muss er bei der zuständigen italienischen Stelle (Asl: Azienda sanitaria locale) gegen einen italienischen Krankenschein eingetauscht werden. Trotzdem sollte man damit rechnen, die Kosten einer Untersuchung vorlegen zu müssen.

Informationsstellen

Vertretung des Staatlichen Italienischen Fremdenverkehrsamtes (ENIT, www.enit.it)

... in Deutschland
Friedrichstr. 187,
10177 Berlin,
Tel. 030/247 83 98,
Fax 030/247 83 99,
enit-berlin@t-online.de.

Kaiserstr. 65,
60329 Frankfurt,
Tel. 069/23 47 30,
Fax 069/23 28 94,
enit.ffm@t-online.de.

Lenbachplatz 2,
80333 München,
Tel. 089/53 13 17,
Fax 089/53 45 27,
enit-münchen@t-online.de.

Bestellnummer für Prospekte in Deutschland, Österreich und der Schweiz: Freecall 008 00 00 48 25 42.

... in Österreich
Kärtnerring 4,
1010 Wien,
Tel. 01/505 16 39,
Fax 01/505 02 48,
delegation-wien@enit.at

.... in der Schweiz
Uraniastr. 32,
80001 Zürich,
Tel. 01/211 30 31,
Fax 01/211 38 85,
enit@bluewin.ch.

... in Neapel/Salerno
Die Ente provinciale per il turismo ist das übergeordnete Fremdenverkehrsamt und jeweils zuständig für die gesamte Provinz.

EPT Napoli,
Piazza dei Martiri 58,
80121 Napoli,
Tel. 081 40 53 11,
Fax 081 40 19 61.

EPT Salerno,
Via Velia 15,
84100 Salerno,
Tel. 089 23 04 11, 089 23 14 32, Fax 089 25 18 44.

Die Verwaltung des Nationalparks Cilento und Vallo di Diano koordiniert für den Parco Nazionale Information und touristische Aktivitäten:
Sede del Parco Nazionale,
Palazzo Mainenti
Via F. Palumbo,
84078 Vallo della Lucania,
Tel. 09 74 71 99 11,
Fax 097 47 19 92 17,
iwww.pncvd.it.

Vor Ort informieren die örtlichen Touristeninformationen (Adressen s. Ortsbeschreibungen):
A. A. – Azienda Autonoma di Cura e Soggiorno e Turismo;
APT – Azienda di Promozione Turistica;
Pro Loco – lokales Informationsbüro.

Informationen im Internet

... zu Neapel
www.comune.napoli.it
www.napolinapoli.com
www.inaples.it

... zu Salerno
www.comune.salerno.it
www.provincia.salerno.it

... zur Amalfitanischen Küste und den Inseln
www.giracostiera.com
www.campaniafelix.it

... zum Cilento
www.cilentonet.it
www.pncvd.it
www.cilento.it

Karten und Pläne

Von Ischia, Sorrent, Capri und der amalfitanischen Küste sind Kompass-Karten im Maßstab 1:15 000 oder 1:7500 erhältlich. Sie verzeichnen auch Wanderwege und Sehenswürdigkeiten. Die Wanderkarte ›Monti Lattari, Carta dei Sentieri‹, Maßstab 1: 30 000, gibt der Club Alpino Italiano heraus. Sie umfasst die Halbinsel von Sorrent und die Costiera Amalfitana und ist im deutschen Fachbuchhandel erhältlich.

Vom Touring Club Italiano stammt die Karte ›Dal golfo di Napoli al Cilento, carta e guida turistica, 1:175 000, Mailand 1996‹, ebenfalls im deutschen Buchhandel erhältlich. Sie umfasst als einzige – abgesehen von den Straßenkarten – das gesamte Reisegebiet. Topographische Karten des Cilento können im Fachbuchhandel bestellt werden, Bestellzeit bis zu vier Wochen.

Literaturtipps

Johann Wolfgang von Goethe: Italienische Reise, Insel Tb. Natürlich war Goethe auf seiner Grand Tour auch in Neapel und Umgebung. Pompeji verglich er allerdings mit einer ›Puppenstube‹.

Gustaw Herling: Die Insel, Hanser. Eine mysteriöse und tragisch-schöne Liebesgeschichte, eng verwoben mit den Geschicken der Kartause von Capri. Dem polnischen Schriftsteller Herling wurde Neapel zur zweiten Heimat.

Peppe Lanzetta: Roter Himmel über Napoli, Haymon Verlag. Der Schauspieler Lanzetta widmet sich den Schattenseiten der Stadt. Er beschreibt eine Metropole, die aus Camorra, Drogen und korrupten Institutionen besteht und fragt, wie eine Generation eine Zukunft haben kann, wenn sie sich nur von Kriminellen umgeben sieht.

Erri de Luca: Das Meer der Erinnerungen, Rowohlt. De Luca erzählt die Geschichte eines Heranwachsenden in der Nachkriegszeit. Während der Sommerferien auf Ischia verliebt er sich in eine Jüdin, deren Vater von den Nazis ermordet wurde.

Elsa Morante: Arturos Insel, Fischer Tb. Der Procida-Klassiker!

Maria Orsini Natale: Die Pastakönigin. Roman einer Nudeldynastie, Kabel Verlag. Die Schriftstellerin aus Torre Annunziata schildert das Leben zweier Frauen, Mutter und Tochter, für die das Handwerk der Nudelherstellung eine Kunst war. Orsini Natale führt die Lesenden durch 100 Jahre Geschichte am Golf von Neapel.

Neapel. Eine literarische Einladung, hrsg. v. Dieter Richter, Wagenbach. Gute Anthologie zeitgenössischer neapolitanischer Erzählkunst.

Maßeinheiten, Temperaturen

Es gelten die kontinental-europäischen Maß-, Längen- und Temperatureinheiten.

Notruf

Carabinieri: 112
Polizei: 113
Vigili del fuoco (Feuerwehr): 115
Pannendienst: 116
Ambulanz: 1118
See- und Küstennotruf: 1530
Waldbrand-Notruf: 1515

Öffnungszeiten

Die Öffnungszeiten der Geschäfte können je nach Saison vor allem in den Badeorten variieren. Lebensmittel gibt es in der Regel auch So vormittags, zum Ausgleich bleiben die Geschäfte einen Nachmittag in der Woche geschlossen.

Kernzeiten: Mo–Sa 9–13, 16/17–20/20.30 Uhr.

Banken: Mo–Fr 8.30–13.30, 14.45–15.30 Uhr.

Postämter: Mo–Sa 8.30–13.30 Uhr; z. T. auch 15–18 Uhr.

Kirchen: meist 7/8–12 Uhr, 16/17–19 Uhr.

Restaurants: meist 12.30–15.30, 19.30/20–23 Uhr.

Post

Die Posta Prioritaria ist die schnelle Alternative zur herkömmlichen Briefmarke: mit der weiß-gold-blauen Vorzugsbriefmarken für 0,62 € erreichen Briefe und Postkarten nach zwei bis drei Tagen ihr Ziel. Ein entsprechender blauer Aufkleber mit der Aufschrift ›Posta Prioritaria‹ auf den Briefkästen muss auf den garantiert flotten Transport hinweisen. Briefmarken sind auch im *tabacchi* (Tabakwarenladen) erhältlich.

Radio und Fernsehen

Das staatliche Fernsehen RAI sendet auf je drei TV- und Radiokanälen. Hinzu kommen eine Vielzahl privater und kommerzieller Sender, allen voran das Mediaset-Paket des derzeitigen italienischen Regierungschefs Silvio Berlusconi (Rete4, Italia1, Canale5). Einige Hotels bieten ihren Gästen auch internationales Kabelfernsehen.

Rauchen

Seit 2005 ist das Rauchen in allen öffentlich zugänglichen Gebäuden verboten. Dazu zählen auch Restaurants, Hotels, Bars und Cafés, es sei denn, sie verfügen über extra ausgewiesene Raucher- und Nichtraucherzonen. Bei Verstoß gegen das Rauchverbot drohen hohe Bußgelder, die besonders saftig ausfallen, wenn in der Gegenwart von Schwangeren und Kindern geraucht wird.

Zigaretten und andere Tabakwaren gibt es nur in den weit verbreiteten *tabacchi* (Tabakwarenladen) zu kaufen und zu den herkömmlichen Öffnungszeiten. Selten sind Zigarettenautomaten (in Neapel auf der Via dei Tribunali) oder Bars mit Tabakwarenlizenz.

Reisekasse und Preise

Der Durchschnittspreis für ein drei- bis viergängiges Essen im Restaurants liegt bei 30 € pro Person, Pizza ist preiswerter. Man sollte mit 10 € rechnen. In Bars wird der Verzehr an den Tischen höher berechnet als ›al banco‹, an der Theke. Das Preisniveau auf Capri und an der Costiera ist höher als auf Ischia oder in Neapel und Salerno. Relativ günstig ist der Cilento und ideal für einen Familienurlaub, ein DZ kostet dort etwa 60 € pro Nacht, an der Costiera ist der Preis doppelt so hoch. Unter den Ortseinträgen in diesem Reiseführer sind immer günstige Übernachtungsmöglichkeiten aufgeführt. Wer länger an der Küste Urlaub macht, sollte bedenken, dass Halb- oder Vollpension günstiger sind, als ein DZ mit Frühstück zu zahlen und täglich ins Restaurant zu gehen.

Sicherheit

Die kriminelle Energie ist in Neapel und Umgebung nicht größer als in anderen Großstädten der Welt. Ein wenig unverkrampfte Umsicht kann allerdings nicht schaden. Allgemein gelten die Regeln, Wohlstand nicht offen zur Schau zu tragen, Wertgegenstände nicht im Auto zu vergessen, wertvollen Schmuck oder teure Uhren besser daheim zu lassen. Fotoapparate und Videokameras gehören (wenn man nicht gerade fotografiert) in Rucksack oder Tasche. Lassen Sie ihre Wertsachen – das gilt besonders für Handys – nie auf Restaurant- und Bartischen im Freien herumliegen! Die Mitnahme größerer Geldbeträge sollte man unterlassen und den Gang zum Geldautomaten in Neapel spätabends und an entvölkerten Sonntagen vermeiden.

Souvenirs

Ideale kulinarische Erinnerungsstücke sind kampanische Weine wie Aglianico oder Taurasi (s. auch Exkurs S. 90 f.), fruchtige Zitronenliköre *(limoncello)* oder *caffè*. Neapolitaner schwören auf die Hausmarke Kimbo. Liebhaber des Kunsthandwerks finden in Vietri sul Mare an der Costiera Amalfitana traditionelle und farbenfrohe Keramik und in Torre del Greco am Fuße des Vesuvs wertvollen Korallenschmuck. Von Dauer sind musikalische Erinnerungen, wie die Musik von Almamegretta, E Zezi, Daniele Sepe, Nuova Compagnia di Canto Popolare (s. das Kapitel ›Musik‹ S. 29 ff.).

Telefonieren

Die öffentlichen Fernsprecher der Telecom Italia sind Kartentelefone. Entsprechende Telefonkarten *(carta/scheda telefonica)* sind am Kiosk, im *tabacchi* oder auf der Post erhältlich. Internationale Vorwahlen s. vordere Umschlagklappe.

Trinkgeld

... ist kein absolutes Muss, aber eine nette Geste. Angemessen sind 5–10 %. Im Restaurant lässt man das Trinkgeld in bar nach dem Zahlen der Rechnung (auch beim Bezahlen mit Kreditkarte) und dem Empfang des Wechselgeldes auf dem Tisch oder dem Rechnungsteller liegen. Auch in Cafés oder Bars kann man ein paar Cent liegen lassen.

Übernachten

Die Hotellerie kennt vier Hochsaison-Perioden: Ostern, Juli, August und die Weihnachtsfeiertage mit Silvester und Neujahr. Für diese Zeiträume empfiehlt sich die Reservierung unbedingt. Neapel und Salerno haben im Vergleich zu anderen italienischen Großstädten und Metropolen eine sehr niedrige Bettenkapazität. An der Costiera ist besonders an Ostern die Bettenkapazität schnell ausgeschöpft.

Im August steigen die Preise für eine Übernachtung in den Badeorten teilweise bis zu 30 %. An den Küsten besteht in vielen Hotels und Pensionen dann Vollpensionspflicht. Einige Hotels in den Badeorten (besonders im Cilento und auf Ischia) schließen über die Wintermonate, meistens von November bis März.

Agriturismo
Die Alternative zu Hotel und Pensionen ist die italienische Variante der ›Ferien auf dem Bauernhof‹. Viele kleine Landwirtschaftsbetriebe schaffen sich so ein zweites Standbein. Der Gast profitiert davon, denn er wohnt in familiärer Atmosphäre und naturnahem Ambiente. Da die meisten Anbieter im Cilento nur wenige Zimmer zur Verfügung haben, empfiehlt sich die Reservierung. Die Provinz Salerno stellt auf ihrer Homepage eine Datenbank mit den Agriturismo-Adressen der Region zur Verfügung: http://agriturismo.provincia.salerno.it/ita/

Jugendherbergen
Jugendherbergen und -hotels gibt es in Neapel, Pompeji, Salerno, Ischia, Sorrent, Positano und Agròpoli (s. unter den Ortseinträgen). Eine Übernachtung im Schlafsaal kostet im Schnitt 14 €. Weitere Jugendherbergen gibt es in Agerola in den Monti Lattari oberhalb der Costiera Amalfitana und in Cava de Tirreni, oberhalb von Vietri sul Mare, direkt bei Salerno (Ostello AIG Beata Solitudo, Agerola, Piazza Generale Avitabile, Tel. 08 18 02 50 48, ganzjährig geöffnet, nur 16 Betten. Ostello AIG Borgo Schiacciaventi, Cava de Tirreni, Piazza San Francesco 1, Tel./Fax 089 46 66 31, geöffnet 1. 4.–30. 9., zentral im mittelalterlichen Stadtkern gelegen).

Camping
Das Angebot von Campingplätzen ist im Cilento sehr gut, die meisten Plätze liegen dort direkt am Meer. Auf Capri ist das Campen generell verboten. An der Costiera Amalfitana befindet sich der einzige Platz in Praiano. Wohnmobile dürfen an der Costiera nicht übernachten. Der Neapel am nächsten gelegene Platz liegt in Pozzuoli.

Bed & Breakfast

Auch diese Form der Unterkunft erfreut sich langsam steigender Beliebtheit. Mittlerweile gibt es Organisationen, die Angebot und Nachfrage koordinieren. Infos über Neapel und Umgebung unter www.tightrope.it/bbnaples. Zimmer vermittelt auch die Vereinigung B&B Napoli, www.bb-napoli.com. (s. u.). Die Preise für ÜF pro Person beginnen bei 35 €.

Mitwohnzentralen in Neapel

RENTaBED, Vico Sergente Maggiore, 16, Tel. 081 41 77 21, www.renta bed.com oder B&B Napoli, Tel. 33 82 73 43 20 (ab 17 Uhr). Im Angebot sind Zimmer und Wohnungen für wenige Tage oder längere Aufenthalte in der Stadt Neapel und an den Küsten.

Umgangsformen

Ein freundliches ›Buon Giorno‹ ist überall der ideale Einstieg zur Kontaktaufnahme – auch wenn Sie kein Italienisch sprechen. Touristen, Reisenden und Fremden begegnen die Menschen in Kampanien meistens aufgeschlossen und freundlich – erwidern Sie dies einfach! Im Restaurant ist es üblich zu warten, bis Kellner oder Bedienung einen Tisch anbieten. Nach dem Essen sollte die Frage nach weiteren Wünschen mit der Bitte nach der Rechnung beantwortet werden. An Stränden bieten fliegende Händler ihre Waren an. Die Italiener begegnen ihnen meist gelassen, verbessern ihre Rhetorik des Verneinens oder machen mit Badehandtuch und Strandtasche ein Schnäppchen.

Verkehrsmittel

Züge

Die Züge der staatlichen Bahn FS sind besonders für überregionale Transporte geeignet. Von Neapel Stazione Centrale/Piazza Garibaldi sind Salerno und Caserta im 15–30-Min.-Takt erreichbar. Stündlich bis zweistündlich fahren die Züge Richtung Reggio Calabria und halten in den Ortschaften des Cilento. Wobei dort viele Bahnhöfe nicht direkt im Ortszentrum liegen. Darüber hinaus wird das neapolitanische Umland von der Metro und Regionalzügen (Abfahrt im Tiefbahnhof Piazza Garibaldi) bedient (s. auch ›Anreise‹ S. 211 und Praktische Hinweise zu Neapel, S. 67 ff.).

Busse

Die Busterminals in Neapel und Salerno sind jeweils am Hbf. Dort auch Auskunft und Fahrpläne zu allen regionalen und überregionalen Verbindungen, z. B. nach Kalabrien, Apulien, in die Basilikata. Ein guter Überblick zu den Verbindungen findet sich in der Tageszeitung ›Il Mattino‹. Die wichtigsten Busgesellschaften für Neapel und Umgebung sind SEPSA – steuert die Ortschaften der Phlegräischen Felder an (Tel. 08 15 51 33 28) und SITA – verbindet die Orte der Costiera Amalfitana untereinander und mit Neapel und Salerno (s. auch ›Anreise‹ S. 211). Einige kleine Ortschaften des Cilento werden nur ein- oder zweimal täglich von Bussen angesteuert, Infos in den Aziende Autonome oder im Pro Loco.

Fähren und Tragflächenboote
Die Wasserwege im Golf von Neapel und Salerno sind gut erschlossen und stark befahren. Stündlich legen Fähren und/oder Tragflächenboote von Neapel (Molo Beverello, Mergellina), Pozzuoli, Sorrent und Salerno zu den Inseln Capri, Ischia, Procida ab. Hinzu kommen die Verbindungen Salerno-Amalfi-Sorrent und Neapel-Sorrent. Ein- bis zweimal wöchentlich legen Fähren von Neapel zu den Pontinischen Inseln, zu den Liparischen Inseln, nach Palermo, Tunis und Cagliari ab. Von Salerno gibt es eine Fähre nach Barcelona, Infos jeweils im Hafen.

Leihwagen
Die Büros der internationalen Firmen befinden sich am Flughafen von Neapel. Infos unter:

Avis, Tel. 08 17 80 57 90;
Hertz, Tel. 08 17 80 29 71;
Italrent, Tel. 08 15 99 13 16;
Maggiore, Tel. 08 17 80 30 11.

Auf Ischia gibt es lokale Anbieter, deren Fahrzeuge die Insel allerdings nicht verlassen dürfen. In den bekannten Urlaubsorten wie Sorrent, Amalfi oder Palinuro gibt es ebenfalls lokale Anbieter bzw. Reisebüros, die auch Leihwagen vermitteln. Ein Auto vorab in Deutschland zu buchen, kann günstiger sein als die Buchung vor Ort.

Meerestaxi
Der individuelle Transport durch den Golf von Neapel kann unter Tel. 08 18 77 96 00 bestellt werden, Service rund um die Uhr.

Meeresmetro
Die Meeresmetro, Metrò del Mare, verbindet seit 2001 jeden Sommer von Mai bis Mitte Okt. Neapel (Molo Beverello an der Piazza Municipio) 2 x tgl. mit Ortschaften im Golf von Neapel und Salerno. MM 1: Neapel–Palinuro. MM 2: Bacoli, Neapel, Positano, Amalfi, Salerno. MM 3: Bacoli, Napoli, Sorrento, Amalfi. Die Routen können von Jahr zu Jahr leicht variieren. Aktuelle Fahrpläne in der Tageszeitung ›Il Mattino‹, Infos unter Tel. 199 44 66 44, www.metrodelmare.com. Ticket UNICO (Staffelpreise) z. B. in der Hafenbar, am Hafenschalter der Metrò del Mare oder an Bord.

Zeit

Italien gehört zur Mitteleuropäischen Zeitzone (MEZ), inklusive der Umstellungen auf Sommer- *(ora legale)* und Winterzeit *(ora solare).*

Zeitungen und Zeitschriften

In Neapel und Salerno, aber auch in den kleineren Orten an der Küste und auf den Inseln sind fast immer auch deutschsprachige Tageszeitungen am Zeitungskiosk *(edicola)* erhältlich. Den einheimischen Zeitungsmarkt teilen sich die beiden großen italienischen Blätter – je mit regionalen Beilagen – die linksliberale ›La Repubblica‹ und der wertekonservative ›Corriere della Sera‹ mit der neapolitanischen Tageszeitung ›Il Mattino‹.

SPRACHFÜHRER

Begrüßung und Abschied

Guten Morgen/ Tag	buon giorno
Guten Abend	buona sera
Gute Nacht	buona notte
Hallo, Tschüss	ciao
Auf Wiedersehen	arrivederci
Danke	grazie
Bitte (als Wunsch)	per favore/ per cortesia
Bitte (nach ›Danke‹)	prego
geradeaus	diritto
Darf ich?	permesso?
Es war nett, Sie kennen zu lernen!	è stato un piacere!

Allgemeines

Wie geht es dir/ Ihnen?	come stai/sta?
Es geht mir gut	sto bene
Wie teuer ist...	quanto costa?
Wie viel Uhr ist es?	che ore sono?
Wo ist …?	dov'è …?
Wo finde ich …?	dove trovo …?
Sprechen Sie Deutsch?	parla tedesco?
Ich spreche kein Italienisch	non parlo italiano
Ich möchte …	vorrei …
Wo ist eine Toilette?	dov'è un bagno?
Postamt	ufficio postale
Brief	lettera
Postkarte	cartolina
Briefmarken	francobolli
Adresse	indirizzo
Telefonzelle	cabina tele fonica
Telefonbuch	elenco telefonico
Telefoncarte	carta/scheda telefonica
Mobiltelefon	cellulare
Geschäft	negozio
bar	in contanti
Kreditkarte	carta di credito
Geldautomat	bancomat
Rabatt	sconto
Anzahlung	acconto
Kleidergröße	misura/taglia
Markt	mercato
100/200 Gramm	un etto/due etti
Zeitschriftenladen	edicola
Öffnungszeiten	orario d'apertura

Unterkunft

Doppel-/ Einzelzimmer mit/ohne Bad	camera doppia/singola con/senza
Dusche	bagno/doccia
Doppelbett	letto matrimoniale
Haben Sie ein freies Zimmer?	Ha una camera libera?
Ich möchte ein Zimmer reservieren	vorrei prenotare una camera
Ich habe … reserviert	ho prenotato …
für … Personen	per … persone
Handtücher	asciugamani
Übernachtung	pernottamento
Ausweis/Papiere	documenti
Pass	passaporto
Gepäck	bagagli
Aufzug	ascensore
Schlüssel	la chiave
Quittung	ricevuta
Rechnung	il conto
Reservierung	prenotazione
Parkplatz	parcheggio
Ankunft	arrivo

Abreise	partenza
Safe	cassaforte

Im Restaurant

Vorspeise	antipasto
Erster Gang	primo
Zweiter Gang	secondo
Nachtisch	dolce
Obst	frutta
Eis	gelato
Wasser	acqua
Wein	vino
Bier	birra
Ein Tisch für zwei	un tavolo per due
Die Karte	il menù
Besteck	le posate
Löffel	cucchiaio
Gabel	forchetta
Messer	coltello
Teelöffel	cucchiaino
Serviette	tovaiolo
Die Rechnung, bitte	il conto, per favore
Brot und Gedeck	pane e coperto
Service	servizio

Unterwegs

Bahnhof	stazione
Zug	treno
Gleis	binario
Bus	autobus
Haltestelle	fermata
Fahrkarte	biglietto
einsteigen	salire
aussteigen	scendere
Tankstelle	benzinaio
bleifrei	senza piombo
Stadtplan	pianta della città
Vorsicht	attenzione
rechts	a destra
links	a sinistra
Altstadt	la città vecchia
Museum	museo
Kirche	chiesa
Ausgrabungen	scavi archeologici
Park/Garten	parco/giardino
Eintritt	ingresso/entrata
Eintrittskarten	biglietti
Ermäßigung	riduzione, biglietto ridotto
besichtigen	visitare
Führung	visita guidata
Ausflug	gita/escursione
teilnehmen	partecipare
Kino	cinema
Theater	teatro
Vorstellung	spettacolo
Sonnenschirm	ombrellone
Liegestuhl	sedia a straio
Strand	spiaggia
Strandbad	lido/bagno
Schwimmbad	piscina
Sonnencreme	crema solare
Sonnenbrille	occhiali da sole
Luftmatratze	materassino

Im Krankheitsfall

Hilfe!	aiuto!
Erste Hilfe	pronto soccorso
Bereitschaftsarzt	guardia medica
Krankenwagen	ambulanza
Arzt	medico
Apotheke (Nacht-)	farmacia (notturna)
Zahnarzt	dentista
Krankenhaus	ospedale
Unfall	incidente
Notfall	emergenza
Verletzung	ferita
Schmerzen	dolori
Kopf-/Zahnschmerzen	mal di testa/ di denti

Fieber	febbre
Schwanger	incinta
Allergisch	allergico
Sonnenbrand	scottatura
Rezept	la ricetta
Dringend	urgente

Wochentage

Montag	lunedì
Dienstag	martedì
Mittwoch	mercoledì
Donnerstag	giovedì
Freitag	venerdì
Samstag	sabato
Sonntag	domenica
Werktag	feriale
Feiertag	festivo
Tag	giorno
Woche	settimana
Monat	mese
Jahr	anno
vormittags	di mattina
nachmittags	di pomeriggio
abends	di sera
heute	oggi
morgen	domani
gestern	ieri

Zahlen

1	uno
2	due
3	tre
4	quattro
5	cinque
6	sei
7	sette
8	otto
9	nove
10	dieci
11	undici
12	dodici
13	tredici
14	quattordici
15	quindici
16	sedici
17	diciassette
18	diciotto
19	diciannove
20	venti
21	ventuno
22	ventidue
30	trenta
40	quaranta
50	cinquanta
60	sessanta
70	settanta
80	ottanta
90	novanta
100	cento
101	centuno
102	centodue
110	centodieci
120	centoventi
200	duecento
300	trecento
400	quattrocento
500	cinquecento
1000	mille
2000	duemila
5000	cinquemila
10 000	diecimila
20 000	ventimila
50 000	cinquantamila
100 000	centomila
500 000	cinquecento mila
1 000 000	un milione

Kulinarisches Lexikon

acciughe	Öl-Sardellen
alici marinate	marinierte Sardellen
aragosta	Languste
asparagi	Spargel

astice	Hummer
baccalà	Stockfisch
bistecca	Steak, inkl. Filet
braciole	Rouladen
calamari	Calamares
capperi	Kapern
carciofi	Artischoken
carote	Karotten
cavolfiore	Blumenkohl
coccio	Seekuckuck/ Knurrhahn
coniglio	Kaninchen
cosciotto di agnello	Lammhaxe
costoletta	Kotlett
cozze	Miesmuscheln
crocchè	Krokette
dentice	Zahnbrasse
fagiolini	grüne Bohnen
fave	Saubohnen
finocchio	Fenchel
fiorilli	Zucchiniblüten
fromaggio	Käse
frittura italiana	frittierte Vorspeise
frittura mista	frittierte kleine Fische
frutta fresca	frisches Obst
di stagione	Obst nach Saison
gamberi	Garnelen
gelato	Eis
genovese	Zwiebel-Schmorfleisch
granchio	Krebs
insalata verde	grüner Salat
– mista	gemischter Salat
– di pomodori	Tomatensalat
involtini	Fleischröllchen
limoncello	Zitronenlikör
lenticchie	Linsen
macedonia	Obstsalat
melanzane	Auberginen
merluzzo	Kabeljau
nocillo	Nusslikör
orata	Goldbrasse
ostriche	Austern
panzerotti	kleine Kroketten
pasta e	Nudeln mit
– ceci	Kichererbsen
– fagioli	Bohnen
– patate	Kartoffeln
peperoni	Paprika
pesce spada	Schwertfisch
piselli	Erbsen
polipo	Polyp/ Tintenfisch
… all'insalata	Tintenfischsalat
pollo	Hähnchen
polpette	Fleischbällchen
pomodori	Tomaten
rana pescatrice	Seeteufel
rucola/rughetta	Rauke
salsiccia	grobe Bratwurst
sarago	Brasse
scarola	Endivien
scialatielli	hausgemachte Bandnudeln
scorfano	roter Drachenkopf
seppia	Sepia/Tintenfisch
spigola	Seebarsch
spinaci	Spinat
timballo	Nudelauflauf
tonno	Thunfisch
totano	Pfeilkalamar
torta	Torte
– di cioccolato	Schokotorte
– di limone	Zitronentorte
– caprese	Mandelschokotorte
triglie	Streifenbarben
vongole	Venusmuscheln
zuppa di pesce	Fischsuppe
verdure	Gemüse

Spezialitäten

babà al rhum	Savarin-Verwandter im Rumbad
friarielli	herb-aromatische Brokkolisorte
delizia al limone	Zitroniges Törtchen
gatò	Kartoffelauflauf mit Schinken, Ei, Mozzarella
gnocchi alla sorrentina	Gnocchi mit Mozzarella und Tomate
impepata di cozze	gedünstete Miesmuscheln mit viel Pfeffer
melanzane alla parmigiana	überbackene Auberginen
minestra maritata	Gemüse-/Hülsenfrüchteeintopf mit Pasta/Fleisch
mozzarella di bufala	Büffelmozzarella
mozzarella in carozza	ausgebacken in Brot und Ei
pastiera napoletana	Ostertorte mit kandierten Früchten
polipo	Tintenfisch in Tomaten
affogato	gedünstet
in cassuola	geschmort
ragù	Tomatensoße mit Rindfleisch/Rouladen
sartù	Reisauflauf
sfogliatella	süßes, gefülltes Geheimnis
riccia/frolla	knuspriger Teig/aus Mürbeteig
soffritto	pikanter Wintereintopf mit Innereien

REGISTER

ATLAS
NEAPEL • AMALFIKÜSTE • CILENTO

LEGENDE

A 3 Autobahn
Schnellstraße (vierspurig)
90 Fernstraße
Hauptstraße
Nebenstraße
Straße in Bau/Planung
Nationalpark
M U-Bahn
Schrägaufzug/Seilbahn
Fähre, Schifffahrtslinie
Autofähre
Hafen
Flughafen

Schloss; Burg, Kastell
Kloster Kirche,
Kapelle
Ruine
Sehenswürdigkeit
Archäologische Stätte
Sendeturm
Höhle
Krankenhaus
Leuchtturm
Berggipfel
Aussichtspunkt
Badestrand

A
B
C
1
2
3
4
Cellole
S. Vito
Piedimonte Massicano
Carinola
Monte Massico
813 m
Nocelleto
Falciano del Massico
Lago di Falciano d. Massico
Piana di Carinola
Baia Felice
Il Castello
Monte Petrino
412 m
Mondragone
S. Andrea
Francolise
Sparanise
Pignataro Magg.
Pastorano
Camigliano
Capua
Bellona
Vitulazio
Pontelatone
Piana di M. Verna
Caiazzo
Limatola
Largisi
414 m
Castelmorrone
Triflisco
S. Angelo in Formis
171 m
Mezzano
Caserta Vecchia
CAMP
Caserta Nord
CASERTA
Curti
S. Maria Capua Vetere
Recale
S. Marco Evang.
Maddaloni
Marcianise
Caserta Sud
A 30
A 1
Can. Agnena
Brezza
S. Maria la Fossa
Grazzanise
Mazzoni
Cancello
Arnone
Carditello
Sant'Antonio
Bonifica del Volturno
F. Volturno
Bagnara
Letizia
Castèl Volturno
Riserva Naturale
Regi Lagni
Madonna di Briano
Pineta Grande
Villa Literno
Casal di Principe
Casaluce
Teverola
Carinaro
Suessola
Asse di Supporto
Borgo Domito
Trentola Ducenta
Aversa
Orta di Atella
Lusciano
Gaudello
Villaggio Coppola
della Foce del Volturno
28 m
S.M. a Pantano
Parete
S. Arpino
Caivano
Acerra
S. Antimo
Frattamaggiore
Asse Mediano
Ischitella Lido
Lago di Patria
Liternum
Giugliano in Campania
Afragola
Marina di Lago di Patria
Arzano
Pomigliano d'Arco
e Costa Licola
Qualiano
Casoria
Marina di Varcaturo
Marano di Napoli
Capodichino
Casoria
Napoli-Nord
Tavernanova
A 16
Mugnano
Marianella
Cso. Malta
Quarto
Capodimonte
Lido di Licola
Pianura
Campi Flegrei
Camaldoli
Cercola
S. Sebastiano al Vesuvio
Cuma
Pozzuoli
V. Campana
Agnano
Vomero
S. Giovanni a Teduccio
S. Giorgio a Cr.
Parco Regionale dei Campi Flegrei
Lido di Napoli
Castelo dell'Ovo
Portici-Bellavista
Ercolano
Lago d. Fusaro
Pozzuoli
Posillipo
NAPOLI
Portici
Baia
Coroglio
Ercolano
A 3
Bacoli
Golfo di Pozzuoli
Marechiaro
100 m
Torre del Greco
Monte di Procida
I. di Nisida
Torre Annunziata
Isola d'Ischia
Canale di Procida
Capo Miseno
Leopardi
Capo Bove
Procida
Torre Annunziata
Punta Cornacchia
Casamicciola Terme
Lacco Ameno
Isola di Procida
Castellammare
Forio
Monte Epomeo
Ischia
Punta Solchiaro
787 m
Fiaiano
109 m
Golfo di Napoli
Punta Imperatore
Fontana
395 m
Panza
Serrara
Barano d'Ischia
Punta S. Pancrazio
Anzio, Ponza, Ventotene 3 Std.
Palau 14 Std., Porto-Vecchio 18 Std.
Vico Equense
Alimuri
Sorrento
Mar Tirreno
Marina di Puolo
S. Agnello
Massa Lubrense
Marciano
Metrano
S. Agata s. Due Golfi
Termini
M. S. Costanzo
497 m
Nerano
Punta Campanella
Bocca Piccola
Isola di Capri
Capri
Il Capo
Anacapri
Monte Solaro
589 m
Marina Piccola
Punta Carena
Cagliari 16 Std.
Palermo 11 Std.
San Vincenzo 9 Std., Lipari 9-11 Std., Rinella 9-11 Std.
7quater
7bis
264
265
87
162
7

D
E
F
1
2
3
4
BENEVENTO
Benevento-Nord
Benevento-Centro
Benevento-Sud
Arco di Traiano
Paduli
S. Arcangelo Trimonte
Macchiariello
Monte S. Dor 446 m
Monte Rocchetta 632 m
Apice
Bonito
S. Donato
S. Giorgio d. Sannio
Madonna della Neve
Grottaminarda
Benevento
Castello d. Lago
Aeclanum
Necropoli Eneolitica
Mirabella Eclano
Venticano
Pietradefusi
Montefusco
S. Paolina
Montemiletto
Taurasi
S. Angelo all'Esca
Fontana
Lapio
S. Mango s. Calore
Paternopoli
Montefalcione
Candida
Monocalzati
Chiusano di S. Domenico
Castelvetere sul Calore
Montemarano
Sorbo Serpico
Atripalda
Avellino Est
AVELLINO
Avellino-Ovest
Cesinali
Piano d. Dragone
966 m
444 m
Cassano Irpino
S. Lucia di Serino
Volturara Irpina
Serino
Monte Terminio 1806 m
Montella
Solofra
Parco Regionale
Monti Picentini
Montoro Sup.
Montoro Inf.
Castello di Ogliara
Pizzo S. Michele 1567 m
Monte Accellica 1660 m
Calvanico
Santa Maria a Carbonara
Monte Licinici 1115 m
Curticelle
Giffoni Valle Piana
Giffoni Sei Casali
Monte Raia 1177 m
Mercato
Montecorvino Rovella
S. Cipriano Picentino
Fisciano
Lancusi
Baronissi
Castiglione del Genovesi
S. Mango Piemonte
Fratte
368 m
Montecorvino Pugliano
San Vito
Faiano
Pontecagnano
Fuorni
S. Leonardo
SALERNO
Bellizzi
Battipaglia
S. 234
La Picciola
S. Lucia
Spineta Nuova
Aversana
San Berniero
Fiocche
Riserva Naturale
Golfo di Salerno
Capo d'Orso
Catacombe di Badia
Cetara
Maiori
Minori
Vietri sul Mare
Abbazia della Trinità
Cava de Tirreni
S. Arcangelo
Salerno Centro
Parco Reg. Diecimare
Nocera Inf.
Nocera-Pagani
Mercato S. Severino
Rocca-piemonte
Pellezzano
Castel S. Giorgio
Siano
Bracigliano
Montoro
Torchiati
Pizzo d'Alvano 1133 m
Sarno
S. Marzano s. Sarno
Pagani
Angri
Scafati
S. Antonio Abate
Corbara
Cesarano
Casola di Napoli
San Nicola
Pompei
Torre Annunziata-Sud
S. Pietro
Boscoreale
Poggiomarino
Terzigno
Castellammare di Stabia
Gragnano
Santa Maria a Pino
Monte Faito 1131 m
Piazza
Moiano
Pianillo
M. Cervigliano 1204 m
Scala
Ravello
Ris. Nat. Valle d. Ferriere
Atrani
Amalfi
Positano
Furore
Praiano
Conca dei Marini
Capo Conca
Capo Sottile
Li Galli
Ponteprimario
M. dell'Avvocata 1014 m
Nola
Marigliano
Saviano
Piazzolla
Liveri
Domicella
Palma Campania
Taurano
Lauro
Moschiano
Monteforte Irpino
955 m
Petruro
Contrada
Forino
Mugnano d. Cardina
Mercogliano
Monte Arciano 733 m
Baiano
Sperone
Avella
Tufino
Cicciano
Comiziano
Roccarainola
Visciano
Parco Regionale del Partenio
Monte d'Avella 1598 m
S. Angelo a Scala
Santuario di Maria Vergine
Summonte
608 m
Grottolella
S. Felice
Altavilla Irpina
Prata di Principato Ultra
Pietrastornina
Roccabascerana
Cervinara
Arienzo
Talanico
Monte Fellino 984 m
668 m
Arpaia
Paolisi
S. Maria a Vico
S. Martino Valle Caudina
Valle Caudina
Campanino
Airola
Monte Saucolo 768 m
S. Agata de Goti
Moiano
Bucciano
Bonea
Montesarchio
Monte Mauro 856 m
Parco Regionale del Taburno Camposauro
Tuoro Alto 1321 m
Laiano
Tocco Caudio
Torricella
Campoli del M. Taburno
Apollosa
Castelpoto
Cautano
Vitulano
Foglianise
Torrecuso
Paupisi
Solopaca
Monte Alto Rotondi 1305 m
Camposauro 1390 m
Frasso Telesino
Madonna della Libera
Melizzano
Maccabei
S. Leucio d. Sannio
Ceppaloni
Chianche
Pastene
Petruro Irpino
Arpaise
410 m
260 m
A 16
A 30
A 3

A
B
C
1
2
3
4
S. 233
Montecorvino
Faiano
Pontecagnano
Fuorni
S. Leonardo
Pontecagnano-
A 3
18
Olevano sul
Tusciano
d'Avigliano
Camaldoli
Saginara
Contursi
Terme
Contursi
Oppidi
Bivio
Palomonte
Sicignano-
Potenza
Monte di Eboli
407 m
Eboli
Battipaglia
Bellizzi
Campagna
Eboli
19
F. Sele
Monte Zonzo
357 m
F. Tanagro
T. Asa
La Picciola
S. Lucia
Zuppino
Castelluccio
Cosentino
Serre
Grotta di
Sant'Elia
Postiglione
Sicignano
d. Alburni
Spineta Nuova
Aversana
San Berniero
Fiocche
F. Calore
Persano
Cerrocupo
Altavilla
Silentina
Monte Pizzuto
1403 m
Monti Alburni
Monte
1742 m
Borgo
Carillia
F. Sele
San Vito
Controne
Parco Naziona
Monte Car
1364
Riserva Naturale
Grotta di
Castelcivita
Castelcivita
Matinella
V. Malnome
Ponte
Barizzo
235 m
Monte Doglia
455 m
Albanella
Foce del Sele
dei Fiumi Sele
Gromola
Bellelli
Tempalta
Ottati
S. Angel
a Fasanell
Aquara
Madonna
del Piano
Laura
166
Capaccio
Vecchio
Volparo
F. Fasan
Bellosgua
Tanagro e Calore
18
Capaccio
Roccadaspide
M. Vesole
1210 m
Castel
S. Lorenzo
166
Paestum
Spinazzo
Trentinara
Roscigno
Vecchia
Licinella
Giungano
Madonna di
Costantinopoli
Monte Cerzito
480 m
F. Calore
F. Solofrone
Monte Chianello
1314 m
Felitto
Serra di Fa
799 m
Agròpoli
Ogliastro
Cilento
Postiglione
Monteforte
Cilento
Magliano
Vetere
F. Alento
San Biagio
Prignano
Cilento
Cicerale
Magliano
Nuovo
Punta Tresino
18
Monte Tresino
355 m
Monte Pietra Cupa
757 m
Stio
Campora
T. Torno
Laureana
Cilento
Rutino
Orria
Perito
S. Maria di
Castellabate
Lustra
386 m
F. Alento
Gioi
Vesalo
943 m
Castellabate
San Marco
Perdifumo
Punta Licosa
Punta Carpinina
688 m
Sessa
Cilento
Omignano
Salento
Moio d.
Civitella
Tuzzi di
Isola Licosa
Licosa
Serramezzana
Stella Cilento
Vallo d. Lucania
Madonna
di Novi Velia
Ogliastro
Marina
Montecorice
S. Mauro
Cilento
Guarrazzano
Monte Forma
442 m
18
Pattano
Castelnuovo
Cilento
447
Agnone
Il Fiumicello
Acquavella
F. Palistro
Ceraso
Massascusa
1137
Pollica
Casal
Velino
288 m
Cuccaro
Vetere
Acciaroli
Marina di
Casal Velino
Velia
Castellammare
di Velia
Vallo di Diano
Ascea
587 m
Marina di Ascea
S. Mauro
la Bruca
Pisciotta
447
Castelluccio
701 m
Mar
Tirreno
Centola
447r.
F. Mingardo
Palinuro
Monte
Grotta Azzurra
Capo Palinuro
Grott
delle
Capo

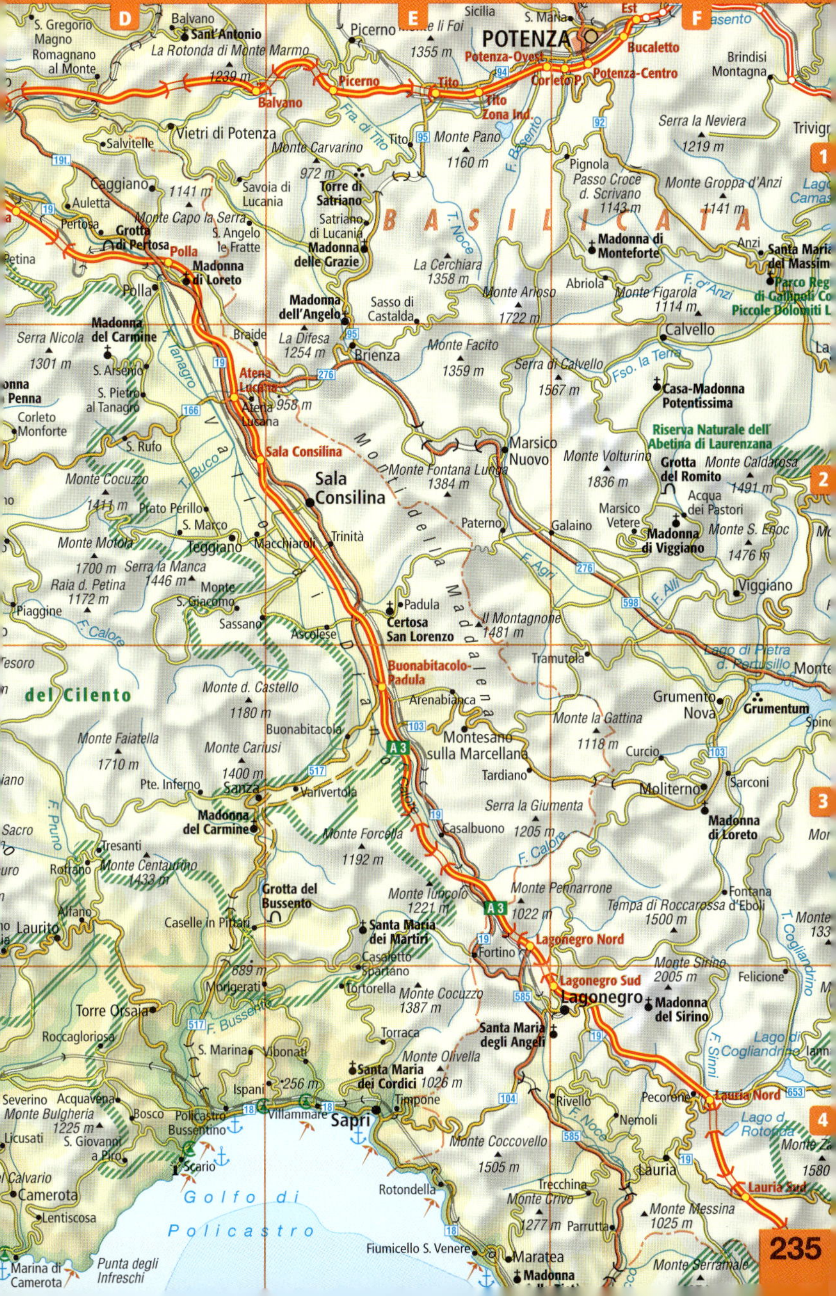
D
E
F
1
2
3
4
POTENZA
Potenza-Ovest
Potenza-Centro
Bucaletto
Est
Corleto P.
Tito
Tito Zona Ind.
Picerno
Balvano
Sant'Antonio
La Rotonda di Monte Marmo
1239 m
S. Gregorio Magno
Romagnano al Monte
Sicilia
S. Maria
Monte li Foi
1355 m
Brindisi Montagna
Vietri di Potenza
Salvitelle
Caggiano
1141 m
Savoia di Lucania
Monte Carvarino
972 m
Torre di Satriano
Satriano di Lucania
Monte Pano
1160 m
Fra. di Tito
F. Basento
Pignola
Passo Croce d. Scrivano
1143 m
Serra la Neviera
1219 m
Monte Groppa d'Anzi
1141 m
Trivigno
Auletta
Pertosa
Grotta di Pertosa
Polla
Monte Capo la Serra
S. Angelo le Fratte
Madonna delle Grazie
B A S I L I C A T A
T. Noce
La Cerchiara
1358 m
Madonna di Monteforte
Anzi
Santa Maria del Massimo
Parco Regionale di Gallipoli Cognato Piccole Dolomiti Lucane
Petina
Madonna di Loreto
Madonna dell'Angelo
Sasso di Castalda
Monte Arioso
1722 m
Abriola
Monte Figarola
1114 m
F. d'Anzi
Calvello
Serra Nicola
1301 m
Madonna del Carmine
S. Arsenio
S. Pietro al Tanagro
Braide
La Difesa
1254 m
Brienza
Monte Facito
1359 m
Serra di Calvello
1567 m
Fso. la Terra
Casa-Madonna Potentissima
Corleto Monforte
Tanagro
Atena Lucana
958 m
Riserva Naturale dell' Abetina di Laurenzana
S. Rufo
Sala Consilina
Marsico Nuovo
Monte Volturino
1836 m
Grotta del Romito
Monte Caldarosa
1491 m
Monte Cocuzzo
1411 m
T. Buco
Monte Fontana Lunga
1384 m
Monti della Maddalena
Prato Perillo
S. Marco
Teggiano
Macchiaroli
Trinità
Paterno
Galaino
Marsico Vetere
Acqua dei Pastori
Madonna di Viggiano
Monte S. Enoc
1476 m
Monte Motola
1700 m
Serra la Manca
1446 m
Raia d. Petina
1172 m
Monte S. Giacomo
F. Agri
Viggiano
F. Alli
Piaggine
Sassano
Ascolese
Padula
Certosa San Lorenzo
Il Montagnone
1481 m
F. Calore
Vallo di Diano
Tesoro
del Cilento
Monte d. Castello
1180 m
Buonabitacolo-Padula
Tramutola
Lago di Pietra d. Pertusillo
Grumento Nova
Grumentum
Arenabianca
Buonabitacolo
Monte Faiatella
1710 m
Monte Carusi
1400 m
Montesano sulla Marcellana
Monte la Gattina
1118 m
Curcio
Tardiano
Pte. Inferno
Sanza
Varivertola
Moliterno
Sarconi
Serra la Giumenta
1205 m
Madonna del Carmine
Madonna di Loreto
F. Pruno
Sacro
Monte Forcella
1192 m
Casalbuono
Tresanti
Monte Centaurino
1433 m
Rofrano
F. Calore
Grotta del Bussento
Monte Tuncolo
1221 m
Monte Pennarrone
1022 m
Tempa di Roccarossa
1500 m
Fontana d'Eboli
T. Cogliandrino
Alfano
Laurito
Caselle in Pittari
Santa Maria dei Martiri
Lagonegro Nord
Fortino
Casaletto Spartano
689 m
Monte Sirino
2005 m
Felicione
Morigerati
Tortorella
Monte Cocuzzo
1387 m
Lagonegro Sud
Lagonegro
Madonna del Sirino
Torre Orsaia
F. Bussento
Torraca
Santa Maria degli Angeli
Lago di Cogliandrino
Roccagloriosa
S. Marina
Vibonati
Monte Olivella
1026 m
F. Sinni
Santa Maria dei Cordici
Ispani
256 m
Pecorone
Lauria Nord
Severino
Acquavena
Monte Bulgheria
1225 m
Bosco
Policastro Bussentino
Villammare
Sapri
Timpone
Rivello
Nemoli
Lago d. Rotonda
Licusati
S. Giovanni a Piro
Scario
Monte Coccovello
1505 m
F. Noce
Lauria
1580
Calvario
Camerota
Golfo di Policastro
Rotondella
Trecchina
Monte Crivo
1277 m
Parrutta
Monte Messina
1025 m
Lauria Sud
Lentiscosa
Fiumicello S. Venere
Maratea
Madonna
Monte Serramale
Marina di Camerota
Punta degli Infreschi
A 3
19
19t
18
92
94
95
103
104
166
276
517
585
598
653

A
B
C
1
2
3
4
Ischia
Lido di S. Montano
Punta di Caruso
S. Restituta
Terme Negombo
Lacco Ameno
Villa Arbusto
270
Spiaggia di S. Francesco
La Mortella
Terme Bagnitelli
Terme Castiglione
Casamicciola Terme
Ischia Porto
Terme la Rita
Fango
Spiaggia di Chiaia
Bagni
M. Rotaro
Fondo d'Oglio
Montagnone
S. Maria del Soccorso
Forio
Monterone
S. Maria del Monte
Capo dell'Uomo
Buceto
S. Maria di Loreto
Monte Epomeo 787 m
M. Trippodi
Fiaiano
L'Arso
Falanga
Cava dell' Isola
Pietra dell' Acqua
Cuotto
Fontana
Spiaggia di Citara
Piedimonte
Buonopane
Ciglio
Terme Poseidon
Punta Imperatore
Barano d'Ischia
Vatoliere
Panza
Serrara
Chiumm
S. Giorgio
M. Barano
Terme Aphrodite
Testaccio
Grotta del Mavone
Succhivo
Terme Apollon
Baia di Sorgeto
Capo Negro
S. Angelo
Spiaggia dei Maronti
Mar Tirreno
Ventoténe

D
E
F
S. 232
1
2
3
4
Pozzuoli
Pozzuoli, Neapel
Punta di Pioppeto
Punta
Punta Serra
Palazzo Merlato
Starza
Procida
Punta
della
Lingua
Procida
S.S. Annunziata
Corricella
Terra Murata
Spiaggia
Ciraccio
L'Olmo
Spiaggia Chiaia
S. Antonio
da Padova
Spiaggia
Ciracciello
Centane
Punta di Pizzaco
Chiaiolella
ISCHIA
Golfo di
Genito
Vivara
Punta di Molina
Spiaggia dei
Pescatori
Punta di Mezzogiorno
Punta Solchiaro
Ischia
Ponte
Castello
Aragonese
Neapel
Antuono
Carta
Romana
Campagnano
di Vezzi
Capri
Capri
Ischia
Neapel
Sorrent
Massa Lubrese
Positano
Grotta Azzurra
(Blaue Grotte)
Bagni di Tiberio
Punta del Capo
Villa Fersen
M. Tiberio
Punta dell'Arcea
Villa Damecuta
Villa S. Michele
Casa Rossa
Marina Grande
Castello di
Barbarossa
Grotta Bianca/
Meravigliosa
Punta Capocchia
Anacapri
M. Capello
Capri-Stadt
Punta Campetiello
Certosa di
S. Giacomo
Punta di Masullo
Torre di Materita
M. Solaro
Marina
Piccola
Scoglio del
Monacone
Torre della
Guardia
Grotta
Smeralda
Bagni
da Gioia
Faraglioni
Grotta Verde
Lido del Faro
Punta
del Tuono
Punta Carena
Faro di
Punta Carena
Mar Tirreno

A
B
C
1
2
3
4
Linie 1
Camaldolci
RIONE SANTACROCE
ARENELLA
RIONE MATER DEI
MONTEDONZELLI
MATERDEI
Santa
Via
SALVATOR ROSA
MEDAGLIE D'ORO
Piazza Medaglie d'Oro
Villa Genzano
Piazza Leonardo
Corso Vittorio Emanuele
ANTIGNANO
Piazza degli Artisti
Piazzetta Olivella
MONTESANTO
Stadio Collana
Piazza Quattro Giornate
CILEA
Via G. L. Bernini
Via Tito Angelini
Funicolare di Montesanto
Via P. S. Martino
VOMERO
Raffaele Morghen
Via A. Caccavello
Vomero
Circumflegrea Linie 5
VANVITELLI
Piazza Vanvitelli
Via Alessandro Scarlatti
Castel Sant'Elmo
Certosa/ Museo Nazionale di San Martino
Via D. Cimarosa
Linie 1
Via Luigia Sanfelice
Funicolare Centrale
Funicolare di Chiaia
Cumana Linie 7
Villa Floridiana
Linie 2
PIAZZA AMEDEO
Piazza Mondragone
V. Vittorio Colonna
Via dei Mille
PIZZOFALCONE
Vittorio Emanuele
Via Arco Mirelli
Villa Pignatelli Acton
V. Ascensione
V. d. Rione Sirignano
V. S. Pasquale a Chiaia
Via G. Carducci
Via S. Caterina
Piazza Martiri
Via
PIEDIGROTTA
Corso
Piazza Piedigrotta
MERGELLINA
Largo Torretta
Piazza della Repubblica
Riviera di Chiaia
Viale A. Dohrn
Villa Comunale
Acquario
V. Francesco Caracciolo
V. Piedigrotta
Salita Piedigrotta
V. Giordano Bruno
V. Antonio Gramsci
Piazza J. Sannazzaro
Caracciolo
Galleria di Posillipo
Porto Sannazzaro
Via Mergellina
Francesco Barbaia
Funicolare di Posillipo
MERGELLINA
Via
Posillipo

D
E
F
1
2
3
4
Flughafen
Poggioreale
Sanità
V. della Sanità
Emiciclo di Capodimonte
Via Santa Teresa degli Scalzi
Via A. Villari
Via Foria
Corso Garibaldi
Via Arenaccia
Corso Novara
Piazza Nazionale
Via Nazionale
Via Giovanni Porzio
Pretura
Via Casanova
Linie 2
Museo Archeologico Nazionale
Piazza Cavour
MUSEO
PIAZZA CAVOUR
Piazza Museo Nazionale
Via Duomo
Duomo
Piazza E. de Nicola
Piazza Principe Umberto
Corso Meridionale
CENTRALE
Piazza G. Garibaldi
Castel Capuano
Stazione Centrale
Via Enrico Pessina
Linie 1
Pza V. Bellini
Via Tribunali
San Lorenzo Maggiore
V. Pietro Colletta
Piazza V. Calenda
Umberto
Piazza Nolana
Via Ferraris
Linie 3+4
Corso Arnaldo Lucci
DANTE
Bibl. Musicale/ Museo di Strumenti
San Domenico Maggiore
FORCELLA
Museo Civico Filangieri
Corso Garibaldi
Stazione Circumvesuviana
Gesù Nuovo
Santa Chiara
DUOMO
Piazza N. Amore
Via L. Bianchini
V. S. Eligio
Piazza Mercato
Piazza G. Pepe
Santa Maria del Carmine
Via A. Vespucci
Piazza Masaniello
Università
Via Toledo
Via Monteoliveto
Corso
Via Duomo
Via Nuova Marina
Via Marinella
QUARTIERI SPAGNOLI
Sant'Anna dei Lombardi
UNIVERSITÀ
Borsa
Pza d. Carità
Pza G. Matteotti
V. Sanfelice
Piazza G. Bovio
Via
V. Diaz
Questura
Via Medina
Via A. Depretis
Via Cristoforo Colombo
Bacino del Piliero
MUNICIPIO
Municipio
Piazza Municipio
Molo Immacolatella
Via S. Brigida
V. Vitt. Emanuele III
Castello Nuovo
Via Acton
Stazione Marittima
Galleria Umberto I.
V. S. Carlo
Pza Trento e Trieste
Palazzo Reale
Via Ammiraglio
Molo Beverello
Museo Artistico Industriale
Vittoria
S. Lucia
SANTA LUCIA
Via Nazario Sauro
Porto S. Lucia

Fotonachweis
Fulvio Zanettini/laif, Köln S. 23, 24, 37, 57, 62, 67, 104, 110, 112, 117, 125, 144/145, 164/165, 208

Alle übrigen Abbildungen inklusive Titelbild und Umschlagklappen stammen von Raffaele Celentano/laif, Köln

Abbildungen
Titelbild: Conca dei Marini an der Costa Amalfitana
Umschlagklappe vorn: Terrassenbau an der Costa Amalfitana
Umschlagklappe hinten: In den Gassen von Sorrent
S. 1: Pinie an der Steilküste
S. 2/3: Blick auf den Golf von Neapel

Kartografie
DuMont Reisekartografie

3., aktualisierte Auflage 2005

Grafisches Konzept: Groschwitz, Hamburg
Druck: Rasch, Bramsche
Buchbinderische Verarbeitung: Bramscher Buchbinder Betriebe

Printed in Germany ISBN 3-7701-5982-9